AF551868

Auguste Victoria

Jörg Kirschstein

Auguste Victoria

Porträt einer Kaiserin

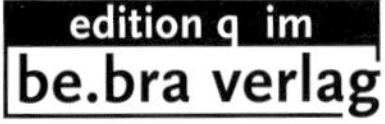

Umschlag:
Kaiserin Auguste Victoria, Gemälde von Alfred Schwarz, 1914
Das lebensgroße Bildnis Auguste Victorias ist das letzte Staatsporträt der Kaiserin vor dem Ende der Monarchie 1918. Die Kaiserin trägt ein gold-gelbes Seidenkleid mit Applikationen aus Spitze, auf dem der Schwarze Adlerorden mit der dazugehörenden Schärpe befestigt sind. Bekrönt wird sie vom reich mit Brillanten besetzten Kleeblattdiadem. Dieses Bildnis, zu dem als Pendant ein Gemälde Wilhelms II. gehört, war vermutlich ein Geschenk des Kaisers an Gustav Krupp von Bohlen und Halbach für dessen Familiensitz, die Villa Hügel in Essen. Dort befinden sich beide Kunstwerke noch heute.

Bibliografische Information der Deutschen Nationalbibliothek
Die Deutsche Nationalbibliothek verzeichnet diese Publikation in der Deutschen Nationalbibliografie; detaillierte bibliografische Daten sind im Internet über http://dnb.d-nb.de abrufbar.

Alle Rechte vorbehalten.
Dieses Werk, einschließlich aller seiner Teile, ist urheberrechtlich geschützt. Jede Verwertung außerhalb der engen Grenzen des Urheberrechtsgesetzes ist ohne Zustimmung des Verlages unzulässig und strafbar. Das gilt insbesondere für Vervielfältigungen, Übersetzungen, Mikroverfilmungen, Verfilmungen und die Einspeicherung und Verarbeitung auf DVDs, CD-ROMs, CDs, Videos, in weiteren elektronischen Systemen sowie für Internet-Plattformen.

2. Auflage
© edition q im be.bra verlag GmbH
Berlin-Brandenburg, 2021
KulturBrauerei Haus 2
Schönhauser Allee 37, 10435 Berlin
post@bebraverlag.de
Lektorat: Matthias Zimmermann, Berlin
Satz und Layout: typegerecht, Berlin
Schrift: DTL Dorian, 9,5/13,5 pt
Druck und Bindung: Finidr, Český Těšín
ISBN 978-3-86124-739-5

www.bebraverlag.de

Inhaltsverzeichnis

Vorwort

Der 100. Todestag der Kaiserin Auguste Victoria im April 2021 ist der Anlass, ihren bisher von der Forschung weitgehend unbeachtet gebliebenen Lebensweg nachzuzeichnen. Als Gemahlin Kaiser Wilhelms II. nahm sie eine herausgehobene Position im Deutschen Kaiserreich ein. Für drei Jahrzehnte, von 1888 bis 1918, war sie die erste Dame im Staat. Nicht zu unterschätzen ist der Einfluss, den die Kaiserin auf ihren Mann ausübte, da sie während ihrer 40-jährigen Ehe zu den wenigen Menschen gehörte, die dem Monarchen kontinuierlich nahestanden. Gemeinsam erlebten sie als Herrscherpaar den Aufstieg des Deutschen Kaiserreiches sowie dessen Untergang infolge des Ersten Weltkrieges und der Novemberrevolution 1918. Über das Leben Wilhelms II. sind zahlreiche Publikationen erschienen,[1] doch wissen wir recht wenig über die Frau an seiner Seite. Heute ist der Name der Kaiserin aus dem kollektiven Gedächtnis so gut wie verschwunden. Einzig ihr ausgeprägtes soziales Engagement sowie der Bau zahlreicher Kirchen werden zuweilen noch mit ihr verbunden und tragen als Einrichtungen vielfach bis heute ihren Namen.

Das Buch zeichnet zunächst die für ihre gesellschaftliche Stellung typische Kindheit und Jugend Auguste Victorias nach, die 1858 als Prinzessin zu Schleswig-Holstein-Sonderburg-Augustenburg geboren wurde. Als »Dona«, so ihr familiärer Rufname, sechs Jahre alt war, annektierte Reichskanzler Otto von Bismarck als Folge des Deutsch-Dänischen Krieges die Herzogtümer Schleswig und Holstein und gliederte diese dem Königreich Preußen als Provinz an. Besonders der Verlust der Landessouveränität ihrer Familie stand der Eheschließung Auguste Victorias mit dem preußischen Thronerben Wilhelm (II.) zunächst im Weg. Nur mit größtem diplomatischen Geschick konnte der damals regierende Kaiser Wilhelm I. dazu gebracht werden, dem Ehewunsch seines ältesten Enkels zuzustimmen.

In weiteren Kapiteln werden die herausgehobene Stellung Auguste Victorias als erste Dame des Kaiserreichs, ihre hohe symbolische Wirkung als populäre Landesmutter sowie ihr ausgeprägtes karitatives Engagement vorgestellt. Stellvertretend für zahlreiche soziale Organisationen, denen sie als Protektorin vorstand, wird auf das Kaiserin Auguste Victoria-Haus in Berlin-Charlottenburg näher eingegangen.

Als Kaiserin war Auguste Victoria ständig von einem aus mehreren Personen bestehenden Hofstaat umgeben, dessen wichtigste Mitglieder erstmals biografisch beschrieben werden. Anders als bisher angenommen, war das Verhältnis der Kaiserin zu ihren Hofdamen nicht nur von Bewunderung, sondern auch von starken, jahrelangen Konflikten geprägt. Beleuchtet wird zudem erstmals das häufig respektlose Auftreten der erwachsenen Kaiserkinder gegenüber ihrer Mutter. Möglich wurde dies durch die erst seit 2016 für die Forschung zugänglichen Tagebücher der Oberhofmeisterin Gabriele von Alvensleben.[2] Die Aufzeichnungen geben einen kritischen und unverstellten Blick auf das Innenleben des Kaiserhauses wieder. Zum ersten Mal werden auch die Biografien der Geschwister Auguste Victorias thematisiert, deren Lebenswege bisher nahezu im Dunkeln blieben.

Während des Ersten Weltkrieges engagierte sich die Kaiserin intensiv bei der Betreuung von verwundeten Soldaten in den Lazaretten. Dass ihre Schwiegertöchter diese Verpflichtung nicht in gleicher Weise teilten, führte innerhalb der kaiserlichen Familie zu großen Unstimmigkeiten.

Schließlich wird geschildert, wie die Kaiserin die Tage der Novemberrevolution 1918 erlebte und auf welche Weise sie mit dem Verlust der staatspolitischen Macht der Hohenzollerndynastie umging.

Die letzten Kapitel sind dem Leben Auguste Victorias im niederländischen Exil gewidmet: der langen Zeit ihrer Erkrankung, die 1921 zum Tod führte, und ihrer Beisetzung in Potsdam, an der mehr als 200.000 Menschen teilnahmen.

Als Illustrationen dienen vor allem zahlreiche Fotografien. Dass diese existieren, ist einerseits dem großen öffentlichen Interesse zu verdanken, dessen sich Auguste Victoria während der Regierungszeit ihres Mannes erfreute. Schließlich war sie in den Jahren von 1888 bis 1918 eine der am häufigsten fotografierten Frauen ihrer Zeit. Neben zahlreichen bei öffentlichen Auftritten und Anlässen entstandenen Fotografien gehörte auch die bewusst inszenierte Selbstdarstellung in den Medien dazu. Viele der Aufnahmen sind in dieser Publikation zum ersten Mal veröffentlicht.

Quellenlage

Der archivalische Nachlass der Kaiserin befand sich bis 1945 im Brandenburg-Preußischen Hausarchiv in Berlin-Charlottenburg, das im Zweiten Weltkrieg starke Verluste erlitt. Man geht davon aus, dass 75 Prozent der Hausarchivbestände vernichtet worden sind. Ein Opfer der Flammen wurden unter anderem die Reposituren zu den Sachgebieten Ministerium des Königlichen Hauses, Zeremoniell und Hofchargen.[3] Daher können entscheidende Informationen über das Leben am Hof der Kaiserin nicht mehr rekonstruiert werden. Die erhalten gebliebenen Bestände befinden sich heute im Geheimen Staatsarchiv Preußischer Kulturbesitz in Berlin. Dazu gehören unter anderem etwa 260 Ehebriefe aus den Jahren 1880 bis 1892.[4] Diese Korrespondenz gibt einen ungewöhnlich privaten und intimen Einblick in das Familienleben des jungen Thronfolger- bzw. ab 1888 Kaiserpaares. Sie vermitteln uns ein neues Bild von Auguste Victoria. Dass für die Jahre danach keine Ehebriefe erhalten sind, liegt in der Tatsache begründet, dass Auguste Victoria diesen Schriftwechsel 1918 vernichtete. In ihrem Testament aus dem Jahr 1919 verfügte sie unter § 3: »Meine Briefe bitte ich ihn [Wilhelm II.], verbrennen zu lassen.«[5] Auch Wilhelm II. ging diesen Schritt. Seinem Arzt Dr. Alfred Haehner (1880–1949) vertraute er 1920 an, dass seine ganze Korrespondenz zwischen ihm und der Kaiserin verbrannt worden sei. Er wollte es späteren Historikern schwer machen, »aus Mangel an Briefen von ihm, [...] sein Bild und sein Wesen zu schildern«[6]. Hierin mag auch einer der Gründe liegen, warum der Lebensweg der Kaiserin bisher von Historikern kaum nachgezeichnet worden ist.[7]

Um die Jugendjahre Auguste Victorias zu erforschen, gab der Briefwechsel mit ihrem Vater Herzog Friedrich VIII. zu Schleswig-Holstein (1829–1880) neue Erkenntnisse. Die Korrespondenz wird im Landesarchiv Schleswig-Holstein in Schleswig aufbewahrt.[8] Ein weiterer Bestand an Briefen aus der Verwandtschaft ihrer Mutter Adelheid zu Hohenlohe-Langenburg befindet sich im Hohenlohe-Zentralarchiv in Neuenstein[9] und konnte für diese Publikation ausgewertet werden. Eine lebenslange enge Verbindung besaß Auguste Victoria zu ihrer Lieblingsschwester Caroline Mathilde, deren Briefwechsel im Archiv des Schlosses Glücksburg[10] zu Rate gezogen werden konnte.

Für das letzte Kapitel der Lebensgeschichte Auguste Victorias, ihr Leben und Sterben im niederländischen Exil, konnten die Tagebücher des Adjutanten Sigurd von Ilsemann (1884–1952)[11] und des Leibarztes Dr. Alfred Haehner ausgewertet werden.[12]

Spektakulär war der Fund von etwa 1.000 Briefen aus dem Besitz Auguste Victorias im Sommer 2018, an dem der Autor als Kurator der Ausstellung »Kaiserdäm-

Das soziale Engagement gehörte zu den zentralen Aufgaben der Kaiserin. Am 27. Mai 1914 eröffnete Auguste Victoria das Oskar-Helene-Heim im Berliner Ortsteil Dahlem. Helene Pintsch, die Gründerin der medizinischen Einrichtung, begrüßte die Monarchin. Das Oskar-Helene-Heim war eine der größten orthopädischen Privatanstalten für Kinder und Jugendliche.

merung« im Neuen Palais in Potsdam beteiligt war.[13] Die Korrespondenz wurde dort in einem Wandschrank im Ankleidezimmer der Kaiserin gefunden. Hierbei handelt es sich in erster Linie um den Briefwechsel der herzoglich schleswig-holsteinischen Familie mit Auguste Victoria aus den Jahren 1880 bis 1888. Da die Eigentumsrechte noch einer juristischen Klärung bedürfen, war die Korrespondenz für das Buchprojekt leider nicht verwendbar.

Dennoch konnten zu den entscheidenden Lebensetappen Auguste Victorias Primärquellen ausgewertet werden, die es ermöglichen, ein authentisches Bild vom Leben der letzten Deutschen Kaiserin zu rekonstruieren.

Die Herkunft Auguste Victorias

Der 9. November 1918 gehörte ohne Zweifel zu den dramatischsten Tagen im Leben der letzten Deutschen Kaiserin. Mit der Ausrufung der Republik nach dem verlorenen Ersten Weltkrieg waren die deutschen Monarchien unrühmlich zu Ende gegangen. Von der Abdankung ihres Mannes an jenem 9. November erfuhr Auguste Victoria fast zufällig. Der Erzieher ihrer Enkelsöhne, Wilhelm-Dietrich von Ditfurth (1886–1939), »verriet der Kaiserin ahnungslos während eines Gesprächs, das er auf der Terrasse des Neuen Palais mit ihr hatte, die Abdankung des Kaisers. Sie wollte es zuerst absolut nicht glauben, und kam zu ihren Söhnen heraufgestürzt, die wütend auf Ditfurth waren, dass er es vor ihnen gewusst« hatte.

Dann entstand eine kuriose Szene: Auguste Victoria umarmte ihre Schwiegertochter Kronprinzessin Cecilie (1886–1954) als Mutter des »kleinen Kaisers«. Es sollte dem zwölfjährigen Prinzen Wilhelm (1906–1940), dem ältesten Sohn des Kronprinzenpaares, aber nicht gesagt werden, dass er nun an die Stelle seines Großvaters getreten sei.[1] Die Kaiserin konnte und wollte nicht realisieren, dass die Hohenzollernmonarchie zusammengebrochen war. Mit der Abdankung Wilhelms II. war Auguste Victoria am Tiefpunkt ihres Lebens angelangt.

Kindheit und Familie

Der Lebensweg Auguste Victorias war seit ihrer frühesten Kindheit von politischen Umbrüchen geprägt. Geboren wurde die Prinzessin 1858 auf dem Gut Dolzig (heute Dłużek) im Kreis Sommerfeld (heute Lubsko) im polnischen Teil der Niederlausitz; also weit entfernt vom eigentlichen Heimatland ihrer Familie Schleswig-Holstein. Ihr Großvater Herzog Christian August zu Schleswig-Holstein-Sonderburg-Augustenburg (1798–1869) war 1852 aus Schleswig-Holstein verbannt worden. Seit dem 15. Jahrhundert waren die Herzogtümer Schleswig und Holstein mit dem Dänischen Königreich verbunden unter der Bedingung, dass beide Länder ungeteilt bleiben sollten. Das Herzogtum Holstein blieb dabei immer Teil des Heiligen Römischen Reiches deutscher Nation und des Deutschen Bundes, wohingegen das von einer dänischen Minderheit mitbewohnte Schleswig außerhalb der deutschen Staaten lag. Als Dänemark 1848 verkündete, dass es Schleswig als Provinz einverleiben wolle, kam es zum Deutsch-Dänischen Krieg (1848–1850). Herzog Christian August unterstützte im Krieg die schleswig-holsteinische Unabhängigkeitsbewegung.[2] Er beanspruchte in einer komplizierten Erbfolgefrage den dänischen Thron. Nach dem Ende des Krieges wurde er von den Dänen verbannt. 1852 übertrug er seine Besitzungen in Schleswig-Holstein an Dänemark und wurde mit 2,25 Millionen Talern finanziell entschädigt,[3] verzichtete aber keineswegs auf die Erbansprüche. 1853 erwarb der Herzog die Herrschaft Primkenau in Schlesien,

Auguste Victoria im Alter von sechs Jahren, Fotografie von Carl Ehlers, 1864

Links: Herzog Friedrich VIII. zu Schleswig-Holstein-Sonderburg-Augustenburg, um 1870

Rechts: Brautbildnis der Prinzessin Adelheid zu Hohenlohe-Langenburg. Lithografie nach einem Gemälde von Richard Lauchert, 1856
Die Prinzessin trägt einen symbolträchtigen Kranz aus Rosen, der auf ihre Verlobung mit dem Erbprinzen zu Schleswig-Holstein hinweist.

um sich als Rittergutsbesitzer dort niederzulassen. In den nächsten beiden Jahren vergrößerte er den Besitz durch den Erwerb des Ritterguts Kosel und des Andersdorfer Bruchs.[4]

Sein ältester Sohn Erbprinz Friedrich (der spätere Herzog Friedrich VIII.) vermählte sich 1856 mit der süddeutschen Prinzessin Adelheid zu Hohenlohe-Langenburg (1835–1900). »Ada« war die Tochter des Fürsten Ernst zu Hohenlohe-Langenburg (1794–1860) und der Prinzessin Feodora zu Leiningen (1807–1872), einer Halbschwester der britischen Queen Victoria (1819–1901). Der Prinz wurde als »wahres Glück« für die Familie Hohenlohe bezeichnet. Aufmerksam hatte Adelheids Mutter den Erbprinzen Friedrich während eines Besuchs in Langenburg im März 1856 beobachtet. »Der Prinz, so wie die ganze Familie sind sehr zuvorkommend, freundlich und herzlich. […] Friedrich nähert sich Ada und unterhält sich viel mit ihr.«[5]

Als Bedingung für eine glückliche Ehe sah der Vater Adelheids, »dass sich beide gefallen« müssten. Ausgeschlossen wurde, dass sie sich abrupt lieben würden. »Beide sind zu gut erzogen und nicht von so feurigem Temperament, dass auf eine glänzende Leidenschaft sofort zu rechnen war.«[6]

Zunächst hatte Adelheid, die in ihrer Jugend als eine ausgesprochene Schönheit galt, die Aufmerksamkeit des französischen Kaisers Napoleon III. (1808–1873) auf sich gezogen, als dieser 1852 auf Brautschau gewesen war. Der neu zum Kaiser ausgerufene Monarch hielt sogar offiziell um die Hand Adelheids an. Allerdings bat der Vater seine Tochter, sie möge »ruhig und gewissenhaft die Sache überlegen«, der Antrag sei zwar »glänzend, was das Äußere betrifft«, doch er mahnte: »[…] lasse Dich aber von diesem Glanze, der ebenso schnell wieder vergehen kann, nicht blenden […], wenn vielleicht nach ein paar Jahren dieser glänzende Thron wieder zusammen bräche und Du mit ihm […] ins Exil fliehen müsstest.«[7] Schließlich scheiterte die Brautwerbung an der fehlenden Zustimmung der Queen Victoria, deren Nichte die Prinzessin war.[8]

Das Herrenhaus Dolzig
Im Herrenhaus Dolzig in der Niederlausitz wurde Auguste Victoria am 22. Oktober 1858 geboren. Die ersten fünf Lebensjahre verbrachte die Prinzessin auf dem Rittergut, bevor ihre Familie nach Kiel übersiedelte.

Jugend in Gotha und Primkenau

Schließlich heirateten Friedrich und Adelheid im September 1856 auf Schloss Langenburg, dem Elternhaus der Braut. Das junge Paar bezog nach ihrer Eheschließung das Rittergut Dolzig im Kreis Sorau in der Niederlausitz. Herzog Christian August hatte das Anwesen für die Familie seines Sohnes 1857 erworben. Bevor das Erbprinzenpaar das Gutshaus beziehen konnte, wurde es umgebaut und erweitert. Es erhielt einen zweistöckigen Anbau und wurde im Inneren von Grund auf saniert. Im Erdgeschoss lagen die Küche, ein Billardzimmer, sowie fünf Gästezimmer. In der Beletage entstanden die »Kinderstube« mit einem Zimmer für das Kindermädchen sowie die Wohnung des Erbprinzenpaares. Diese bestand aus zwei Gesellschaftsräumen, einem Speisesaal sowie dem Schlaf- und Toilettezimmer (Ankleidezimmer). Hier befanden sich auch ein Zimmer für den Haushofmeister sowie die Garderobe, ein Silber- und ein »Leinenzimmer«. Im zweiten Stockwerk lagen lediglich drei Gästezimmer.[9] Die Wände erhielten beim Umbau des Hauses kräftig gemusterte Tapeten, die von goldenen Leisten eingefasst waren, womit es dem Einrichtungsstil der späten 1850er Jahre entsprach. Der Berliner Hoflieferant Johann Mencke besorgte die Einrichtung für das Speisezimmer, die Firma Predari & Comp. aus Gotha lieferte kostbare Teppiche, ein »herrschaftliches Bett für zwei Personen« sowie ein Tafelservice »von feinstem französischen Porzellan«.[10]

Im August 1857, ein Jahr nach der Eheschließung, wurde das erste Kind geboren. Der Stammhalter der Augustenburger Linie des Hauses Schleswig-Holstein erhielt bei der Taufe den Namen Christian August.[11] Ein Pate und Namensgeber war der Großvater Herzog Christian August. Als Prinzessin Adelheid am 22. Oktober 1858 mit Auguste Victoria einem weiteren Kind das Leben schenkte, war die Freude über den fürstlichen Nachwuchs getrübt. Denn der 14 Monate alte Erstgeborene war bereits stark geschwächt und starb schließlich eine Woche nach der Geburt seiner Schwester. Das ge-

Links: Herzog Friedrich VIII. mit seinen Kindern, v. l.: Caroline Mathilde, Ernst Günther und Auguste Victoria, um 1864

Rechts: Die Prinzessinnen Auguste Victoria und Caroline Mathilde zu Schleswig-Holstein, um 1862
Diese Fotografie gehört zu den frühesten Aufnahmen der späteren Kaiserin. Sie zeigt die etwa dreijährige Dona (links) mit ihrer um ein Jahr jüngeren Schwester Calma.

sunde und kräftige Mädchen erhielt bei ihrer Taufe in der Kirche von Dolzig am 30. November die Namen Auguste Victoria Friederike Luise Jenny. Zu den Paten gehörten die prominentesten Vertreter des preußischen Königshauses.[12] An erster Stelle standen der damalige Prinzregent und spätere Kaiser Wilhelm I. und dessen Ehefrau Augusta sowie Prinz Friedrich Wilhelm (späterer Kaiser Friedrich III.) mit dessen Ehefrau Victoria.[13] Die Namensgeberinnen der Prinzessin waren die späteren Deutschen Kaiserinnen Augusta und Victoria. Mit der Wahl der Vornamen wollten die Eltern die Freundschaft zwischen den Holsteinern und dem preußischen Königshaus zum Ausdruck bringen. Niemand konnte damals ahnen, dass nach den Kaiserinnen Augusta und Victoria die Tochter des aus Holstein ausgewiesenen Herzogs Friedrich VIII., Auguste Victoria, einmal auf den Thron des Deutschen Kaiserreichs kommen würde. Herzogin Adelheid schenkte weiteren fünf Kindern das Leben. Ihr 1862 geborener Sohn Gerhard starb allerdings im Alter von drei Monaten.

Als Auguste Victoria unter der Obhut ihrer Kinderschwester sprechen lernte, gab sie sich im Kindesalter selbst den Namen »Dona«[14], mit dem sie ein Leben lang im Familienkreis angeredet wurde. Die ersten fünf Jahre verbrachte Dona mit ihren vier jüngeren Geschwistern in Dolzig, ehe sich ihr sorgloses Leben ändern sollte. Auf Schloss Glücksburg war 1863 der dänische König Friedrich VII. (1808–1863) aus der Glücksburger Linie des Hauses Schleswig-Holstein gestorben. Der Vater Auguste Victorias machte entsprechend des Londoner Protokolls[15] seine Erbansprüche auf Schleswig-Holstein geltend, nachdem ihm sein Vater alle Rechte übertragen hatte. Am 19. November 1863 erließ Friedrich in Dolzig eine Proklamation, in der er seinen Regierungsantritt als Herzog Friedrich VIII. von Schleswig-Holstein bekannt gab. Am 30. Dezember zog der Herzog in Kiel ein. Im

Die Villa Schliemann, um 1865
Die Villa Schliemann in Kiel war der Wohnsitz der herzoglichen Familie, nachdem Herzog Friedrich VIII. im Jahr 1864 seine Erbansprüche als Herzog zu Schleswig-Holstein geltend gemacht hatte. Die Aufnahme zeigt Herzogin Adelheid links am Tisch sitzend, umgeben von ihren Kindern und Mitgliedern des Hofstaates.

Sommer 1864 ließ er seine Familie nachkommen, als Wohnsitz diente ihnen die Villa Schliemann.[16] Doch die Freude über den Regierungsantritt in Kiel währte nur kurz. Zwar war Holstein im Zuge der Bundesexekutive 1863 von den dänischen Truppen geräumt worden, nicht aber Schleswig. Daher war die Ausrufung der Regierungsübernahme in diesem Landesteil von Beginn an wirkungslos. Preußen und Österreich verlangten vom Deutschen Bund die Ausweisung des Herzogs. Nach einem kurzen Ultimatum kam es zum Deutsch-Dänischen Krieg (1864), aus dem die preußisch-österreichischen Truppen siegreich hervorgingen. Die Tage Friedrichs VIII. als souveräner Herzog waren gezählt. Der preußische Ministerpräsident Otto von Bismarck (1815–1898) hatte genaue Pläne für die Gründung des Deutschen Reiches. Der Augustenburger Herzog war darin nur eine Randfigur, die er zu opfern bereit war. Die gemeinsame Verwaltung Schleswig-Holsteins durch Preußen und Österreich führte zu unlösbaren Meinungsverschiedenheiten, sodass es zum Krieg Preußens gegen Österreich kam.[17] Preußische Truppen zogen im Juni 1866 in Holstein ein, die Österreicher zogen ab. Der Herzog war gezwungen, Holstein aufzugeben und hatte damit seinen Thron verloren. Infolgedessen wurde Schleswig-Holstein 1867 dem Königreich Preußen als Provinz angegliedert.

Nach seinem Thronverlust begab sich der Herzog mit seiner Familie für kurze Zeit von Kiel zurück nach Dolzig. Noch im selben Jahr wurde das Rittergut allerdings verkauft.[18] Friedrich VIII. hatte sich entschlossen, seinen dauerhaften Wohnsitz nun gänzlich in Gotha zu nehmen. In der thüringischen Residenzstadt hatte Herzog Christian August ein Haus erworben, das unmittelbar an den Park des Residenzschlosses Friedenstein grenzt. Das sogenannte Augustenburger Palais diente Friedrich VIII. und seiner Familie von nun an als Haupt-

Das Arbeitszimmer des Herzogs in der Villa Schliemann, um 1865
Herzog Friedrich VIII. bevorzugte das Arbeiten am Stehpult. Über dem praktischen Möbel war das Porträt seiner Ehefrau Adelheid platziert.

wohnsitz. Ihren frühesten bekannten Brief schrieb Auguste Victoria im Mai 1868 aus Gotha an ihre Eltern. Er gibt einen Eindruck von der Unbeschwertheit des beschaulichen Lebens in der thüringischen Residenzstadt wieder. Die Neunjährige erzählt von Versteck- und Ballspielen mit ihren Geschwistern im Park, von Besuchen auf dem Arnoldi-Turm, einem 25 Meter hohen, architektonisch anspruchsvollen Aussichtsturm am Rande Gothas, und von der 140 Meter langen Gewölbe-Eisenbahnbrücke, die sie mit ihrer Französischlehrerin besuchte: »Da haben wir gespielt und Mademoiselle Bast hat uns vorgelesen.« Aufmerksam beobachtete sie die Natur und bemerkte, dass »schon so viel Flieder ausgeblüht« war und dass der heutige Regen »sehr schön für das Land [ist] weil es sehr ausgetrocknet war«.[19]

Zwei Jahre konnte Dona das sorglose Leben in Gotha genießen, bis im Frühjahr 1869 ihr Großvater Christian August starb. Auguste Victoria war elf Jahre alt, als sie mit ihren Eltern und den drei jüngeren Geschwistern Caroline Mathilde, Ernst Günther und Louise Sophie die Herrschaft Primkenau in Schlesien bezog.

Der Herzog hatte das 15.000 Hektar Land umfassende Gut geerbt. Es bestand zu zwei Dritteln aus Wald und zu einem Drittel aus Acker-, Wiesen- und Bruchland. Das bereits vorhandene Herrenhaus hatte Herzog Christian August im Jahr 1853 zu einem Schloss ausgebaut und im Stil der englischen Neugotik überformt. Jetzt wurde Primkenau der Hauptwohnsitz der herzoglichen Familie. Auf der Rückseite des Schlosses lagen, in einem Halbkreis angeordnet, das Küchengebäude, das Gerichtsgebäude, das Kavalierhaus und das Prinzenpalais. In diesem kleinen Palais hatte Herzog Friedrich bisher gewohnt, wenn er mit seiner Familie in den Sommermonaten in Primkenau zu Gast gewesen war. Nun wurde das Gebäude zum Gästehaus der herzoglichen Familie umgebaut.[20]

Prinzessin Auguste Victoria erhielt die typische Erziehung einer Tochter aus hochadeligem Haus der zweiten Hälfte des 19. Jahrhunderts, um sie auf die Rolle

Links: Auguste Victoria (in der Mitte sitzend) mit ihren jüngeren Geschwistern, v. l.: Louise Sophie (sitzend), dahinter Caroline Mathilde, Auguste Victoria und Ernst Günther, um 1867

Rechts: Prinzessin Amalie zu Schleswig-Holstein-Sonderburg-Augustenburg, um 1860
Amalie war die ältere Schwester des Herzogs. Sie übernahm in Primkenau die Aufsicht über die Kinder, wenn deren Eltern auf Reisen waren. Liebevoll wurde sie von ihnen »Tante Malio« genannt.

der Ehefrau, Mutter und Gastgeberin vorzubereiten. Schließlich wurde von Dona erwartet, dass sie künftig einen fürstlichen Haushalt führen konnte. Dies würde auch bedeuten, Repräsentationspflichten zu übernehmen, um auf dem gesellschaftlichen Parkett zu bestehen. In erster Linie kümmerte sich der Vater um die Ausbildung seiner Kinder, zu dem die Geschwister ein engeres Verhältnis hatten als zur Mutter. Bis zum zehnten Geburtstag der Prinzessin übernahm den Unterricht die französische Erzieherin der Kinder Mademoiselle Bast. Sie führte die Prinzessinnen in die Regeln der Etikette und die Kunst der Konversation ein. Die Eltern legten außerdem Wert auf die künstlerische Ausbildung ihrer Töchter, wozu der Zeichenunterricht und die Förderung des musikalischen Interesses durch Klavierstunden gehörten. Außerdem wurden die Prinzessinnen in Englisch, Französisch und Dänisch unterrichtet. Zu Beginn des Jahres 1870 wurde der Unterricht dem Theologen Mühlenhardt übertragen, der auf Empfehlung des Generalsuperintendenten Jensen aus Schleswig-Holstein nach Primkenau kam. Ihm folgte 1873 mit Pastor Voß ein weiterer Theologe als Lehrer.[21] Als Richtschnur für das Leben der herzoglichen Kinder wurde dem Fach Religion eine besondere Bedeutung zugesprochen. Die Familie war Anhänger der lutherischen Konfession und streng gläubig. Regelmäßig nahm Dona mit ihren Eltern und Geschwistern an Gottesdiensten in der örtlichen Dorfkirche teil. Damit verbunden waren Besuche bei sozial schwachen und kranken Menschen, die auf den schlesischen Besitzungen der holsteinischen Familie lebten. Gerade für die soziale Not der ärmeren Bevölkerung entwickelte die spätere Kaiserin ein ausgeprägtes Bewusstsein.

Ein besonders inniges Verhältnis besaß Auguste Victoria zu ihrer ein Jahr jüngeren Schwester Caroline Mathilde, Calma genannt. Die beiden waren beste Freundinnen, Vertraute und Seelenverwandte. Gemeinsam wurden sie am 22. Mai 1875 von Pfarrer Meissner in Primkenau konfirmiert. Als Losung für ihren Lebensweg gab er Dona das Wort der Offenbarung Johannis 2, 10

Ansicht des Schlosses Primkenau in Niederschlesien, Lithografie von Alexander Dunker, um 1858
Primkenau war das Elternhaus Auguste Victorias. Hier hat sie den größten Teil ihrer Jugend verbracht. Das Anwesen war erst 1853 von Herzog Christian August erworben worden. Der Großvater der Prinzessin ließ das vorhandene Barockschloss im Stil der Neugotik überformen. Das links hinter dem Hauptgebäude erkennbare Prinzenpalais diente der herzoglichen Familie als Gästehaus.

mit: »Sei getreu bis in den Tod, so will ich Dir die Krone des ewigen Lebens geben.«[22] Mit der Konfirmation war die schulische Ausbildung abgeschlossen. Für die 16-jährige Auguste Victoria endete die Kinder- und Jugendzeit.

Das nun folgende Kapitel im Leben Auguste Victorias bis zu ihrer ersten Begegnung mit Prinz Wilhelm von Preußen im August 1878 war bisher kein Gegenstand der Geschichtsbetrachtung. Es ist als besonderer Glücksumstand zu bezeichnen, dass sich aus diesem Lebensabschnitt eine größere Korrespondenz[23] erhalten hat, die bisher unerschlossen im schleswig-holsteinischen Landesarchiv in Schleswig aufbewahrt wird. Zum ersten Mal lässt sich somit ein Schlaglicht auf die Jugendzeit der Prinzessin werfen. Fast alle Briefe sind an den Vater gerichtet. Sie beginnen stets mit der Anrede »Lieber guter Papa«. Unterzeichnet ist die Korrespondenz fast ausnahmslos mit der Formel »Deine Dich innig liebende Tochter Victoria«. Die Korrespondenz zwischen Vater und Tochter aus den späten 1870er Jahren gibt ein typisches Bild einer fürstlichen Familie aus der zweiten Hälfte des 19. Jahrhunderts wieder. Die Briefe erlauben einen Blick auf das bisher verborgene, recht sorglose Leben der späteren Kaiserin in Primkenau und in Gotha, das nach dem Umzug der herzoglichen Familie nach Primkenau weiterhin ein beliebter Sommeraufenthalt blieb. Die Hofhaltung war einfach, das Leben in Schlesien verlief recht zwanglos und ohne höfisches Zeremoniell. Fast berührend ist das liebevolle Verhältnis, das Victoria besonders zu ihrem Vater hatte. Umso härter traf sie dessen überraschender Tod im Februar 1880.

Auguste Victoria war 18 Jahre alt, als der Briefwechsel im November 1876 begann. Als ältester Tochter oblag es ihr, ihren Eltern, wenn diese auf Reisen waren, regelmäßig über das Leben und die Geschehnisse aus dem heimatlichen Primkenau zu berichten. Dabei blieben die Kinder nie allein oder nur in der Obhut der Erzieherinnen in Schlesien zurück. Jedes Mal übernahm Prinzessin Amalie (1826–1901) als ältere Schwester Friedrichs VIII.

Links: Herzogin Adelheid mit ihren beiden jüngeren Kindern Louise Sophie (als Baby) und Ernst Günther, 1866
Ernst Günther war der einzige Sohn Herzog Friedrichs VIII., der das Erwachsenenalter erreichte.

Rechts: Auguste Victoria (rechts) und Caroline Mathilde, um 1875
Donas Wesen war ruhig, sanft, besonnen und ausgeglichen. Ähnliches galt für ihre 15 Monate jüngere Schwester Calma. Beide Mädchen galten als unzertrennlich; sie wuchsen beinahe wie Zwillingsschwestern auf.

die Elternstelle. »Tante Malio«, wie sie von den Kindern liebevoll genannt wurde, war unverheiratet und kam für einige Wochen aus dem südfranzösischen Pau nach Primkenau. Während ihres Aufenthaltes in Niederschlesien bewohnte Amalie das auf der Rückseite des Schlosses liegende Prinzenpalais. In fast jedem Brief wurde über die 1874 geborene jüngste Schwester Feodora (1874–1910) berichtet. »Die herzige Kleine freute sich«, als im November 1876 »ein Bär, ein Kamel, und zwei Affen« ihre Kunststücke vor dem Schloss aufführten.[24] Als Herzogin Adelheid wenige Tage später ihrer zweijährigen Tochter von der Rückkehr ihres Vaters erzählte, rief sie freudig aus: »Papa is comback.«[25]

Im Februar 1877 fuhren Dona und Calma für einen mehrmonatigen Aufenthalt zu ihrer Tante Malio ins 2.000 Kilometer entfernte Pau. Sie sollten dort ihre französischen Sprachkenntnisse vervollständigen und die Kultur des Landes kennenlernen. In dem im südwestlichen Pyrenäenvorland gelegenen Pau bewohnte Amalie eine repräsentative Villa. Ihr Interesse galt der Politik, sie war frankophil und antipreußisch eingestellt. Der Herzog hatte seiner Schwester Instruktionen erteilt, sie möge während des Aufenthaltes seiner Töchter möglichst keine politischen Themen zur Sprache bringen.[26] Amalie hatte einen großen Freundes- und Bekanntenkreis, den die Prinzessinnen nun ebenfalls kennenlernen sollten. Victoria berichtete ihrem Vater: »[...] vorige Woche sind wir recht oft aus gewesen, Dienstag bei Miss Towers wo concertiert wurde und ein Spanier ganz wunderschön Violine spielte. Mittwoch bei einer Mrs. Edwards bei einer Soirée, wo Tableaux aufgeführt wurden von denen jedoch nur einige hübsch waren, Donnerstag bei Colonel Saw zum Diner.«[27] Ein Ausflug in das Seebad Biarritz an die südfranzösische Atlantikküste sollte unvergessen bleiben. Seitdem Kaiserin Eugénie (1826–1920), die Gemahlin Napoleons III., sich im Sommer 1854 für zwei Monate in Biarritz erholt hatte, entdeckte der europäische Hochadel das Seebad. Dona berichtete von kleineren Ausflügen in die Umgebung, u. a. nach Gayonne, wo Stoffe für Kleider gekauft

wurden. Besonders faszinierend war San Sebastian, das sie als »so malerisch mit seinen unregelmäßig gebauten Häusern, vielen Balcons, Schnitzereien etc. dann, der herrliche Blick auf das Meer«[28] beschrieb. Der Aufenthalt in Frankreich diente auch dazu, dass die Prinzessinnen bei dem damals renommierten Pianisten M. van den Hövel Klavierstunden erhielten. Dona schrieb ihrem Vater, er sei »sehr nett, aber streng«[29]. 14 Tage später konnte sie berichten: »Ich habe freilich immer eine fürchterliche Angst, da er immer sehr selten sagt, es wäre gut gespielt. Calma und ich üben jetzt ein Concerto von Händel zu zwei Klavieren.«[30] Mitte Mai 1877, nach fast drei Monaten, kehrten die Schwestern nach Primkenau zurück. »Obgleich es uns natürlich sehr leid tun wird, die gute Tante Malio zu verlassen, so freuen wir uns doch sehr wieder zurück zu kehren.«[31] In einem Brief an die Mutter heißt es: »Liebes Mamachen, wie nett wird es sein, wenn wir erst mit Dir, gutes Mamachen, wieder lesen und arbeiten können. Hoffentlich auch Klavier spielen. […] Wir haben nämlich ein Stück (Schuberts Marsch = zu 2 Klavieren) mit M. van den Hövel und Simonn van den Hövel geübt.«[32] Da sich nur wenige Briefe erhalten haben, die Prinzessin Auguste Victoria an Herzogin Adelheid schrieb, lässt sich nicht sagen, wie sich das Verhältnis zwischen Mutter und Tochter tatsächlich gestaltete.

Den Eltern war es wichtig, dass ihre Kinder die Bindung zum Heimatland Schleswig-Holstein und nach Dänemark nicht verloren. Gemeinsam mit Tante Malio lasen die Prinzessinnen historische Romane wie »Waldemar der Sieger«[33], einem Vorfahren, der im 11. Jahrhundert als Graf Adolf IV. von Holstein (vor 1205–1261) siegreich gegen die Dänen gekämpft hatte. Ähnlich verhielt es sich mit dänischer Literatur. In einem Brief an ihre Mutter bedankte sich Victoria, dass es »doch zu gütig von Papa ist uns des Abends noch am Thee dänisch vorlesen zu lassen, oder selbiges zu lesen, was wir sehr gerne mögen«[34]. Ein anderes Mal besuchten der Förster und der Apotheker aus Gravenstein die Familie in Primkenau. Schloss Gravenstein hatte Herzog Christian August I. von Schleswig-Holstein-Sonderburg-Augustenburg (1696–1754) im Jahr 1725 erworben. Der Großvater Auguste Victorias, Herzog Christian August, musste es schließlich 1852 an den dänischen Staat übertragen.[35] »Als neulich Förster Lehnschau und der Apotheker von Gravenstein hier waren, erzählten sie so viel von Gravenstein, vom Schloss, der Umgebung, dem Wald etc. etc., dass es umso anschaulicher wurde, als wären wir selbst dort gewesen. Es muss doch wunderschön dort sein.«[36] Seit den 1890er Jahren besuchte Auguste Victoria als Deutsche Kaiserin das Schloss Gravenstein des Öfteren. Ihr Bruder Ernst Günther hatte das Anwesen vom dänischen Staat zurückerhalten, da er auf die Ansprüche auf Schleswig-Holstein verzichtet hatte.

In allen Briefen Victorias wird die enge emotionale Bindung der Kinder an den Vater spürbar. Als sich Friedrich VIII. im Juni 1878 für einen längeren Aufenthalt nach Paris begab, schrieb Dona: »Wir entbehren Dich, lieber Papa, alle so unendlich! Das Haus ist so öde ohne Dich, lieber Papa.«[37] Wenige Tage später schrieb sie: »Unsere hübschen Morgenspaziergänge mit Dir ›lieber Papa‹ vermissen wir sehr.«[38] Von Frankreich aus fuhr der Herzog zu einem Kuraufenthalt in den nassauischen Kurort Schlangenbad. Victoria berichtete ihrem Vater vom täglichen Leben in Primkenau: von »Croquet«- und Fangespielen im Park, vom Zeichenunterricht, der täglich vier bis fünf Stunden dauerte, sowie von Besuchen im Tiergarten und im Bruch: »[…] wir sahen mehrere Rehe, weißes Damwild, drei wilde Enten und einen Fasan.«[39] Immer wieder wurden auch familiäre Schicksalsschläge in den Briefen thematisiert. Am 14. Dezember 1878 war Großherzogin Alice von Hessen-Darmstadt (1843–1878) im Alter von nur 35 Jahren gestorben. Die Tochter der britischen Queen Victoria war auf mehrfache Weise mit Auguste Victoria verwandt. Alice hatte sich bei der Pflege ihrer an Diphterie erkrankten Kinder angesteckt und starb schließlich selbst an der damals noch schwer zu heilenden Infektionskrankheit. Im südfranzösischen Pau, wo sich Dona zu dieser Zeit aufhielt, erreichte sie das Telegramm »mit der alle tief ergreifenden und betrübenden Nachricht von dem Dahinscheiden der Prinzeß Alice. Wie schrecklich, schrecklich traurig ist doch die traurige Nachricht. Der arme Großherzog und die armen Kinder.«[40] Dieselbe heimtückische Krankheit forderte auch das Leben eines Prinzen aus dem preußischen Königshaus. Waldemar (1868–1879), der Lieblingssohn des Kronprinzenpaares Friedrich Wilhelm und Victoria, starb im Alter von elf Jahren ebenfalls an Diphterie. Noch immer in Pau weilend schrieb Auguste Victoria an ihre Eltern: »Gestern wurden wir tiefbetrübt und erschüttert durch die Nachricht vom plötzlichen Tode des armen kleinen Waldemar von Preußen. […] Die arme Kronprinzeß![41] Wie viel trauriges hat sie in letzter Zeit doch ertragen müssen.«[42] Später, als Ehefrau Wilhelms II., sollte Auguste Victoria die Grablege des Prinzen an der Potsdamer Friedenskirche oft besuchen, zumal dort auch ihre Schwiegereltern Friedrich III. und Victoria beigesetzt waren.

Auch politische Ereignisse wurden in der Korrespondenz thematisiert. In Primkenau erreichte Dona am 3. Juni 1878 die Nachricht vom erneuten Attentat auf Kaiser Wilhelm I.[43] »Gestern waren wir natürlich alle in großer Aufregung über das Telegramm, welches das Attentat auf den Kaiser anzeigte. […] Der arme alte Kaiser, ob er sich wohl von diesen drei Schüssen erholen wird! Wie sehr wünschten wir mit Dir über dies alles zu sprechen.«[44] Damals konnte Auguste Victoria nicht wissen, dass Wilhelm I. wenige Monate später für ihr persönliches Glück verantwortlich sein würde. Als Oberhaupt des preußischen Königshauses entschied er letztlich, ob Auguste Victoria die richtige Braut für seinen Enkel Wilhelm sein würde. Ein von Kronprinzessin Victoria arrangiertes Treffen, das nur acht Wochen nach dem Attentat, am 30. August 1878 stattfand, sollte schließlich der Schlüssel zum Glück für das Paar werden.

Die drei ältesten Töchter Herzog Friedrichs VIII., 1878
Auguste Victoria (Mitte) als 17-Jährige mit ihren Schwestern Caroline Mathilde (rechts) und Louise Sophie. Die Aufnahme entstand, wenige Monate bevor Dona ihren künftigen Bräutigam zum ersten Mal traf. Nach der Verlobung gab Prinz Wilhelm seiner Braut den Ratschlag, sie solle ihre Frisur »nicht mehr aufgethürmt, sondern nach unten gekämmt« tragen, was sie sogleich befolgte, um ihrem Bräutigam zu gefallen.

Gemahlin des preußischen Thronfolgers

Der komplizierte Weg zur Verlobung

Die Begegnungen zwischen Prinzessin Auguste Victoria und Prinz Wilhelm von Preußen (1859–1941) am 30. und 31. August 1878 im Neuen Palais hatten weitreichende Folgen für das junge Paar. Herzog Friedrich VIII. war mit seinen beiden ältesten Töchtern auf Einladung des preußischen Kronprinzen nach Potsdam gereist. Ob das Treffen von der Kronprinzessin mit dem Hintergedanken eingefädelt wurde, ihren ältesten Sohn mit einer der beiden Holstein-Prinzessinnen zusammenzubringen, lässt sich nicht mit Bestimmtheit sagen. Die Begegnungen in Potsdam hinterließen auf Wilhelm allerdings einen bleibenden positiven Eindruck – auf der Stelle hatte er sich in Dona verliebt.[1]

Nach dem Treffen drängte der Prinz auf eine zweite Begegnung, um die Prinzessin näher kennenzulernen und um sich selbst zu vergewissern, dass er sie wirklich heiraten wollte. Der Besuch, der zunächst für Februar 1879 geplant war, wurde mehrfach verschoben und fand tatsächlich erst im April 1879 in Primkenau statt, also acht Monate nach der ersten Begegnung im Neuen Palais. Als Wilhelm im Schlosshof eintraf, hatte er mächtiges Herzklopfen. Er fragte sich, ob er »denn auch werth sei und würdig die Hand eines solch' herrlichen Mädchens zu umwerben«. Den ganzen Aufenthalt in Primkenau bezeichnete er als Tortur, denn er war gezwungen, bei Tisch neben Dona zu sitzen und »immer gewöhnliches Zeug« zu sagen, während ihm »im Inneren ein Feuer tobte«, das ihn »fast zur Verzweiflung brachte«. In einem begeisterten Brief an den Herzog schrieb Wilhelm nach seiner Abreise: »Deine von mir so innig verehrte Tochter Dona, in ihrem ganzen Wesen und ihrer ganzen Erscheinung mich so entzückt und hingerissen hat, dass mein Entschluss, alles daranzusetzen um sie mir zu erkämpfen sofort klar war. Ich kann Dir gar nicht beschreiben, wie lieb sie mir in den letzten Tagen geworden ist [...].«[2] In einem weiteren Brief informierte Wilhelm seinen künftigen Schwiegervater, dass sein Vater in einem persönlichen Gespräch mit dem Fürsten Bismarck über den Stand der Angelegenheit gesprochen hatte. »Zuerst soll der Fürst sehr außerordentlich überrascht gewesen sein«, aber nachdem der Kronprinz »ihm klar und einfach die ganze Sachlage« mitgeteilt habe – und dass die Majestäten in großem und ganzen schon einverstanden seien –, da erklärte der Fürst, »dass er sich niemals auf die Seite der Gegner stellen würde und keine Schwierigkeiten in den Weg legen werde«.[3]

Prinz Wilhelm dankte dem Herzog für eine Fotografie seiner Tochter. »Das Bild ist zwar lange nicht so schön als die Dona, aber es hat einen solch lieben Ausdruck, der einem ordentlich wohlthut wann man das Bild ansieht [...]. Ich lief mit dem Bilde gleich zu Mama hinunter und als sie es sah rief sie aus: ›What a sweet, charming face.‹ Die Photographie ist immer in meiner Nähe und beim Aufstehen und Schlafengehen ist das erste und letzte was ich thue ein Blick und Kuss darauf!«[4] Seiner Mutter teilte Wilhelm mit: »Bei meinem Aufenthalt in Primkenau bin ich vollständig mit mir klar und eins geworden, das [sic] die tiefe, innige und

Bildnis der Prinzessin Auguste Victoria, Pastell von Franz von Lenbach, um 1886
Das Porträt entstand während eines Besuchs der Prinzessin in Lenbachs Münchner Atelier. Das in zarten Farbtönen gehaltene Bildnis war für den privaten Bereich bestimmt, es fand seinen Platz im Großen Ankleidezimmers des Kaisers im Berliner Schloss. Dass das Porträt im niederländischen Exil einen Ehrenplatz über dem Bett Wilhelms II. erhielt, zeigt die hohe Wertschätzung, die der ehemalige Kaiser dem Kunstwerk entgegenbrachte.

herzliche Neigung, welche ich seit einem Jahr zu meiner Cousine Victoria gefasst habe eine wahre und feste ist.«[5] Nun musste der Kaiser, als Oberhaupt der Familie, noch seine Zustimmung zu dieser wenig glanzvollen Partie geben. Um diese zu erlangen, hatte das Kronprinzenpaar ein 15 Seiten starkes »Mémoire« ausgearbeitet.[6] Darin erwies sich die Frage der Ebenbürtigkeit Auguste Victorias als besonders delikat, da die Mutter Herzog Friedrichs VIII. als Gräfin Louise Sophie von Danneskjold-Samsøe (1796–1867) aus keinem regierenden oder ehemals regierenden Haus stammte. Der Kronprinz und zukünftige Schwiegervater erörterte, »dass überall als ebenbürtig anzusehen, wer in seinem eigenen fürstlichen Haus anerkannt ist«. Weiter legte er dar: »[…] in dem oldenburgisch-schleswigholsteinischen Gesamthaus, dessen Zweige die Häuser: Dänemark, Schleswig-Holstein, Rußland und Oldenburg sind, ist notorisch die Augustenburgische Linie stets als ebenbürtig anerkannt worden.« Überdies sei die Familie Danneskjold als zum dänischen Reichsadel gehörig mit der Stellung der ehemaligen reichstädtischen Geschlechter vergleichbar, die bei der Mediatisierung das Recht zur Heirat mit Mitgliedern regierender bzw. ehemals regierender Häuser beibehalten hatten.[7] Eine weitere Schwierigkeit bestand »in der Stellung des Vaters der jetzigen Prinzessin«, der seitdem das Herzogtum Schleswig-Holstein im Jahr 1867 dem Königreich Preußen als Provinz angegliedert wurde, nicht »auf seine Rechte und Ansprüche auf jene Herzogtümer« verzichtet hatte, sodass der Herzog »mithin dem Preußischen Hof gegenüber eigentlich wie ein Prätendent dasteht«. Sein Erscheinen am Berliner Hof würde diesen in »große Verlegenheit« bringen.

Prinz Wilhelm von Preußen und seine Braut Auguste Victoria, Gemälde von Heinrich von Angeli, 1880
Der Ende des 19. Jahrhunderts an den europäischen Königshöfen gefeierte Bildnismaler Heinrich von Angeli hatte auf Vermittlung der Kronprinzessin Victoria den Auftrag erhalten, das junge Brautpaar zu porträtieren. Auf Bitten des Künstlers malte die Kronprinzessin die Rosen am Kleid ihrer künftigen Schwiegertochter eigenhändig. Bei der Sorte handelte es sich um die gelbe »Maréchal Niel«-Rose, Auguste Victorias Lieblingsblume.

Als das Kronprinzenpaar in seinem Mémoire auf die Frage der Eheschließung zu sprechen kam, gab es zwar zu, dass Wilhelm mit seinen 20 Jahren noch recht jung für eine Heirat sei. Jedoch gaben die Eltern zu bedenken, dass sie von vier Söhnen bereits zwei verloren hatten. Wilhelm habe in den letzten Jahren die Gelegenheit gehabt, verschiedene Prinzessinnen kennenzulernen, »keine aber hat einen so tiefen Eindruck auf ihn gemacht wie die Prinzessin Augusta Victoria«. Die Änderung des Namens Augusta Victoria, statt Auguste Victoria, war auf Wunsch des Kronprinzen erfolgt. Das Mémoire legte ausführlich dar, warum nur die holsteinische Prinzessin als Braut infrage kam. »In England sind die Prinzessinnen zu jung, und ist die Verwandtschaft zu nahe. In Schweden und Dänemark sind keine Prinzessinnen vorhanden. [...] Es blieben also folgende Prinzessinnen: Die Tochter des verstorbenen Herzogs Georg von Mecklenburg-Strelitz, welche kränklich, nicht hübsch und vollständig russisch sein soll. Elisabeth, die Tochter des Landgrafen von Hessen-Kassel, habe Wilhelm bei seiner Begegnung in Wiesbaden nicht gefallen. Die Töchter des Großherzogs von Hessen und bei Rhein, welche zu nahe verwandt sind, ebenso wie die Tochter des Großherzogs von Baden.« Die Tochter des Großherzogs von Mecklenburg-Schwerin sei »zu jung und zu kränklich«. Auch die Tochter des Prinzen zu Schwarzburg-Rudolstadt kam nicht infrage, da sie »beschränkt sei und sehr unvorteilhaft aussehen soll«. Die Töchter des Prinzen Moritz von Sachsen-Altenburg beschrieb das Papier als zwar »recht hübsch, aber leider sehr zart und kränklich«. Die Tochter des Großherzogs von Sachsen-Weimar galt als »zu alt«, die Tochter des Prinzen Hermann von Sachsen-Weimar als »zu jung«. Die Tochter des Herzogs von Anhalt sei »zu jung und geistig noch sehr wenig entwickelt«. Die Töchter des verstorbenen Königs Georg V. von Hannover seien »zu alt« und kämen aus politischen Gründen ohnehin nicht in Betracht. Hilda, die Tochter des Herzogs von Nassau, würde von ihrem Vater niemals preisgegeben werden, »da er die Feindschaft mit uns sehr scharf und schroff betont«. Die beiden jüngsten Töchter des Fürsten von

Waldeck hätten »wenig äußeres«, außerdem gehörten sie einer Familie an, »in der die Schwindsucht« herrsche, zudem sei »die jüngste zu jung«. Der Kronprinz lobte Dona hingegen in den höchsten Tönen. »Da leuchtet die Prinzessin Augusta Victoria von Schleswig-Holstein als eine schöne, graziöse, liebenswürdige Erscheinung hervor, von vorzüglichen Eigenschaften des Geistes und Charakters.« Friedrich Wilhelm hob besonders ihre »Pflichttreue und Gewissenhaftigkeit, Sanftmut und Herzensgüte« hervor. Weiter schrieb er: »[...] sie ist zwar ein paar Monate älter als Wilhelm (geboren am 22. Oktober 1858), ein Umstand, der obwohl im Allgemeinen nicht wünschenswerth, in diesem Fall als ein günstiger aufzufassen ist, weil er für die Festigkeit der Gesundheit bürgt [...]«, außerdem, »weil wir überzeugt sind, das gerade für Wilhelms Charakter eine Lebensgefährtin von nicht allzu jungem Alter erforderlich ist«.

Da das Haus Schleswig-Holstein zwar kein souveränes Fürstenhaus mehr war, sondern als Provinz dem Königreich Preußen angehörte, wurde noch einmal die untadelige fürstliche Herkunft hervorgehoben. Sie gehöre einem der »ältesten deutschen Fürstengeschlechter« an. »Sein Stamm regiert in Rußland, Dänemark, Griechenland und Oldenburg. Die zweite Gemahlin des Großen Kurfürsten war eine Prinzessin aus jener Familie.«[8] Das Mémoire schlossen die Eltern mit der Hoffnung, dass die Eheschließung ihres Sohnes mit Auguste Victoria in Erfüllung gehen würde.

Für Wilhelm I. waren jedoch zwei entscheidende Aspekte immer noch ungelöst: zum einen die politische Stellung des Vaters der Prinzessin, zum anderen die Frage der Ebenbürtigkeit. Schließlich hatte Friedrich VIII. nicht auf die Herzogtümer Schleswig-Holstein verzichtet. Was die Ebenbürtigkeit anbetraf, so empörte sich der Kaiser, dass ein Mitglied eines Hauses, das »nie souverän gewesen ist« und dessen Mutter eine Gräfin war, der Schwiegervater des künftigen preußischen Königs und Deutschen Kaisers werden könnte. Selbst das Hauptargument für die Verbindung, das Verliebtsein des Prinzen, könne der Kaiser »noch nicht glauben«. Dazu müsse er die Prinzessin, von der er noch nie etwas gehörte habe, zuerst einmal selbst gesehen haben.[9] Die Aussage Wilhelms I., er habe von dieser Prinzessin »noch nie gehört«, ist bemerkenswert, da er ihr Taufpate war. Andererseits konnte dies durchaus den Tatsachen entsprechen, da der Kaiser, wie es Tradition war, die Patenstelle von Nachkommen europäischer und deutscher Fürstenhäuser angenommen hatte und dies in relativ großer Zahl.

Im Mai 1879 konnte die Kronprinzessin dem Kaiser im Rahmen einer persönlichen Audienz endlich den Ehewunsch ihres Sohnes vortragen. Allerdings brachte das Treffen nicht das gewünschte Ergebnis. Wilhelm I. bestand darauf, dass der Herzog von Schleswig-Holstein auf die Rechte über die Herzogtümer verzichtete, ehe er die Heirat genehmigte. Der Kronprinz wollte mit Bismarck sprechen in der Hoffnung, dieser würde eine Lösung finden. Der Kaiser legte Wert darauf, dass das ganze Projekt geheim gehalten wurde, bis auch er mit dem Kanzler persönlich gesprochen hatte. Währenddessen wartete Prinz Wilhelm ungeduldig an seinem Studienort Bonn auf ein positives Zeichen aus Potsdam und Berlin. Seiner Mutter schrieb er: »Könntest Du nicht mit Großpapa sprechen? Jetzt, da ich durch den Brief von Onkel Fritz weiß, dass die Süße mich liebt [...]!«[10]

Das Kronprinzenpaar überlegte, wie die nächsten Schritte aussehen könnten. Wilhelm sollte nach dem Ende seines Studiums eine mehrmonatige Orientreise unternehmen. Vor Antritt dieser Reise sollte die Verlobung keinesfalls erfolgen. Zwar könne er sich zuvor mit Dona einig werden, doch das Heiratsprojekt durfte keinesfalls an die Öffentlichkeit dringen. Nachdem die Reaktion Bismarcks auf die Brautwahl im Juni 1879 äußerst günstig ausgefallen war, konnte Dona dem Kaiserpaar vorgestellt werden. Im Juli 1879 erfolgte ein erstes Treffen zwischen Wilhelm I. und der Holsteinerin, die in Begleitung ihrer Schwester Calma nach Bad Ems gereist war. Allerdings führte die Begegnung nicht zum erwünschten Erfolg. Der Kaiser schrieb seinem Sohn: »Wir haben gewisse junge Damen gesehen und sie sehr nett gefunden, doch fände ich die 2. fast hübscher.«[11] Deutlich positiver war der Eindruck, den Kaiserin Augusta von Dona gewann: »Sie habe einen so lieben herzgewinnenden Ausdruck im Auge, ein so anmuthiges Wesen, dabei sei die ganze äußere Erscheinung eine so edle und würdevolle [...].«[12] Der Kaiser zögerte ein weiteres halbes Jahr. Zuerst sollte die umstrittene Ebenbürtigkeitsfrage geklärt werden und der Monarch bestand darauf, ein Gutachten eines Heidelberger Professors einzuholen. Des Weiteren forderte er den Minister des königlichen Hauses Graf Alexander von Schleinitz (1807–1885) und den Reichskanzler Otto von Bismarck auf, Denkschriften über die politischen Aspekte des Heiratsvorhabens auszuarbeiten.[13] Bismarck wünschte zunächst noch die Stellungnahmen des Kronrates, des Hausministeriums sowie des Justizministers und drängte gleichzeitig auf eine Verzichtsleistung des Herzogs.[14] Es vergingen weitere Monate, in denen sich Auguste Victoria und Wilhelm nicht sehen und keine Briefe austauschen durften. Erst im Dezember 1879 konnte der Kaiser – durch ein Exposé, in dem der Kronrat diese positiv bewertete – von der Ebenbürtigkeit des Hauses Augustenburg überzeugt werden. Der Kaiser teilte dem Kronprinzen zwar mit, dass die Ebenbürtigkeitsfrage für ihn erledigt sei, doch er forderte weiterhin eine offizielle Verzichtserklärung des Herzogs. Nach langem Zögern akzeptierte Friedrich VIII. einen Passus, der die Zugehörigkeit seiner angestammten Herzogtümer zum Deutschen Reich, nicht aber zu Preußen erwähnte. Dem Kaiser genügte aber auch das nicht. In dieser schier ausweglosen Situation starb der Herzog, der seit etwa einem Jahr gesundheitlich angegriffen war, am 14. Januar 1880. Herzog Ernst II. von Sachsen-Coburg und Gotha (1818–1893) war bei seiner letzten Begegnung mit Friedrich »erschrocken über die furchtbare Veränderung, die er an ihm wahrnehmen musste; er war zu einem Skelett abgezehrt, hatte eine Fistelstimme bekommen und war kaum wiederzuerkennen«[15]. Die genaue Todesursache ist nicht bekannt.

Allerdings löste auch der Tod des Herzogs das Problem zunächst nicht und der Kaiser zögerte weiterhin, seinem Enkel die Erlaubnis zu erteilen, sich mit Auguste Victoria zu verloben. Erst nach einer erneuten Rücksprache mit Bismarck und Schleinitz erteilte er schließlich am 27. Januar, dem Geburtstag des Prinzen Wilhelm, seine Genehmigung. »Hip, Hip, Hurrah! Endlich habe ich sie [...]. Was für eine himmlische Vorstellung, wenn ich daran denke, dass ich jenen Engel bald in meinen Armen halten werde und an meine Brust drücken kann, ohne sie jemals wieder zu verlassen«, jubelte der glückliche Bräutigam in einem Brief an seine Mutter.[16] Da das Familienereignis mit Rücksicht auf den Tod des Herzogs offiziell noch nicht bekannt gegeben werden sollte, reiste Prinz Wilhelm heimlich nach Gotha. Im Augustenburger Palais verlobte er sich am 14. Februar 1880 im privaten Rahmen. Nun sah er Dona nach Monaten des Wartens und Hoffens endlich wieder und es gab für ihn kein Halten mehr. Kaum hatte die Familie das Zimmer verlassen, »als ich auch schon ohne unnütze Worte und Umschweife Dona fest in meinen Armen hatte und wir uns gegenseitig mit Küssen bedeckten. Dann setzten wir uns zusammen auf ein Sopha und tauschten unsere Gedanken und Geschenke aus [...]«, schrieb Wilhelm enthusiastisch an seinen Vater.[17]

Mit der privaten Verlobung hörten die unfreundlichen Auseinandersetzungen um die Brautwahl jedoch nicht auf. So zögerte Wilhelm I. zunächst, das Ereignis innerhalb der königlichen Familie bekannt zu geben, tat es dann aber doch bei einem Familiendiner aus Anlass seines Geburtstags am 22. März. Allerdings fand er dafür nicht die richtigen Worte. Erst als sich seine Familie von ihm verabschieden wollte, murmelte der Kaiser etwas, das von den meisten Gästen nicht verstanden wurde.

Besonders schroff war die Reaktion von Prinz Carl von Preußen (1803–1882), einem jüngeren Bruder des Kaisers. Er nahm die Mitteilung »mit einem Teufels-Ausdruck im Gesicht entgegen, als hätte er einen Topf voll Mäuse gefressen!«[18] Carl ging dem Bräutigam von nun an aus dem Weg, während seine Familie unter anderem monierte, dass eine Tante von Dona mit dem bürgerlichen Chirurgen Friedrich Esmarch (1823–1908) verheiratet war.[19] In der Hohenzollernfamilie spottete man, dass, wenn bei Auguste Victoria einst »Familienfreuden eintreten, alles billig u. einfach durch Onkel Esmarch besorgt werden«[20] könne. Prinz Friedrich Carl (1828–1885),

Das offizielle Verlobungsfoto des Brautpaares, Fotografie von Theodor Prümm, Juni 1880
Mit der Veröffentlichung dieser Aufnahme in illustrierten Zeitungen wurde die Braut des Prinzen Wilhelm zum ersten Mal der Öffentlichkeit bekannt gemacht.

der Sohn des Prinzen Carl, teilte dem Kronprinzen ungeniert sein Missfallen über die Brautwahl mit: »Für einen künftigen König und Deutschen Kaiser hätte ich eine vornehmere Partie gewünscht. [...] Aber was mich am meisten schmerzt, ist die Großmutter, die Gräfin Danneskjold. Meines Wissens ist sie [...] in der Schande geboren als uneheliches Kind eines Dänen-Königs.« Der Kronprinz war entsetzt über diesen Brief seines Vetters, den er als »das Unpassendste und Ungezogenste«[21], das ihm je vorgekommen sei, bezeichnete. Gleichwohl traf es zu, dass die Großmutter der Gräfin Louise Sophie von Danneskjold, Sophie Amalie Motte, Gräfin von Samsøe (1654–1719), die Mätresse des dänischen Königs Christian V. (1646–1699) gewesen war.

Auch die Berliner und Potsdamer Hofgesellschaft kritisierte die Brautwahl auf das Schärfste. Therese Gräfin zu Eulenburg (1806–1885), Mutter des späteren Hausministers August Graf zu Eulenburg (1838–1921), fand deutliche Worte: »Im Übrigen ist alles was noch einigen Preußenstolz im Herzen trägt, außer sich über die übereilte Verlobung unseres Pz. Wilhelm, es ist als ob die lieben Eltern absichtlich die schlechteste Partie für ihre Kinder in höchster Eile aussuchen. [...] Auch kann man sich gar nicht für Onkel Esmarch begeistern.«[22]

Unmittelbar nach der Verlobung reiste Dona gemeinsam mit ihrer Schwester Calma für mehrere Wochen nach England. Dort wohnten sie als Gäste ihres Onkels Christian, der mit Prinzessin Helena, einer Tochter von Queen Victoria, verheiratet war, in Cumberland Lodge, wenige Kilometer südlich von Schloss Windsor. Seit dem Tod des Herzogs war dessen Bruder Christian der Vormund der Prinzessin und ihrer Geschwister. Queen Victoria traf einige Male mit der jugendlichen Braut ihres preußischen Enkels zusammen und konnte sich somit ein Bild von Dona machen. In einem Brief an ihre Tochter schrieb sie: »Ich bin entzückt, dass Du Victoria nett, liebenswürdig und hübsch findest. [...] Ihr Lächeln, ihr Wesen und ihr Ausdruck müssen sogar die borstigen Berliner mit ihren scharfen Zungen und ihrem schneidenden Sarkasmus über jeden und allen entwaffnen.«[23]

Am 2. Juni 1880 fand die offizielle Verlobung statt. Kaiser Wilhelm I. hatte die preußische Königsfamilie und die herzoglich-augustenburgische Familie in seine Sommerresidenz nach Schloss Babelsberg eingeladen. Sogar Otto von Bismarck war auf Wunsch Wilhelms I. bei diesem Familienfest anwesend. Das war ungewöhnlich, da der Reichskanzler noch nie an einer Verlobung eines Mitglieds des preußischen Königshauses teilgenommen hatte. Mit seiner Anwesenheit wollte er symbolisch einen Schlussstrich unter das komplizierte Verhältnis zwischen den Häusern Hohenzollern und Holstein ziehen und seine Akzeptanz der Brautwahl unterstreichen. Am späten Vormittag jenes 2. Juni verkündete der Hausminister Graf von Schleinitz im Tanzsaal den anwesenden Gästen »die Verlobung Seiner Königlichen Hoheit des Prinzen Wilhelm mit Ihrer Hoheit der Prinzessin Auguste Victoria«[24]. Nach einer kurzen Rede stellte der Kaiser die Braut seines Enkels den Repräsentanten des Staates und des Hofes vor. Herzogin Adelheid war auf Wunsch des Kaisers anwesend, konnte aber am anschließenden Diner wegen ihrer »Eigentümlichkeiten« nicht teilnehmen. Die Mutter Auguste Victorias litt seit vielen Jahren an einer psychischen Krankheit, die sich erstmals kurz vor dem Tod ihres Mannes bemerkbar machte. Der Historiker John Röhl spricht von Symptomen einer Geisteskrankheit. Das Verhältnis zwischen der Mutter und ihrer ältesten Tochter habe sich seit der Anbahnung des Heiratsprojekts »sehr verschlimmert«. »Dieses Verhältnis führt zu täglichen unangenehmen Auftritten, welche die junge Dame mit musterhafter Sanftmuth und Unterwürfigkeit besteht.«[25] Am Tag der Beisetzung Herzog Friedrichs VIII. in Primkenau wurde der Kronprinz Zeuge, wie die Herzogin die Rede des Geistlichen durch Zwischenrufe störte.[26]

Aufgrund ihrer »Wunderlichkeit« wurde Adelheid vom Verlobungsdiner ferngehalten. Die offizielle Begründung des preußischen Hofes lautete, dass die Brautmutter aus Trauer um ihren Ehemann nicht teilnehmen wolle. Bei dem Diner im Speisesaal von Schloss Babelsberg saß Dona neben dem Kaiser, der sich mit ihr, wie er später seiner Schwester schrieb, fabelhaft unterhielt. Es freue ihn, »sagen zu müssen, dass sie nach allen Richtungen meine Erwartungen übertrifft. […] schlank, blond, sehr angenehmer Ausdruck, natürlich und doch würdige Haltung ohne Steifheit, freundlich gegen jedermann.«[27] Auch die beiden Generaladjutanten des Kaisers Emil von Albedyll (1824–1897) und Heinrich Graf von Lehndorff (1829–1905), die anfangs sehr gegen das Heiratsprojekt gewesen waren, sprachen mittlerweile positiv über die Prinzessin. Sie waren während zwei Diners mit Auguste Victoria zusammengetroffen und versicherten auf der Rückfahrt von Schloss Babelsberg nach Berlin dem Fürsten Chlodwig zu Hohenlohe-Schillingsfürst (1819–1901)[28] spontan, sie seien ausgesöhnt. Selbst Prinz Carl, der sich so scharf gegen das Heiratsprojekt ausgesprochen hatte, schien von der Anmut und Würde der Prinzessin und ihren Fähigkeiten mittlerweile überzeugt zu sein. Die nächsten vier Wochen verbrachte Auguste Victoria bei ihren künftigen Schwiegereltern im Neuen Palais, um der preußischen Familie und ihrem Bräutigam näher vorgestellt zu werden.[29] Im Herbst 1880 folgte ein

Prinzessin Auguste Victoria zu Schleswig-Holstein-Sonderburg-Augustenburg, Kunstverlag Franz Hanfstaengl, 1880
Dona schickte ihrem Bräutigam ihre neueste Porträtfotografie in der Hoffnung, dass sie Wilhelms Schönheitsideal entspräche. Als Wilhelm sein Gefallen an den Fotografien ausdrückte, ließ sich Dona zu folgenden Worten hinreißen: »Ich könnte fast eifersüchtig auf meine eigenen Photographien sein, da Du schriebst, sie haben mit Dir im Bett gelegen.«

weiterer Aufenthalt Auguste Victorias in Großbritannien, wo sie erneut zu Gast bei Onkel Christian und seiner Ehefrau Helena war. Dona sollte nicht nur ihr Englisch auffrischen, sondern auch die britische Gesellschaft besser kennenlernen.

Aus der Verlobungszeit hat sich ein Teil der Brautbriefe erhalten, die Auguste Victoria an ihren Bräutigam schrieb,[30] während Wilhelms Antwortbriefe verschollen sind. Täglich tauschte das verliebte Paar Briefe aus, die zumeist mit »Lieber Herzens Schatz«, »Innigst geliebter Schatz« oder »Lieber, süßer Schatz« begannen. Während sich die Jungverliebten Liebesschwüre ins Ohr säuselten, arbeitete das Ministerium des königlichen Hauses den Heiratsvertrag, die sogenannten Ehepakten, aus. Der Vertrag regelte die zukünftige finanzielle und rechtliche Stellung Auguste Victorias sowie ihrer etwaigen aus der Ehe hervorgehenden Kinder in allen wichtigen Punkten. Das aus 15 Artikeln bestehende Dokument legte fest, welche Ausstattung die Braut erhalten sollte. Es enthielt Bestimmungen über die Höhe des Vermögens, eventuelle Schulden, den Witwenstand, die Testamentsangelegenheiten, die Zusammensetzung des Gefolges und der Dienerschaft, die Übernahme der Kosten des Hofstaates durch den Ehegatten und die Erziehung der Kinder im Falle einer Wiederverheiratung Auguste Victorias.[31]

Die Hochzeit mit Prinz Wilhelm von Preußen

Der Hochzeitstag wurde auf den 27. Februar 1881 festgelegt. Aus praktischen Gründen hatte sich die Kronprinzessin für diesen Termin entschieden. Den Vorschlag des Prinzen Christian, die Hochzeit erst im Mai 1881 stattfinden zu lassen, hatte Victoria mit der Begründung abgelehnt: »Nach einem greulichen Berliner Winter von Hoffesten, alles noch einmal anzufangen, neue Fatiguen, neue Toiletten Ausgaben etc. finde ich höchst unpractisch [...].«[32]

Unterdessen liefen die Hochzeitsvorbereitungen auf Hochtouren. Kaiser Wilhelm I. und das Kronprinzenpaar hatten in Abstimmung mit dem Ministerium des königlichen Hauses die fürstlichen Hochzeitsgäste ausgewählt. In erster Linie wurden die Familienmitglieder beider Häuser eingeladen. Obwohl Queen Victoria ihre persönliche Teilnahme abgesagt hatte, war das britische Königshaus besonders zahlreich vertreten. Das hatte seinen Grund in der Tatsache, dass sowohl der Bräutigam als Enkel der Queen als auch Auguste Victoria als deren Großnichte mit dem Fürstenhaus verwandtschaftlich verbunden waren. Recht spät, erst 14 Tage vor den Feierlichkeiten, erreichte den Berliner Hof die Absage der Queen. Den Grund musste die Monarchin nicht erläutern, es waren »Umstände [die] Mich verhindern, bei diesem freudigen und Glückverheißenden Ereignisse in Person zugegen zu sein«[33]. Als persönlichen Vertreter entsandte sie ihren Kammerherrn Viscount Torrington (1841–1889). In einem Brief an den Kaiser hob Victoria hervor, dass – obwohl der Prince of Wales an den Feierlichkeiten teilnehmen würde – mit Lord Torrington ihr »Spezial- und persönlicher Vertreter«[34] nach Berlin entsandt worden sei. Der Prince of Wales (und spätere König Eduard VII., 1841–1910) reiste ohne seine dänische Gemahlin Alexandra (1844–1925), die seit dem Deutsch-Dänischen Krieg eine Abneigung gegen alles Deutsche hatte, nach Berlin.[35] Auch der zweite Sohn der Queen, Alfred Duke of Edinburgh (1844–1900), bestätigte seine Teilnahme, reiste allerdings ebenfalls ohne seine Ehefrau, die russische Großfürstin Maria (1853–1920), an den preußischen Hof.[36] Auch vonseiten der Brautfamilie gab es Absagen. Prinzessin Henriette (1833–1917), die mit dem renommierten Chirurgen Professor Friedrich Esmarch verheiratet war, verzichtete aus Solidarität zu ihrem Ehemann auf eine Teilnahme, da nur sie – als Tante der Braut – eine Einladung erhalten hatte.[37] Besonders schmerzlich muss es Auguste Victoria empfunden haben, dass ausgerechnet ihre besonders geliebte Tante Malio »wegen [...] Krankseins«[38] Südfrankreich nicht verlassen konnte. Da Amalie eine äußerst politisch denkende Frau war, ist nicht auszuschließen, dass die Annexion Schleswig-Holsteins durch Preußen der wahre Grund ihres Fortbleibens war. König Albert von Sachsen (1828–1902) war als regierender Monarch der ranghöchste Gast. Die europäischen Großmächte Russland, Österreich sowie Italien und Schweden ließen sich durch die Thronfolger oder nachgeborene Prinzen[39] vertreten. Das entsprach durchaus den protokollarischen Gepflogenheiten, da es sich bei dem Brautpaar nicht um einen regierenden König, sondern lediglich um den Thronerben der übernächsten Generation handelte. Das Haus Schleswig-Holstein war durch die Brautmutter Herzogin Adelheid, den Onkel und Vormund Herzog Christian sowie die jüngeren Geschwister der Braut vertreten. Von den weiteren Mitgliedern des preußischen Königshauses nahmen die Prinzen Carl und Albrecht mit ihren Familien an den Feierlichkeiten teil, die insgesamt fünf Tage dauerten. Sie waren angefüllt mit Empfängen, Gottesdiensten, Tanzveranstaltungen, Diners und Opernaufführungen. Am Nachmittag des 25. Februar 1881 traf die Braut – aus Primkenau kommend – im Berliner Schloss Bellevue ein. Für die Familie des Brautpaares gab es hier nur ein sehr kurzes Diner, da das Kaiserpaar bereits auf Dona und Wilhelm im Alten Palais Unter den Linden wartete, um es mit einem größeren Mittagessen offiziell willkommen zu heißen. Am nächsten Tag folgte der feierliche Einzug nach Berlin. Um 14 Uhr startete der imposante, aus sechs Kutschen und mehreren Kompanien zu Pferd bestehende Brautzug. Vom Schloss Bellevue aus ging es durch das Brandenburger Tor zum Berliner Schloss. In den ersten drei sechsspännigen Galawagen fuhren Mitglieder des Gefolges, wie Kammerdiener und Kavaliere, die ihren Ehrendienst während der Feierlichkeiten leisteten. Erst an vierter Position folgte der achtspännige Staatswagen, mit dem schon die legendäre Königin Luise (1776–1810) fast 100 Jahre zuvor in die Hauptstadt eingezogen war. Neben der Braut saß Kronprinzessin Victoria, ihnen gegenüber die künftige Oberhofmeisterin Therese Gräfin von Brockdorff (1846–1924). In den beiden nachfolgenden Galakutschen hatten die Hofdamen der Braut und die Damen der Kronprinzessin Platz genommen. Das »Publikum in vortrefflicher Stimmung, große Menschenmengen«[40] säumten die Prachtstraße Unter den Linden, berichtete Großherzogin Luise von Baden, die als Tochter Kaiser Wilhelms I. an den Feierlichkeiten teilnahm. Der Kronprinz und Prinz Wilhelm erwarteten den Zug am Portal V des Königlichen Schlosses. Unmittelbar nach der Ankunft erfolgte im Kurfürstenzimmer, der sogenannten Brautkammer, die Unterzeichnung der Ehepakten. Der Einzugstag endete mit der Aufführung der Oper »Carmen« im Königlichen Opernhaus Unter den Linden. Am 27. Februar, einem Sonntag, folgte als Höhepunkt der Feierlichkeiten die kirchliche Trauung in der Kapelle des Berliner Schlosses. Zuvor hatte der Minister des Königlichen Hauses Graf von Schleinitz die standesamtliche Trauung in der Neuen Galerie vollzogen. Im Chinesischen Kabinett, das zu den kostbaren Raumschöpfungen des Großen Kurfürsten Friedrich Wilhelm von Brandenburg (1620–1688) gehörte, setzte Kaiserin Augusta der Braut die Prinzessinnenkrone aufs Haupt: ein seltener königlicher Akt, der nur bei Vermählungen zelebriert wurde. Die mit Brillanten besetzte Krone war für die Schwestern Friedrichs des Großen (1712–1786) um 1730 angefertigt worden. Nach der Trauung zog das Brautpaar mit den wichtigsten Hochzeitsgästen durch die Paraderäume und die Bildergalerie in die Schlosskapelle, wo Oberhofprediger Rudolf Kögel (1829–1896) die Eheschließung vornahm. Nachdem das Donnern von 36 Kanonensalven der Berliner Bevölkerung den Vollzug der Trauung verkündet hatte, begab sich die Hochzeitsgesellschaft zur Defiliercour in den Weißen Saal, um die Glückwünsche entgegenzunehmen. Anschließend fand im Rittersaal die Zeremonientafel als eigentliches Hochzeitsmahl statt. Das Servieren des ersten Gangs wurde nach einem jahrhundertealten Ritual vom sogenannten Großen Dienst von den Obersten Hof-, Ober-Hof-, Vice-Ober-Hof- und den Hofchargen verrichtet. Nachdem Wilhelm I. den ersten Toast ausgesprochen hatte, wurde das weitere Servieren von Pagen übernommen. Traditionell folgte als Abschluss an die Zeremonientafel der Fackeltanz im Weißen Saal.[41] Damit waren die anstrengenden Feierlichkeiten jedoch noch nicht beendet. Am 28. Februar folgten noch der offizielle Kirchgang und das prunkvolle Galadiner im Weißen Saal, an denen neben den fürstlichen Hochzeitsgästen auch die Hofstaaten, das militärische Gefolge, der Reichskanzler, die General-Feldmarschälle sowie weitere Würdenträger von Hof und Staat teilnahmen. Mit einer Festvorstellung im Opernhaus wurde der vierte Festabend beschlossen. Am 1. März gaben die Eltern des Bräutigams im Kronprinzenpalais ein weiteres Essen. Mit dem anschließenden Ball im Königlichen Schloss endeten die Feierlichkeiten. 1834 Gäste waren umsorgt und bewirtet worden.[42] Das für die Organisation und Umsetzung zuständige Oberhofmarschallamt hatte für den reibungslosen Ablauf gesorgt. »Die Braut sah hinreißend, lieblich aus und entzückte jedermann durch ihr einfaches sicheres und freundliches Wesen«[43], beobachtete Großherzog Friedrich von Baden (1826–1907).

Das Brautpaar war überaus reich beschenkt worden. Schmuck, Silber, Waffen, Uhren – die Liste umfasst 100 Einzelpositionen. Ab dem 10. März hatte die Bevölkerung Gelegenheit, sich die Schätze im Garde-

Der Einzug Auguste Victorias in Berlin, Kolorierte Fotografie von Heinrich Schnaebeli, 26. Februar 1881
Die Prachtstraße Unter den Linden war festlich geschmückt, »das Publikum in vortrefflicher Stimmung«, als die Braut des Prinzen Wilhelm in dem prächtigen »Krönungswagen« des preußischen Hofes zum Berliner Schloss fuhr. In der von acht Rappen gezogenen Galakutsche hatte neben Auguste Victoria ihre künftige Schwiegermutter Kronprinzessin Victoria Platz genommen. Der Brautzug wurde in dem Moment im Bild festgehalten, als die Karosse das Reiterdenkmal Friedrichs des Großen von Christian Daniel Rauch passierte.

Die Trauung des Prinzen Wilhelm von Preußen und der Prinzessin Auguste Victoria zu Schleswig-Holstein durch Oberhofprediger Rudolf Kögel in der Kapelle des Berliner Schlosses, Zeichnung von C. Becker, 27. Februar 1881
Hinter dem Brautpaar stehen v. l.: Kaiserin Augusta, Kaiser Wilhelm I., Kronprinzessin Victoria und Kronprinz Friedrich Wilhelm.

Rechte Seite: Auguste Victoria in ihrem Brautkleid, Fotografie von Hanns Hanfstaengl, 27. Februar 1881
Das aus weißem Atlas gearbeitete Brautkleid sowie die dazugehörende fünf Meter lange Schleppe aus Silberbrokat waren Geschenke der britischen Queen Victoria. Die Schleppe war mit einer umlaufenden Girlande aus Myrten und Orangenblüten dekoriert. Auf dem Haupt trägt Auguste Victoria die mit Brillanten besetzte Prinzessinnenkrone, die auf einem Kranz aus weiß blühenden Myrten ruht. Die Myrte galt als Symbol der über den Tod hinausgehenden Liebe.

du-Corps-Saal und zwei angrenzenden Räumen des Berliner Schlosses anzuschauen. Hoch war der Anteil an praktischen Dingen für den neuen Hausstand. Auguste Victoria erhielt vom Lette-Verein »2 geschnitzte Sessel mit Fußkissen« sowie einen »Camin-Schirm«, die »Herren aus Primkenau« überreichten eine Schreibtisch-Garnitur, die Einwohner Augustenburgs sandten »2 Sopha Kissen« nach Berlin, von ihrer jüngsten Schwester Feodora erhielt Dona »eine gemalte Photographie«. Wilhelm erhielt hingegen typisch männlich konnotierte Gegenstände. Die Optiker-Stadt Rathenow überreichte einen »Krimstecher und Operngläser«, der Prince of Wales hatte einen »Gewehrkasten mit zwei Doppelgewehren« im Gepäck und Prinz Heinrich ein »Dessertmesser mit japanischem Griff«. Als Gemeinschaftsgeschenk für das Prinzenpaar hatte der Maler Anton von Werner (1843–1915) eine Ölskizze »Reproduktion eines Bildes im Capitel-Saal« des Schlosses angefertigt.[44] Des Weiteren hatten sich 16 Künstler wie Adolph Menzel (1815–1905), Paul Meyerheim (1842–1915) und Albert Hertel (1843–1912) zusammengeschlossen, um verschiedene Aquarelle als Geschenke zu überreichen.[45] Aus der Aktennotiz »bleibt fort« geht hervor, dass sich der preußische Hof dazu entschlossen hatte, die Juwelengeschenke nicht öffentlich auszustellen. Nach 14 Tagen konnten mehr als 12.000 Besucher gezählt werden. Die Einnahmen des Eintrittspreises in Höhe von 6.320 Mark kamen dem Vaterländischen Frauenverein zugute.[46]

Die ersten Ehejahre

Unmittelbar nach den Hochzeitsfeierlichkeiten zog das glückliche Paar in die Residenzstadt Potsdam ein. Für die Wintermonate hatte Wilhelm I. seinem Enkel und dessen Ehefrau im Stadtschloss eine Wohnung im zweiten Obergeschoss zur Verfügung gestellt.[47] Ein anderer Wohnsitz, der seinem Rang als Thronerbe entsprach, stand damals nicht zur Verfügung. Während der Prinz seinen Militärdienst als Major im Garde-Husaren-Regiment leistete, verbrachte Dona die ersten Wochen ihrer Ehe in Potsdam. Der Tag begann gegen halb neun Uhr mit einem gemeinsamen Frühstück. Den Vormittag verbrachte die Prinzessin mit der Erledigung ihrer Korrespondenz sowie dem Empfang ihrer Oberhofmeisterin und des Hofmarschalls, mit denen sie die weiteren Termine des Tages besprach. Es folgte in der Regel noch eine Ausfahrt in den Neuen Garten oder in den Park Sanssouci. Allein konnte sie die Fahrten nicht unternehmen: Seit ihrer Vermählung wurde sie von »Schutzleuten« begleitet, die für ihre Sicherheit verantwortlich waren. Diese für sie ungewohnte Situation befremdete die Prinzessin, ihrer Schwester schrieb sie: »Hier gehen wir nun spazieren, wie die höheren Gefangenen mit unseren Bediensteten, [...] ich fühle mich wie eine Strafgefangene.«[48] Nach dem Mittagessen empfing sie ihren Kammerherrn, um mit ihm soziale und karitative Themen zu besprechen. Dona hätte Wilhelm am liebsten den ganzen Tag für sich allein gehabt. In den ersten Wochen der Ehe ließ sich der junge Ehemann darauf ein. Täglich war er ab halb eins für etwa zwei Stunden bei Dona. Bereits um 17 Uhr gab es das Diner. »Nachher sitzen oder stehen wir noch länger mit den Damen«, kommentierte sie lakonisch. »Abends liest Wilhelm oder ich lese oder schreibe [...], zwischen 9 und 10.45 Uhr abends gehen wir zu Bett.«[49]

Im Juni 1881 bezog das Prinzenpaar zum ersten Mal seine Sommerresidenz, das Marmorpalais in Potsdam. Der im Neuen Garten gelegene frühklassizistische Schlossbau aus dem späten 18. Jahrhundert liegt romantisch am Ufer des Heiligen Sees. König Friedrich Wilhelm II. (1744–1797), der Neffe und Nachfolger Friedrichs des Großen, hatte das Palais durch die Architekten Carl von Gontard (1731–1791) und Carl Gotthard Langhans (1732–1808) errichten lassen. Das Palais blieb bis zum Regierungsantritt Wilhelms II. im Jahr 1888 der Sommersitz seiner Familie. In der Nähe von Berlin konnte das junge Paar mit seinen Kindern hier ein zurückgezogenes Familienleben führen.

Im Mai 1882 wurde Auguste Victoria zum ersten Mal Mutter. Dass das erstgeborene Kind auch noch ein Sohn war, machte die Eltern besonders glücklich. »Wie unendlich dankbar ich bin, wirst Du Dir denken können, der Herr hat meinen größten Wunsch erfüllt indem er mir den herzigen Kleinen schenkte. Ich war ganz gefasst, mein Leben für das Kind hin zu geben«, schrieb sie emotional an ihre Schwester.[50] Die Taufe des Prinzen auf den Namen Friedrich Wilhelm (1882–1951) entsprach der preußischen Familientradition.[51] Sie wurde als großes Familienfest am 11. Juni, dem Hochzeitstag des Kaiserpaares, im Neuen Palais gefeiert.

Doch schon bald nach der Geburt seines Sohnes gab es eine jähe Wendung in der Beziehung des jungen Paares: Wilhelm war seiner Frau offenbar überdrüssig geworden, da sie ihn mit ihrer großen Liebe einengte, und er versuchte, seinem Eheleben zu entfliehen, indem er auf die Jagd ging oder offizielle Auslandsbesuche absolvierte. Seine Frau blieb enttäuscht in Potsdam zurück und teilte ihm ihre Sorgen und ihre Sehnsucht mit. Die erhaltenen Privatbriefe der 1880er Jahre geben einen unverstellten Einblick in das familiäre Eheleben des späteren Kaiserpaares. Ihr Inhalt steht im Gegensatz zum offiziellen Bild, das die Bevölkerung von der angeblich prüden späteren Landesmutter hatte. Schon aus diesem Grund ist die Korrespondenz von besonderem Interesse. Täglich schrieb Dona ihrem Mann und überschüttete ihn mit Liebesbekundungen: »Wie viel denke ich an Dich Herzblatt und sehne mich nach Dir.«[52] Und: »Nicht wahr Herzblatt, Du bist doch recht vorsichtig beim Herumklettern in den Bergen. Deine Mama bittet Dich auch darum. [...] Es ist so lieb und gut von Dir Schatzi mir so nett geschrieben zu haben, in Gedanken küsse ich Dich dafür, könnte ich es doch in Wirklichkeit thun!«[53]

Nach der Geburt des ersten Kindes musste Dona auf Anraten der Ärzte zur Erholung auf die Insel Norderney fahren. Dabei konnte sie ungehalten werden, wenn Wilhelm auf ihre Briefe nicht antwortete. »[...] leider habe ich bisher immer noch keinen Brief von Dir u. dies ist doch mein 3ter an Dich Schatzi.« Als ihr der Arzt riet, den Aufenthalt an der See zu verlängern, schrieb sie an Wilhelm nach Potsdam: »Diese Verzögerung ist mir schrecklich [...], ich sehne mich so unendlich nach Dir Schatzi, bitte schreib mir, wie Du Deine Zeit zubringst.«[54] Einige Tage später: »[...] bitte schreibe mir recht, recht bald, auch wie es den Großeltern geht und ob Du viel in Babelsberg bist. Es sehnt sich unendlich nach Dir Dein Dich heißliebendes Frauchen.«[55]

Wenn sich Wilhelm im Ausland aufhielt, seinen Großvater zum Manöver begleitete oder für einige Tage zur Jagd ging, bat Dona ihre Schwestern Calma und Jaja (so der Kosename von Louise Sophie) oder ihre Tante Malio, ihr Gesellschaft zu leisten, denn »das Haus ist [ohne Dich] doppelt einsam«[56]. Oder: »Ich war heute mit Baby bei Großmama [Augusta], sie hatte keine besonders gute Nacht gehabt, sprach dennoch lange mit mir und eingehend auch über Dich Schatzi. [...] Nachdem ich in Babelsberg gewesen war zeigte ich T. Malio den Pfingstberg[57], danach zu Onkel Alexander (1820–1896).«[58] Resignierend schrieb sie weiter: »Du wirst wohl keine Zeit finden diesen langen Brief zu lesen. [...] wie gerne würde ich Dich ans Herz drücken oder Dir die lieben Augen küssen. Abends ist es schrecklich ohne Dich.«[59]

Seit dem ersten Kennenlernen fand Wilhelm seine Frau zu mager. Schon in der Verlobungszeit teilte Dona ihrem Bräutigam mit, dass sie bereits »entschieden stärker« geworden sei.[60] Im September 1882 berichtete ihr Wilhelm von seiner Begegnung mit Kronprinzessin Stephanie von Österreich (1864–1945), der Schwiegertochter Kaiser Franz Josephs (1830–1916), in Wien. Eifersüchtig entgegnete Dona, sie finde es unmöglich, ihr »immer und immer die Leute als besondere Schönheiten vorzuhalten, die möglichst dick sind. Was hat Stephanie davon, dass sie dick ist. Einen Sohn kann sie trotzdem nicht aufweisen. Da meine Nerven nicht in bester Verfassung sind u. besonders noch mehr herunter kommen wenn ich so viel von Dir getrennt sein muss, das ist doch sehr natürlich. Da kann man natürlich nicht dick werden. [...] Was essen anbetrifft, so stopfe ich mich mit lauter nahrhaften Sachen, ich kann nicht mehr thun.«

Das Potsdamer Stadtschloss, um 1890
Das Potsdamer Stadtschloss war von 1881 bis zur Thronbesteigung Wilhelms II. im Juni 1888 die Winterresidenz des Prinzenpaares. Ihre aus zehn Zimmern bestehende Wohnung lag im zweiten Obergeschoss des zum Lustgarten weisenden südwestlichen Hauptbaus.

Den Brief schloss sie mit den Worten: »Abends beim zu Bett gehen heule ich fast immer vor Sehnsucht.«[61] Am folgenden Tag erhielt sie die Nachricht, dass Wilhelm gemeinsam mit seinem Vater und Großvater zum Manöver in Dresden eingetroffen sei. Sie berichtete von ihrem Alltag in Potsdam, einem Besuch bei Kaiserin Augusta in Babelsberg: »[…] sie saß im Lehnstuhl, doch es schien sie sehr anzugreifen«, und schloss den Brief mit den intimen Worten: »Indem ich Dich innigst küsse auf Augen my place und wo Dir es sonst noch besonders angenehm ist.«[62] Leider sind die Reaktionen des Prinzen auf die schwärmerischen Attitüden seiner Frau unbekannt, da seine Antwortbriefe nicht mehr existieren. »Trennungen sind doch zu scheußlich«, befand Dona kurz vor der Rückkehr ihres Mannes. »Heute war ich in Eiche in der Kirche.[63] Mama hatte mich dazu aufgefordert, die kleine Kirche ist wirklich sehr hübsch geworden, obwohl ich den Gottesdienst in der Friedenskirche mehr liebe. […] Ich bin wieder ganz hergestellt und werde diesen Nachmittag mich in Lawntennis[64] üben.«[65] Wilhelm hielt sich nur wenige Tage in Potsdam auf, dann entschwand er zur Gemsjagd nach Österreich. Unablässig teilte Dona ihm ihre Sehnsucht mit: »Eigentlich bin ich so außer mir, dass ich immer noch keinen Brief von Dir habe, dass ich gar nicht schreiben wollte. Heute sind 8 Tage, seit ich einen von Dir erhielt, und Du weißt doch, wie ich mich sehne Nachrichten von Dir zu bekommen.«[66] Aus dem Marmorpalais schrieb sie: »Meine Sehnsucht nach Dir war wieder schrecklich und träumte ich auch die ganze Nacht von Dir, mein Darling.« Sorgenvoll, wie seine eigene Mutter, fragte sie ihren Mann: »Ich höre, es soll schon so kalt sein bei Euch. Kannst Du nicht vielleicht wieder 2 wollene Hemden anziehen, sonst bekommst Du gewiss wieder Deine Erkältung.«[67]

Im Juli 1883 wurde Auguste Victoria erneut Mutter eines Sohnes, der bei seiner Taufe im Marmorpalais auf den historischen Hohenzollernnamen Eitel Friedrich (1883–1942)[68] getauft wurde. Kaiserin Augusta teilte sie mit, dass die Ärzte ihr zur Stärkung der Gesundheit einen Aufenthalt in Italien empfohlen hätten. Dona

Das Marmorpalais in Potsdam, vor 1896
Im Juni 1881 bezog das Prinzenpaar zum ersten Mal das Marmorpalais im Neuen Garten als Sommersitz. Auch nach dem Regierungsantritt Wilhelms II. 1888 blieb das am Ufer des Heiligen Sees gelegene Palais ein beliebter Sommeraufenthalt für die kaiserliche Familie. So wurde nach sechs Söhnen dort 1892 die einzige Tochter Victoria Luise geboren.

versuchte, die Erlaubnis des Kaiserpaares zu erhalten, die Reise antreten zu können. »Sehr schwer fällt es mir ohne Mann und Kind diese Reise zu unternehmen […].« Die Prinzessin hoffte, gekräftigt zurückzukehren, sodass sie »endlich im kommenden Winter von Dir gnädigste Großmama in die Berliner Gesellschaft eingeführt werden kann u. Dir liebe Großmama bei Deiner angegriffenen Gesundheit etwas von Nutzen sein kann.«[69] Bedingt durch die dicht aufeinander folgenden Schwangerschaften hatte Auguste Victoria an den großen Winterfestlichkeiten des Hofes im Berliner Schloss nicht teilnehmen können. Doch im Winter 1884 hoffte sie, der Hofgesellschaft vorgestellt zu werden. Immerhin waren seit der Hochzeit drei Jahre vergangen, in denen die Ehefrau des Thronerben nicht öffentlich in Erscheinung getreten war.

Während Wilhelm im Herbst 1883, wie schon im Jahr zuvor, einer Jagdeinladung des österreichischen Kaisers nach Mürzsteg folgte, reiste Dona allein ohne ihre beiden kleinen Söhne zur Erholung nach Italien. Aus Venedig schrieb sie: »Herzi, es ist schrecklich, Dich so nahe zu wissen und nicht dich sehen zu können. Ich habe solches Heimweh nach Dir und den Kindern. Bitte sage mir doch endlich den genauen Tag Deiner Ankunft in Potsdam.«

Den Aufenthalt in Venedig nutzten die Prinzessin und ihre Reisegesellschaft, um sich »Kirche, Paläste etc. zu besehen. Gestern waren wir auf dem Campanile v. S. Marcus, herrliche Aussicht, in einigen Kirchen und dem protestantischen Kirchhof. […] Am Nachmittag im Judenviertel (Ghetto). Es war ja recht interessant, aber ich gehe nicht mehr hin, es ist zu schmutzig. Man sieht aber recht hübsche Mädchen.« Ihre Sehnsucht nach Wilhelm war so stark, dass er ihr sogar im Traum begegnete: »Diese Nacht träumte ich wieder von Dir, ich hatte mich Dir in die Arme geworfen und wollte Dich so sehr heiß innig küssen, als ich plötzlich das Gefühl habe, dass Du es gar nicht warst, Du sahst ganz anders aus, als ich mich wieder losreißen wollte voll Angst u. Entsetzen, da hörte ich wieder Deine Stimme, die mich zurückrief.«[70]

Die Kutsche mit Auguste Victoria und Wilhelm steht abfahrbereit vor dem Marmorpalais, Fotografie von Selle & Kuntze, 1887
So oft es dem Prinzenpaar möglich war, nutzte es die reizvolle Umgebung Potsdams, um mit dem Wagen kleinere Ausflüge zu unternehmen. Regelmäßig war das nicht weit vom Neuen Garten entfernt liegende Schloss Babelsberg, der Wohnsitz Kaiser Wilhelms I., Ziel der Fahrten.

Wilhelm fühlte sich von seiner Frau überwacht, eingeengt und bedrängt. Nun entfloh er seinem Eheleben. Als er Auguste Victoria mitteilte, dass er sich nur 48 Stunden bei ihr aufhalten werde, klagte sie erneut: »Ich bin ganz unglücklich, dass Du nur 2 Tage in Potsdam bei mir sein kannst und dann wieder nach Ostpreussen weiter musst, es ist wirklich zu hart nach so langer Trennung.« Schließlich schickte sie ihre neuesten Porträtfotografien, in der Hoffnung, dass sie Wilhelms Schönheitsideal entsprächen: »Findest Du nicht, dass ich dicker geworden bin?«[71] Nachdem offenbar Wilhelm sein Gefallen an den Fotografien ausgedrückt hatte, ließ sich Dona zu folgenden Worten hinreißen: »Ich könnte fast eifersüchtig auf meine eigenen Photographien sein, da Du schriebst, sie haben mit Dir im Bett gelegen.«[72] Da der Prinz seiner Frau mitteilte, er könne seine Gefühle schriftlich nicht wiedergeben, entgegnete sie ihm: »Ich sehe und fühle aus Deinen Briefen, wie heiß und innig Du mich lieb hast.« Schließlich kokettiert sie mit den Worten: »Weißt Du Herzblatt, wenn Du mir so viele schöne Sachen schreibst u. mir den Kopf damit verdrehst, dann findest Du am Ende bei Deiner Rückkehr eine ganz eitle Frau vor. Was dann?«[73]

Im Juli 1884 brachte Auguste Victoria im Marmorpalais ihr drittes Kind, Adalbert (1884–1948), auf die Welt. Somit hatte die Prinzessin in drei Ehejahren drei Prinzen das Leben geschenkt. Der Fortbestand der Hohenzollerndynastie war gesichert. Als Dona auch die vierte Woche nach der Entbindung wegen einer Scharlacherkrankung das Bett hüten musste, erhielt sie Post von ihrer britischen Tante Helena, die sie in ziemliche Aufregung versetzte. Helena, eine jüngere Schwester ihrer Schwiegermutter und Ehefrau ihres ehemaligen Vormunds, schlug vor, dass Juli von Albedyll (1835–1915) vorübergehend die Aufsicht über die Kinderstube übertragen bekommen solle. Dona flehte daraufhin ihren Mann an: »Ich hoffe, dass Du derselben Ansicht sein wirst u. nicht zugeben, dass man für mich wild fremde Damen täglich während meiner Abwesenheit in meine Kinderstube ginge. Ich werde meine Einwilligung nie

dazu geben.« Auguste Victoria bat Wilhelm, er möge seinem Vater dahingehend schreiben, dass sie sich »aufs höchste Aufregen würde, wenn sich Fremde in meine Angelegenheit mischen. […] Mich regt die Sache mehr auf, als ich Dir sagen kann.«[74] Dona war glücklich, dass Wilhelm ihre Meinung teilte. »Es ist doch wirklich ein zu starkes Stück uns Fr. v. Albedyll, die sowieso schon immer gerne needless in other peoples affairs, als Aufpasser zu stellen […], um nachher die unglaublichsten Geschichten zu erzählen.« Da die Ärzte Dona noch immer nicht erlaubten, das Zimmer zu verlassen, ließ sie das Klavier ans Bett rollen. Von dort »habe ich auswendig gespielt. Es war wirklich ein Vergnügen. Ich sehne mich manchmal ordentlich nach etwas Musik.«[75] Da die Scharlacherkrankung ansteckend war, rieten die Ärzte dem Prinzen, er möge seine Frau nicht besuchen. Dona reagierte mit Unverständnis und machte ihrem Mann die schärfsten Vorwürfe: »Ich gestehe, ich hatte kaum für möglich gehalten, dass Du Dich so von den Ärzten u. Deiner Angst leiten lassen würdest, dass Du nicht auf einige Augenblicke zu Deiner kranken Frau geeilt wärst. Die sich nur zu sehr nach Dir sehnt. Oh, Wilhelm, nein solche Krankheit ist schwer zu ertragen, wenn der Mann, der doch die Stütze sein soll, sich fern hält!«[76] Als Wilhelm sich durch die Vorwürfe seiner Frau verletzt fühlte, entgegnete ihm diese: »Herzblatt, ich konnte es Dir wirklich nicht ganz ersparen, ich hatte zu sehr unter Deinem Nichtkommen gelitten, um alle Gefühle für mich zu behalten, die Aufregung darüber hat entschieden […] auf mich eingewirkt.« Sie klagte, sie habe »in letzter Zeit öfter Ohnmachten etc.« erlitten, hinzu kämen »Zeichen von Nervosität und Schwäche«. Wie in fast jedem Brief bezeugte sie auch in diesem ihrem Mann ihre unbändige Liebe: »Oh mein Schatzi, wenn Du wüsstest wie ich mich sehne meinen Kopf einmal wieder an Deine Brust zu lehnen, wenn Du den Arm um mich

Prinzessin Auguste Victoria von Preußen, September 1883
Die Aufnahme der 24-jährigen Prinzessin entstand während ihres ersten Aufenthaltes in Venedig. Nach der Geburt ihres zweiten Sohnes war Auguste Victoria allein zur Erholung nach Italien gereist.

thust! Ich versuche manchmal mir es einzubilden […]. Aber, es gelingt mir nicht!«[77] Vier Wochen später war Dona nicht wiederzuerkennen. Sie hatte einen Brief erhalten, der eine Zeichnung mit der sexuellen Phantasie Wilhelms enthielt. »Oh, Du mein süßes verliebtes Mannerl«, säuselte die Prinzessin. »Komm doch nur bald in meine Arme zurück. Auch ich möchte gerne Deinen Kopf wieder auf meiner Brust liegen fühlen u. Deine Zeichnung zur Wahrheit werden sehen. Ich darf es mir gar nicht so ausmalen wie Du es mir beschreibst, da werde ich so unruhig. […] Mit Deiner gr[oßen] Photog[raphie] im Arm schlafe ich jetzt gewöhnlich ein und versuche mir dann einzubilden Du seist es.« Dona beruhigte ihren Mann, der einen Fetisch für schöne Hände hatte, indem sie ihm mitteilte: »Durch das Scharlachfieber waren meine Hände zuerst ganz garstig roth u. fleckig was mich besonders wegen Dir betrübte, aber jetzt sind sie wieder in Ordnung u. werden zum Streicheln schon weich genug sein.«[78]

Doch Wilhelm scheint in den nächsten Monaten auf Abstand zu seiner Frau gegangen zu sein. Er fühlte sich unfrei und von ihr und dem Familienleben eingeengt. Ewig überschüttete ihn Dona mit Vorwürfen, dass sie die langen Trennungen nur schwer ertragen könne, und erreichte damit genau das Gegenteil des Gewünschten.

Nachdem die Prinzessin in den ersten drei Ehejahren jeweils einen Sohn geboren hatte, kam das vierte Kind erst nach einer Pause von zweieinhalb Jahren auf die Welt. Im Januar 1887 wurde im Potsdamer Stadtschloss Prinz August Wilhelm (1887–1949) geboren.

Das schwierige Verhältnis zur Schwiegermutter

Kronprinzessin Victoria, die Auguste Victoria als Braut für ihren ältesten Sohn überhaupt ins Spiel gebracht hatte, war von ihrer Schwiegertochter Dona tief enttäuscht. Victoria, die von ihrem Vater, dem britischen Prinzgemahl Albert (1819–1861), stark geprägt war, hatte gehofft, Dona würde ihre liberalen Ansichten unterstützen. Stattdessen hatte sich Auguste Victoria auf die reaktionär-konservative Seite ihres Mannes geschlagen. Zudem verletzte es das Kronprinzenpaar, dass ihr Sohn sie völlig ignorierte und sich auf direktem Weg mit dem Großvater, dem regierenden Kaiser, verständigte. Das enge Verhältnis, das Wilhelm I. mit seinem Enkel verband, konnte das Kronprinzenpaar nur schwer ertragen, besonders im Hinblick auf ihre eigenen Wünsche, die Wilhelm I. oftmals ignorierte. Vicky, so Victorias Kosename, teilte ihrem Ehemann mit, wie verletzt sie sich fühlte: »Dass Wilhelm sich so an Deinen Papa wendet, ist nicht angenehm, aber Du begreifst, wie es mich verletzt, wenn er seiner Großmama so schön thut u. mich dann stehen lässt, mir kaum antwortet, meine Gegenwart ignoriert u. nur Augen u. Ohren hat für die Kaiserin.«[79] Kronprinzessin Victoria lud ihre Schwiegertochter immer seltener zum Tee oder Lunch ins Neue Palais ein. Zu groß war die Distanz zwischen beiden Frauen geworden. Queen Victoria, die Dona anfangs noch geschätzt hatte, war nun auf Abstand gegangen, auch gerade weil diese ihrer Tochter so viel Sorgen bereitete. Ein Paradebeispiel für die moralisch engstirnige Haltung Auguste Victorias bot die Vermählung der Prinzessin Beatrice von Großbritannien (1847–1944) mit Prinz Heinrich von Battenberg (1858–1896). Beatrice war die Lieblingstochter der britischen Queen; sie heiratete Heinrich im Juli 1885 in Osborne House auf der Insel Wight. Einige Mitglieder der preußischen Königsfamilie, darunter auch Dona, empfanden die Ehe jedoch als unpassend, da der Bräutigam einer Verbindung entstammte, die laut hohenzollerischem Hausgesetz als nicht standesgemäß galt. Dass gerade Auguste Victoria diesem Ehewunsch ablehnend gegenüberstand, ist umso bemerkenswerter, als dass ihre Vermählung mit Wilhelm aus den gleichen Gründen vielfach umstritten gewesen war. Heinrich von Battenberg war der Sohn des Prinzen Alexander von Hessen und bei Rhein (1823–1888) und der polnischen Gräfin Julie Hauke (1825–1895), die als Hofdame zum Gefolge der Zarin Maria Feodorowna von Russland (1847–1928) gehörte. Auguste Victoria hatte mit ihrer Schwiegermutter, die das Heiratsprojekt befürwortete,

Kronprinzessin Victoria von Preußen, um 1885
Die Kronprinzessin war von ihrer Schwiegertochter tief enttäuscht. Sie hatte gehofft, dass Auguste Victoria ihre liberalen Ansichten unterstützen würde. Stattdessen war Dona auf die reaktionär-konservative Seite ihres Mannes getreten.

eine heftige Szene. Queen Victoria von Großbritannien verurteilte das Verhalten von Dona und Wilhelm. Ihr Enkel verdiene eine Tracht Prügel und solle »ernstlich den Kopf zurechtgesetzt« bekommen, meinte sie. Sie empörte sich über die »außerordentliche Impertinenz und Unverschämtheit und [...] große Unfreundlichkeit Willys mir gegenüber und dieser dummen Dona«. In einem Brief an ihre Tochter wird die Queen noch deutlicher und nennt sie eine »armselige, kleine, unscheinbare Prinzessin, die nur durch Deine Liebenswürdigkeit in die Stellung gekommen ist, die sie heute einnimmt«[80].

Im Mai 1887 wurde öffentlich bekannt, dass der preußische Kronprinz ernsthaft an Kehlkopfkrebs erkrankt sei. Mit dieser Diagnose gehörte Wilhelm und Dona in absehbarer Zeit die Zukunft. Über Nacht war das Prinzenpaar nach dem 90-jährigen Kaiser und dem 57-jährigen Kronprinzen zu führenden Figuren der preußisch-deutschen Politik geworden. In diese Zeit fiel auch das 50. Thronjubiläum der britischen Queen Victoria am 21. Juni. Wilhelm hatte im Vorfeld vermutet, dass diese Familienfeier zu schweren Verwicklungen führen würde. Die Queen hatte ernsthaft mit dem Gedanken gespielt, ihren Enkel überhaupt nicht einzuladen. Doch war es Wilhelms Mutter, die der Queen darlegte, dass sie Wilhelm als ihren ältesten Enkel unbedingt einladen müsse. »Ich habe nicht die geringste Angst, dass er sich unpassend benehmen wird!«[81], schrieb Vicky in gutem Glauben an ihre Mutter. Bereits Anfang 1887 hatte Wilhelm I. den Kronprinzen beauftragt, ihn bei den Londoner Jubiläumsfeierlichkeiten zu vertreten. Trotz seiner angegriffenen Gesundheit wollte Friedrich Wilhelm mit seiner Gemahlin unter allen Umständen in der Westminster Abbey anwesend sein. Der Kronprinz beabsichtigte seinen Aufenthalt in Großbritannien auch dafür zu nutzen, britische Ärzte zu konsultieren. Da für einen längeren Aufenthalt im Ausland der Kaiser als Familienoberhaupt seine Einwilligung geben musste, war Friedrich Wilhelm gezwungen, sich zu gedulden. In dieser Situation hatte Prinz Wilhelm seinen Großvater gebeten, ihm die Vertretung für seinen erkrankten Vater zu übertragen, jedoch ohne diesem ein Wort davon zu sagen. Er hatte seinen Besuch in London bereits angekündigt. Queen Victoria verurteilte das Handeln ihres Enkels aufs Schärfste. Ihrer Tochter schrieb sie, Wilhelms »unpassender Brief hatte uns in große Schrecken gegeben«. Wenig später war aber die Nachricht aus Berlin eingetroffen, dass auch das Kronprinzenpaar an den Feierlichkeiten teilnehmen werde. Daraufhin telegrafierte die Queen ihrem Enkel: »Bin hocherfreut, dass der liebe Papa vollkommen reisefertig ist.«[82] So kam es, dass die Queen während der Festlichkeiten in London das preußische Kronprinzenpaar mit besonderer Aufmerksamkeit behandelte, wodurch sich Wilhelm und Dona zurückgesetzt fühlten. Gräfin Hedwig von Brühl (1805–1890), die Hofdame der Kronprinzessin, schrieb: »Pr. W[ilhelm] und die Przss. sind mit ausgesuchter Kühle empfangen worden, kaum höflich – er hat die Großmutter nur ein paarmal im großen Kreise gesehen, sie [Dona] ist immer hinter der schwarzen Königin von Hawaii placiert worden!!«[83]

Der Tod Kaiser Wilhelms I. am 9. März 1888 kam nicht überraschend. Schon seit geraumer Zeit war mit dem Ableben des 91-jährigen Monarchen gerechnet worden. Sicher war der Tod des Kaisers für Dona schmerzhaft, doch wird sie nicht vergessen haben, wie sehr er sich zunächst gegen ihre Ehe mit Wilhelm gesträubt hatte. Auguste Victoria avancierte nun zur »Kronprinzessin des Deutschen Reiches und von Preußen«. Diesen Titel führte sie allerdings nur während der dreimonatigen Regierungszeit Kaiser Friedrichs III. Donas Schwiegervater war sterbenskrank, als er den Thron bestieg. Der Kehlkopfkrebs hatte ihn seiner Stimme beraubt, sodass er während seiner Regierung nur schriftlich kommunizieren konnte. Wilhelms unangebrachtes Benehmen nach dem Thronwechsel sorgte für Aufsehen. Beobachter registrierten eine gewisse »Überspanntheit«[84], die aber angesichts der sich andeutenden bevorstehenden Regierungsübernahme sicher verständlich war. Anlässlich des Geburtstages des Reichskanzlers Bismarck verglich Wilhelm öffentlich das Reich mit einem Armeekorps, das im Feldzug seinen Höchstkommandierenden verloren und dessen erster Offizier verwundet darniederlag, »in diesem Augenblick, richten sich 46 Millionen echter deutscher Herzen in Angst und Hoffnung nach der Fahne und deren Träger, von dem alles erwartet wird. Der Träger dieser Fahne ist aber unser erlauchter Fürst, unser großer Kanzler; er gehe voran, ihm folgen wir, er lebe hoch!«[85] Friedrich III. und Victoria wiesen den Kronprinzen zurecht, dass sie sich durch seine Lobrede verletzt fühlten. Auch Queen Victoria war empört über das Benehmen ihres Enkels. Ihrer Tochter schrieb sie: »Ich bin der Ansicht, Ihr solltet sie kommen lassen und strenge Maßnahmen androhen, wenn das so weitergeht! Wilhelm mit seiner widerwärtigen, undankbaren Frau sollten auf Reisen gehen […].«[86] Die deutlichen Worte müssen relativiert werden, da die Queen nicht unbefangen war, denn sie hatte alle Informationen auf direktem Weg von ihrer Tochter erhalten, mit der sie sehr innig verbunden war.

Am 1. Juni 1888 fuhr der sterbende Kaiser Friedrich III. mit der Yacht »Alexandria« aus Charlottenburg kommend nach Potsdam, um im Neuen Palais, das den Namen Schloss Friedrichskron erhalten hatte,[87] Wohnung zu nehmen. Er zog in sein Geburtsschloss ein, in dem er auch sterben wollte. Seit dem 14. Juni waren Wilhelm und Dona in der Nähe Friedrichs III., da mit seinem Tod stündlich gerechnet werden musste. »Als Papa mich erkannte, zog er mich an sich heran […] um mich zu küssen«, schrieb Dona ihrer Schwester. Schließlich starb der Kaiser am folgenden Vormittag des 15. Juni 1888. Im Hinblick auf das kommende Amt resümierte Dona: »[…] diese ganze entsetzliche Verantwortung, oh es ist schrecklich. Mein armer Wilhelm […].«[88]

Repräsentantin des Kaiserreiches

Mit der Thronbesteigung ihres Mannes im Juni 1888 avancierte Auguste Victoria mit 29 Jahren zur ersten Dame des Kaiserreichs. Mit dem Thronwechsel waren Erwartungen und Verpflichtungen verbunden. Als Monarchin gehörte es zu ihren wichtigsten Aufgaben, die Thronfolge durch einen männlichen Erben zu sichern und sich auf karitativ-sozialem Gebiet zu engagieren. Der ersten von ihr erwarteten, weil für das Weiterbestehen der Hohenzollerndynastie wichtigsten Aufgabe war die junge Kaiserin mit der Geburt von vier Söhnen bereits nachgekommen.

Mit der Übernahme von Protektoraten wurde Auguste Victoria Schirmherrin von zahlreichen kirchlichen und sozialen Einrichtungen. Allerdings erfolgte der jeweilige Ehrenvorsitz erst nach dem Tode der langjährigen Amtsinhaberin Kaiserin Augusta im Januar 1890. Auguste Victoria sah in der Förderung sozialer Einrichtungen eine ihrer wichtigsten Aufgaben. Mit ausgeprägtem Engagement setzte sie sich in den folgenden Jahrzehnten gemeinsam mit ihrem Oberhofmeister Ernst Freiherr von Mirbach (1844–1925) für den Bau von etwa 100 evangelischen Kirchen ein.[1]

Die Hoheitszeichen und der Name der Kaiserin

Mit dem Regierungsantritt Wilhelms II. erhielt Dona ihre eigene Standarte sowie ein Wappen und auch die Schreibweise ihres Vornamens änderte sich. Eine gegenständliche Krone als Insignie der Macht besaß Auguste Victoria jedoch nicht. Wilhelm II. hatte lediglich für sich im Jahr 1889 eine preußische Königskrone anfertigen lassen,[2] die jedoch nur symbolischen Charakter besaß. Wilhelm I. hatte nach der Gründung des Kaiserreiches den Plan gefasst, für sich und seine Ehefrau Augusta Kronen anfertigen zu lassen. Je ein Modell nach Entwürfen Emil Doeplers (1855–1922) waren im Berliner Hohenzollernmuseum Schloss Monbijou ausgestellt.[3] Zur tatsächlichen Ausführung der Pläne kam es allerdings nie. Die Krone der Kaiserin sah aus »wie eine Blumenkrone des Mittelalters«; sie war durch »vier mit einem Reichsapfel überhöhte Bügel geschlossen und mit Diamanten und Rubinen besetzt«.[4] Die heraldische Kaiserinnen-Krone Auguste Victorias findet sich beispielsweise als Bekrönung ihres Wappens, ihrer Standarte und ihres Monogramms wieder. Das Heroldsamt entwarf sowohl die Standarten als auch die Wappen der neuen Kaiserin. Das Allianzwappen Auguste Victorias als Königin von Preußen bestand aus zwei zueinander geneigten Schilden. Der schwarze Adler als Wappentier Preußens auf dem ersten Schild stand für Wilhelm II. Bei dem zweiten Schild handelte es sich um das historische Wappen Schleswig-Holsteins, in dem nur die Stammlande Oldenburg und Schleswig-Holstein berücksichtigt waren. Der Schild war geviertelt: Im ersten und im vierten Feld sah man auf goldenem Untergrund übereinander zwei schreitende blaue Löwen für das Herzogtum Schleswig. Im zweiten und dritten Feld stand für das Herzogtum Holstein auf rotem Hintergrund das silberne »Nes-

Kaiserin Auguste Victoria, Gemälde von Conrad Kiesel (Ausschnitt), 1889
Bei dem ganzfigurigen Porträt handelt es sich um das erste Staatsporträt der Kaiserin nach dem Regierungsantritt Wilhelms II. Auguste Victoria trägt ein schwarzes Seidenkleid mit Applikationen aus Spitze und Tüll. Den Stoff für das Kleid hatte Wilhelm II. seiner Frau von einem Staatsbesuch aus Wien mitgebracht. Als Haarschmuck wählte die Kaiserin einen vergoldeten Eichenblätterkranz als patriotisches Symbol der nationalen Einheit des Deutschen Kaiserreiches. Das Gemälde gehörte zur Ausstattung des Arbeitszimmers Wilhelms II. im Berliner Schloss. Dort hatte es einen Ehrenplatz in direkter Nähe seines Schreibtisches erhalten.

Links: Die heraldischen Kronen des Kaisers (oben) und der Kaiserin
Entworfen von Freiherr Ernst von Mirbach, Kammerherr und Oberhofmeister der Kaiserin, gezeichnet von R. und Georg Otto, Hofgraveur, 1889.

Rechts: Die Standarten Auguste Victorias als Deutsche Kaiserin (oben) und als Königin von Preußen
Entworfen von Freiherr Ernst von Mirbach, Kammerherr und Oberhofmeister der Kaiserin, gezeichnet von R. und Georg Otto, Hofgraveur, 1889.

selblatt«. Beide Schilde wurden von der Collane des Schwarzen Adlerordens eingefasst. Am unteren Ende verband der Luisen-Orden beide Wappen. Er war der höchste Damenorden Preußens mit der jeweiligen Königin als Protektorin. Das Allianzwappen wurde von einem Hermelinmantel umgeben, auf dem die königliche Krone ruht.[5] Die Standarte Auguste Victorias als Königin von Preußen war purpurrot. In der Mitte befand sich das preußische Königsschild, das von der preußischen Königskrone gekrönt wurde. Die Kette des Schwarzen Adlerordens umrahmte das Schild. Die Standarte war mit zwölf preußischen Adlern und vier Königskronen besetzt. Die Standarte Auguste Victorias als Deutsche Kaiserin war goldfarben. In ihrer Gestaltung ähnelte sie der Königinstandarte. In der Mitte befand sich der deutsche Kaiserschild, von der Kaiserinnenkrone bekrönt und von der Kette des Schwarzen Adlerordens umrahmt. 16 preußische Adler waren auf dem Tuch verteilt. Zur Erinnerung an den Deutsch-Französischen Krieg 1870/71 und die Kaiserproklamation befand sich in der linken oberen Ecke das Eiserne Kreuz. Noch auf den Standarten der Kaiserinnen Augusta und Victoria lag in der Mitte des Kreuzes das rote Kreuz der Internationalen Krankenpflege. Dieses fiel weg und wurde durch eine preußische Krone, den Buchstaben »W« sowie die Jahreszahl »1870« ersetzt.[6]

Mit dem Tag ihrer Taufe am 30. November 1858 hatte Dona den Namen Auguste Victoria Friederike Feodora Jenny erhalten. In ihrer Jugend wurde sie nur Victoria und Dona gerufen. Ihre Korrespondenz unterzeichnete sie stets mit »Victoria«. Erst drei Tage vor ihrer Verlobung mit Prinz Wilhelm im Juni 1880 änderte sich der Name von Auguste Victoria in Augusta Victoria. Diese Änderung war auf persönlichen Wunsch des Kronprinzen Friedrich Wilhelm, ihres künftigen Schwiegervaters, erfolgt. In einem Schreiben an den Minister des königlichen Haues heißt es: »Sodann meinen wir, dass August<u>a</u> Victoria besser als August<u>e</u> Victoria klingt, zumal meine Mutter [Augusta] ebenfalls das a statt e führt.«[7] Daher wurde Dona in den 1880er Jahren und

Das Wappen der Kaiserin Auguste Victoria
Entworfen von Freiherr Ernst von Mirbach, Kammerherr und Oberhofmeister der Kaiserin, gezeichnet von R. und Georg Otto, Hofgraveur, 1889.

Der Namenszug der Kaiserin Auguste Victoria: »Auguste Victoria I. R. [Imperatrix. Regina]«

im ersten Jahr nach der Thronbesteigung ihres Mannes stets Prinzessin bzw. Kaiserin Augusta Victoria genannt. Glücklich war sie mit dem Namen offenbar nicht. Denn im Dezember 1889 gab ihr Oberhofmeister Ernst von Mirbach dem Geheimen Zivilkabinett bekannt, dass »Ihre Majestät die Kaiserin und Königin nicht Augusta Victoria, sondern Auguste Victoria beim Gebrauch ihres vollen Namens nennen wollen«[8]. In der Literatur taucht immer wieder die unkorrekte Schreibweise des zweiten Vornamens Viktoria, also mit »k« nicht mit »c«, auf. Die Kaiserin trug als zweiten Vornamen den ihrer prominenten Taufpatin und Schwiegermutter Victoria, der ältesten Tochter der britischen Queen Victoria. Daher wird er mit »c« und nicht mit »k« geschrieben. Diese Schreibweise belegt der von Auguste Victoria am Tag ihrer Vermählung persönlich vorgenommene Eintrag im Trauungsbuch der Oberpfarr- und Domkirche vom 27. Februar 1881[9] sowie alle von Auguste Victoria handschriftlich gewidmeten Bibeln sowie sämtliche eigenhändig unterschriebenen Dokumente und Urkunden.

Die treusorgende Ehefrau

Donas Hingebung und ihre Ergebenheit ihrem Ehemann gegenüber waren unbegrenzt. Sie kannte die Schwächen Wilhelms II. nur zu gut und verstand es, mit ihnen umzugehen. Diese Erkenntnisse erhöhten ihre Fürsorge und Liebe umso mehr. Ihr ruhiges und abgeklärtes Wesen bildete einen geeigneten Gegenpol zur impulsiven, unberechenbaren Art des Kaisers.

Ab Mitte Juli 1888 begann für den jungen Kaiser ein mehrwöchiges Reiseprogramm, um die Antrittsbesuche bei den Bündnispartnern in Russland, Schweden, Österreich und Italien zu absolvieren. Dona musste in Potsdam bleiben, da sie Ende Juli ihr fünftes Kind erwartete. Sehr gern wäre sie mitgereist. Umso unerträglicher fand sie es, dass Wilhelms exzentrische Schwester Charlotte (1860–1919) ihrem Bruder heimlich nach Rom gefolgt war. Dona beklagte sich bei ihrem Mann: »Es ist doch unglaublich von ihr, wenn sie Dir hinter Deinem Rücken gelogen hat, erst behauptet, sie sei so traurig, sie könne unsere Taufe nicht mitmachen u. dann reist sie nur zum Vergnügen und um die Tage mitgemacht zu haben in aller Stille u. Heimlichkeit ohne jemand von uns etwas zu sagen nach Rom. – Es ist mir gegenüber geradezu rücksichtslos.«[10] Während Wilhelms Abwesenheit wurde Auguste Victoria von ihrem fünften Kind entbunden, das den Namen Oskar (1888–1958) erhielt. Wilhelm II. befand sich damals gerade zum Antrittsbesuch in Stockholm. Da dieser sehr erfolgreich verlief, hatte sich der Kaiser entschlossen, seinem Sohn den Namen des Schwedenkönigs Oskar II. (1829–1907) zu geben, der zugleich eine Patenstelle annahm.

Im Juli 1889 begab sich Wilhelm II. auf seine erste Nordlandfahrt entlang der norwegischen Küste. Unterdessen nahm Auguste Victoria einen Kuraufenthalt in Bad Kissingen wahr, von wo aus sie ihm täglich Briefe schrieb. Neben allerlei banalem Inhalt hob sie hervor, sie sei doch »sehr entzückt u. begeistert darüber, dass Du Herzblatt selbst den Gottesdienst abgehalten hast. Dein Frauchen freut sich mächtig besonders darüber, wenn Mannchen auch darin den Übrigen mit gutem Beispiel

Wilhelm und Dona, Fotografie von Theodor Prümm, 1880
Die Ehe war aus inniger Liebe und ehrlicher Zuneigung geschlossen worden. Auguste Victoria überschüttete ihren Mann mit Liebesbekundungen. Wilhelm fühlte sich davon jedoch zunehmend eingeengt und versuchte immer öfter, dem Eheleben zu entfliehen, indem er auf die Jagd ging und Staatsbesuche absolvierte.

voraus geht«,[11] und bat ihn, ihr auch Politisches mitzuteilen: »Bitte schreibe mir auch einmal etwas über politische Sachen, ich sage es ja niemand aber es ist so unangenehm, wenn man so weit ab ist und nichts erfährt. Du erfährst doch gewiss eine Menge durch den Reichskanzler und trotz Deiner jetzigen Zurückgezogenheit steht die Welt doch nicht still u. da wirst Du doch wohl verstehen, dass Dein Frauchen gern noch mehr mit Dir theilt und nicht gern nur aus den Zeitungen alles erfährt.«[12] Ein gewisses politisches Interesse hatte die Kaiserin entgegen vieler anderslautender Stimmen[13] sehr wohl. Doch war es damals nicht opportun, dass sich Frauen offiziell über Politik äußerten. Das wusste Dona freilich nur zu gut, weshalb sie ihrem Mann versprach: »Ich sage es niemand«. Ende Juli 1889 kehrte Wilhelm II. mit der Yacht »Hohenzollern« aus Norwegen nach Wilhelmshaven zurück. Dort traf Dona nach vierwöchiger Trennung mit ihrem Mann zusammen. »Wir können uns einbilden wenn wir wirkl[ich] allein auf der Hohenzollern[14] sind, dass wir nach 8 Jahren unsere Hochzeitsreise machen, auf alle Fälle sind wir gegenseitig nicht kühler geworden, Gott L[ob].«[15]

Die Antwortbriefe des Kaisers sind nicht erhalten, doch lassen sich aus weiteren Briefen der Kaiserin Rückschlüsse ziehen. Auch wissen wir aus anderen Quellen,[16] dass Wilhelm von seiner übersüß-zudringlichen Frau oft floh, indem er seine Jagdaufenthalte oder die zahlreichen Reisen allein mit seinem Gefolge unternahm. So war es auch im Sommer 1889, als Dona ohne ihren Mann ihre Sommerresidenz Wilhelmshöhe bei Kassel bezog. »Lieber Darling, Du weißt gar nicht wie viel ich Deiner hier gedenke im schönen Wilhelmshöhe, wie gerne wäre ich einmal mit Dir hier, damit Du mir alles zeigen könntest.«[17] Im Sommer 1892 schickte sie ihre Söhne unter Aufsicht ihrer Tante Malio nach Wilhelmshöhe, da die Luft in Potsdam »auch wirklich jetzt ungesund, so erschlaffend [ist]. Abwechselnd fürchterliche Hitze oder dann wieder Gewitter u. nachher Treibhausluft.«[18] Das klassizistische Schloss Wilhelmshöhe blieb bis 1918 der bevorzugte Sommeraufenthalt Wilhelms II. und seiner Familie. Jedes Jahr im August bewohnten sie das Ende des 18. Jahrhunderts für Landgraf Wilhelm IX. von Hessen-Kassel (1743–1821) erbaute Schloss.[19] Während des ersten Aufenthaltes unternahm Auguste Victoria einen Ausflug in das nahe gelegene Rokokoschloss Wilhelmsthal: »[…] es ist dies ja ein reizendes Rococoschlösschen. […]. Das schmiede eiserne Treppengeländer erinnert an das Marmorpalais. Die vielen Tischbein Portraits sind schön, leider hat Jérôme[20] [Jérôme Bonaparte, 1784–1860, 1807–1813 König von Westphalen] viel Empire Möbel hinein gebracht.«[21]

Auguste Victoria war durch die Stellung ihres Mannes zur ersten Repräsentantin des Kaiserreiches geworden. Als Oberhaupt des preußischen Königs- und deutschen Kaiserhauses konnten Wilhelm mit Auguste Victoria über das persönliche Leben der Familienmitglieder, deren Apanagen und Wohnverhältnisse bestimmen. Im Jahr 1895 gehörten zur engeren königlichen Familie die sieben Kinder des Kaiserpaares und die Mutter des Kaisers, die sich in Erinnerung an ihren verstorbenen Mann Kaiserin Friedrich nannte. Sie hatte sich in das von ihr als Witwensitz erbaute Schloss Friedrichshof im Taunus zurückgezogen und kehrte nur während der Winterfestlichkeiten der Hofgesellschaft für wenige Tage im Jahr nach Berlin[22] zurück. Der Bruder Wilhelms II., Prinz Heinrich (1862–1929), lebte mit seiner Ehefrau Irene von Hessen und bei Rhein (1866–1953) und einem Sohn als Marineoffizier in Kiel. Dazu kam ein Vetter des Kaisers, Prinz Friedrich Leopold (1865–1931), der mit Prinzessin Sophie Louise (Jaja) zu Schleswig-Holstein (1866–1952), einer Schwester Auguste Victorias, im Berliner Jagdschloss Glienicke und dem Ordenspalais wohnte. Zum Familienkreis gehörten ferner die vier Schwestern des Kaisers: Charlotte (Ditta), die mit dem Erbprinzen Bernhard von Sachsen-Meiningen (1851–1928) verheiratet war, Victoria (Moretta, 1866–1929), die mit ihrem Mann Prinz Adolf zu Schaumburg-Lippe (1859–1916) in Bonn lebte, Sophie (Sossy, 1870–1932), die in Athen lebende Ehefrau des griechischen Kronprinzen Konstatin (Tino, 1868–1923), sowie die jüngste Schwester Margarete (Mossy, 1872–1954), die mit dem hessischen Landgrafen Friedrich Karl (Fischy, 1868–1940) in Schloss Philippsruhe bei Hanau zu Hause war. Zudem gehörte Herzogin Adelheid (Ada) als Mutter Auguste Victorias zum weiteren Familienkreis. Sie wohnte gemeinsam mit ihrer Tochter Feodora (Baby) in Dresden. Weitere Familienmitglieder waren der zu dieser Zeit noch unverheiratete Bruder der Kaiserin, Herzog Ernst Günther zu Schleswig-Holstein-Sonderburg-Augustenburg, der in Berlin und im Schloss Primkenau wohnte, sowie ihre Schwester, Caroline Mathilde, die mit ihrem Ehemann Herzog Friedrich Ferdinand zu Schleswig-Holstein-Sonderburg-Glücksburg in Grünholz zu Hause war.

Wie wir aus den erhaltenen Ehebriefen[23] wissen, war das Verhältnis zwischen Auguste Victoria und Wilhelm II. – trotz der oben beschriebenen gelegentlichen

Kaiserin Auguste Victoria, Zeichnung von Walter Wilsor, 1891
Die in der britischen Presse veröffentlichte Darstellung der Kaiserin entstand während ihres Aufenthaltes in Großbritannien. Ihr sinnlicher Gesichtsausdruck und ihre entspannte Körperhaltung verleihen dem Bildnis einen privaten Charakter. Da Auguste Victoria mit ihrer konservativen Haltung in ihrer Heimat als tugendhafte Instanz galt, wurde diese etwas laszive Darstellung der Kaiserin in Deutschland nicht veröffentlicht.

Auguste Victoria mit ihren beiden ältesten Söhnen Wilhelm (links) und Eitel Friedrich, 1883

Auguste Victoria war eine liebevolle Mutter. Ihr ältester Sohn Wilhelm erinnerte sich später: »Der Mittelpunkt für uns Kinder war, seit ich denken kann, unsere geliebte Mutter. Von ihr ist Liebe und ist Wärme ausgegangen und zu uns gekommen.« Selbst das Stillen übernahm Auguste Victoria persönlich. Dies war in fürstlichen Kreisen während der 1880er Jahre noch unüblich.

Fluchten des Kaisers – ein liebevolles. Die Ehe gehörte ohne Zweifel zu den glücklichsten Hohenzollernehen. Dies lässt sich mit Bestimmtheit durch den erhaltenen Briefwechsel aus den Jahren 1880 bis 1892 sagen. Die private Korrespondenz vermittelt einen ungewöhnlichen Einblick in das Eheleben des jungen Kaiserpaares.

Dona ging bereitwillig auf die intimen Wünsche ihres Mannes ein, die offenbar von einer Faszination für ihre Hände und Handschuhe geprägt waren. Im Juli 1892 hatte sie die Räume im Marmorpalais bezogen, um ihren Mann nach seiner Rückkehr von einer längeren Reise dort zu empfangen. Sie wünschte sich, dass es wie im ersten Jahr nach der Eheschließung sein würde: »Ganz ohne Kinder!« Die im siebten Monat schwangere Kaiserin hoffte, dass »little stranger« nicht vorher erscheinen würde, sondern, dass »ich die 2–3 Tage mit Dir noch genießen kann. I shall let you have all your little pleasures«, versprach sie in Erwartung seiner Rückkehr: »I always have gloves on at night now to take care of my hands.« Dann weiter: »Du böses Mannchen, dass Du annehmen kannst, dass ich wohlmöglich meinem Mannchen nicht einen so netten Empfang bereiten würde, wie er sich ausmalt. Du weißt doch, wie furchtbar lieb ich Dich habe. Wie bereit bin ich alles zu geben.«[24]

Die Briefe sprechen von großem Glück, jedoch klagte Dona immer wieder über die langen Trennungen. Als Wilhelm II. im Sommer 1892 auf seiner vierten Nordlandreise war, schrieb sie mitfühlend: »Du scheinst ja leider wieder etwas schwere See gehabt zu haben, hoffentlich warst Du nicht zu krank, armes, liebes Herzblatt.«[25] Immer wieder reiste Calma aus Glücksburg nach Potsdam, um ihrer Schwester Gesellschaft zu leisten. »Calma hier zu haben ist so nett, aber mein Herzblatt entbehre ich doch gräßlich. Ach, wenn ich dich doch einmal wieder heftig cuddeln könnte.« Sie überhäufte ihn mit mütterlichen Ratschlägen: »Hoffentlich schonst Du Dich recht, gehst früh ins Bett u. isst ordentlich.«[26]

Als Dona im Sommer 1890 mit ihren Söhnen zur Erholung in Saßnitz auf der Insel Rügen weilte, bekundete sie ihre große Sehnsucht nach ihrem »Schätzchen«. Sie bedauerte, nachts ihr »einsames Lager aufzusuchen«, doch »Deine Photogr[aphie] liegt stets neben mir, die wird anstatt dessen geküsst«.[27] Ein anderes Mal, als Wilhelm mit der »Hohenzollern« vor Norwegen kreuzte, schrieb Dona ihm: »Ich wollte ich könnte Mal unbemerkt in Deine Kabine kommen u. da mein Männchen so recht innig umschlungen cuddeln u. streicheln. Nicht wahr, das wäre nett?«[28] Wilhelm, der sich im September 1890 zur Jagd in Österreich aufhielt, besuchte bei dieser Gelegenheit auch das Grab des Kronprinzen Rudolf, der sich im Jahr zuvor mit seiner Geliebten Mary Freiin von Vetsera (1871–1889) im Jagdschloss Mayerling das Leben genommen hatte. Anlässlich des Besuches in der Kapuzinergruft schrieb ihm Dona: »[…] es wird ein recht trüber Gang für Dich werden Herzblatt an d. Sarg des unglücklichen Rudolf. Ein Jugendbekannter in derselben Lebensstellung u. <u>wie</u> verschieden.«[29] Im Sommer 1891 reiste Dona, während sich Wilhelm auf die Nordlandreise begab, mit ihren sechs Söhnen zur Erholung in die englische Hafenstadt Felixstowe. Der vierwöchige Aufenthalt wurde für Ausflüge in die Umgebung genutzt. Höhepunkt war der Besuch bei Queen Victoria in Windsor Castle. Die 72-jährige Monarchin hatte keine besonders hohe Meinung von der »dummen Dona«, die sich, wie Kaiserin Friedrich ihrer Mutter schrieb, der Familie gegenüber arrogant und hochnäsig benahm. Dennoch machte die Queen gute Miene, als sie die Deutsche Kaiserin empfing. »Gestern waren wir in Windsor. Die Königin sehr freundlich u. schenkte allen Kindern entweder Spielsachen [...] mir hat sie das reizende Miniaturbildchen aus Porzellan gemalt, geschenkt. Copirt nach der reizenden Miniatur, von der ich Dir erzählte, dich vorstellend als süßer kleiner Junge v. etwa 2 Jahren.«[30]

Queen Victoria war durch den Briefwechsel mit ihrer Tochter gut über die Geschehnisse am Berliner Hof informiert. Kaiserin Friedrich beklagte sich über das anmaßende Verhalten der jungen Kaiserin besonders ihr und ihren Töchtern gegenüber. »Ihr Stolz ist so gewaltig, und sie hält sich für alles besser als alle anderen, da sie die Kaiserin ist. Sie mischt sich in alles ein, was die Familie macht, jede Kleinigkeit wird ihr berichtet, & sie befiehlt & bestimmt auf eine für alle anderen ärgerliche Art, für eine so junge Person.«[31] Dona habe etwas »Herablassendes & Bevormundendes, das mich sehr stört & einen immer auf die falsche Art aufreibt; – & sie kommandiert ihre Schwägerinnen herum, also ob sie die Kaiserin Augusta wäre, was mich manchmal ganz rasend macht. – Es ist komisch, wie manche Leute, wenn sie plötzlich in eine hohe Stellung gelangen, einfach keinen Takt haben.«[32] Scheinbar war Auguste Victoria von einem gewissen Minderwertigkeitskomplex geplagt; wie sie sich einst gegen das Battenberger Heiratsprojekt ausgesprochen hatte, so trat sie jetzt als Kaiserin auf: arrogant gegen die eigene Familie, die sie als Ehefrau des Deutschen Kaisers zunächst für nicht standesgemäß gehalten hatte.

»Der Mittelpunkt für uns Kinder war, seit ich denken kann, unsere geliebte Mutter. Von ihr ist Liebe und ist Wärme ausgegangen und zu uns gekommen«[33], charakterisierte Kronprinz Wilhelm im Rückblick seine Mutter. In den 1880er Jahren war es in fürstlichen Kreisen noch üblich, dass Mütter ihre Neugeborenen zum Stil-

Wilhelm und Auguste Victoria mit ihrem ältesten Sohn Wilhelm, 1887
Das Verhältnis der Kinder zum Vater war kompliziert. In der Regel sahen sie den Kaiser nur zu offiziellen Ereignissen. Ihre Befangenheit gegenüber ihrem Vater hatten sie nie ganz verloren. Auch wenn Wilhelm II. mit seiner betont derben Art seine Kinder nur aufheitern wollte, wirkte dies auf die Söhne eher einschüchternd..

Die Familie des Prinzen Wilhelm von Preußen, Fotografie von Reichard & Lindner, 1885
Auguste Victoria hatte in drei Ehejahren drei Söhnen das Leben geschenkt. Nach der Geburt ihres dritten Sohnes Adalbert (auf dem Schoß der Mutter) war Dona an Scharlach erkrankt. Auf Anraten der Ärzte durfte Wilhelm seine Ehefrau nicht besuchen. Die Prinzessin reagierte mit Unverständnis, ihrem Mann schrieb sie: »Ich hatte kaum für möglich gehalten, dass Du Dich so von den Ärzten u. Deiner Angst leiten lassen würdest, dass Du nicht auf einige Augenblicke zu Deiner kranken Frau geeilt wärst. Die sich nur zu sehr nach Dir sehnt.«

len an Ammen übergaben, so auch in der Kinderstube Auguste Victorias. Später äußerte sie gegenüber ihrer Schwiegertochter Cecilie zwar, dass sie alle Kinder bis auf Eitel Fritz selbst gestillt habe,[34] doch entsprach dies nicht der Wahrheit. Nach der Geburt des ersten Sohnes 1882 berichtete Dona ihrem Mann: »Die Amme soll nun nach und nach ganz abgeschafft werden.«[35] Zumindest ihre jüngeren Kinder hat Dona selbst gestillt. Kaiserin Augusta hielt davon überhaupt nichts. Auguste Victoria sei mit »Zittern und Zagen« zur Kaiserin gegangen, um es ihr zu sagen. Nachsichtig antwortete die Monarchin: »Du hast es immer so eingerichtet, dass es mich nicht gestört hat.«[36]

Die Kaiserin war eine liebe- und verständnisvolle Mutter, sodass die Kinder eine innige und vertrauensvolle Beziehung zu ihr entwickeln konnten. Das Verhältnis zum Vater war dagegen kompliziert. Rückblickend erinnerte sich Kronprinz Wilhelm: »[…] wenn ich unsere frühe Kindheit überdenke«, finde er »kaum ein paar Bilder, in denen ich ihn in harmloser, ungezwungener Heiterkeit mit uns […] sehe. […]. So haben wir in seiner Nähe eine gewisse Befangenheit eigentlich nie ganz verloren, und auch seine in Momenten guter Laune bisweilen betonte Derbheit in Ton und Ausdruck, die uns offenbar zutraulich machen sollte, wirkte auf uns eher einschüchternd. […] Zu all dem kam, dass die Ehrerbietung und der soldatische Gehorsam, die uns Kindern dem Vater gegenüber von klein auf anerzogen wurden, mit dazu beitrugen, in uns eine gewisse Unsicherheit und Scheu vor ihm zu erzeugen.«[37]

Im Gegensatz dazu ist in den Ehebriefen vom liebevollen Umgang der Kaiserin mit den Kindern die Rede. Als Wilhelm II. im Sommer 1891 vor Norwegen kreuzte, berichtete ihm seine Frau täglich über die neuesten Ereignisse: »Jetzt kriechen morgens immer AuWi [August Wilhelm] u. Oscar in mein Bett, jeder liegt in meinem Arm mit dem Köpfchen auf eine meiner Schultern.«[38] Mit großer Liebe berichtete Dona ihrem Mann, dass die Kinder zum Sommeraufenthalt nach Schloss Wilhelmshöhe reisen würden: »Am 7ten feiern wir hier [im Neuen Palais] die Geburtstage der 3 im Juli geborenen Jungens, vor der Reise der Kinder nach Wilhelmshöhe. Gestern haben die armen Jungen es erfahren, dass ich nicht mitreise, sie waren ganz ausser sich u. haben furchtbar geheult.«[39]

Allerdings nahm die Liebe der Kaiserin zu ihren Kindern zeitweise unverhältnismäßige Ausmaße an. Dies machte sich besonders bemerkbar, als 1896 die beiden ältesten Söhne Wilhelm und Eitel Friedrich ihr Zuhause in Berlin und Potsdam verlassen sollten, um ihre schulische Ausbildung im holsteinischen Plön fortzusetzen.[40] Die Kaiserin musste sich daher damit abfinden, ihre Kinder für eine längere Zeit nicht zu sehen. Dieser Gedanke war für sie jedoch unerträglich. Wilhelm II. schilderte Bernhard von Bülow (1849–1929), dass es mit der Kaiserin zu einer entsetzlichen Szene gekommen sei und sie sich »absolut widersetzen werde«, dass die Prinzen August Wilhelm und Oskar auch nach Plön kämen. Der Kaiser aber blieb bei seinem Entschluss. Dona war nicht zu beruhigen, sie hatte »die ganze Nacht Szenen gemacht mit Weinen und Schreien«. Der enge Vertraute des Kaisers, Graf Philipp zu Eulenburg (1847–1921), schilderte Bülow, dass der Kaiser bezüglich des Verhaltens seiner Frau ratlos war: »Er könne es nicht länger aushalten, die Kaiserin sei krank durch eine unmögliche Tageseinteilung. Sie könne nicht ›bürgerliche‹ Mutter, zärtliche Gattin und regierende Kaiserin zugleich sein.« Zu Eulenburg soll der Kaiser gesagt haben: »Sage Mir um Gottes willen, wie da zu helfen ist, denn der Gedanke, die arme Kaiserin in einer Kaltwasserheilanstalt endigen zu sehen, ist entsetzlich.« Eulenburg empfahl Wilhelm II., die Kaiserin möge sich zu einem längeren Kuraufenthalt begeben, er könne seine Frau dort besuchen. Er müsse jedoch unmittelbar nach der ersten Szene abreisen. Er hoffte, dass die Kaiserin durch die Gefahr, ihn zu verlieren, zur Besinnung gebracht werden könne.[41] Frauen aus königlichen Familien oder aus der Oberschicht, die sich dem Willen der Männer oder anderer Autoritäten widersetzten, wurden oftmals nicht ernst genommen. Schnell wurden ihre Handlungen als Krankheit oder »Nervenfieber« abgetan, sie wurden dann in sogenannten »Kaltheilwasseranstalten« eingewiesen, um zur »Vernunft« gebracht zu werden.[42]

Die liebevolle Mutter

Auguste Victoria hatte sieben Kindern – sechs Söhnen und einer Tochter – das Leben geschenkt. Obwohl die Kaiserin ihre Mutterrolle sehr ernst nahm und sie in der bisher erschienenen Sekundärliteratur als liebevolle und sorgende Mutter dargestellt wird, lässt sich die tatsächliche Beziehung zu ihren Kindern in Ermangelung von Aufzeichnungen nur lückenhaft beschreiben. Die Tagebücher, die Auguste Victoria für jedes Kind anlegte, gelten als verschollen.[43] Als besonders eng wird die Beziehung zu den beiden jüngsten Söhnen Oskar und Joachim sowie zu ihrer Tochter Victoria Luise beschrieben. Im Erwachsenenalter war, wie wir noch sehen werden, die Beziehung besonders zu den beiden jüngsten Kindern nicht konfliktfrei. Die Söhne und die Tochter Auguste Victorias unterschieden sich sehr in Erscheinung und Charakter. In ihren Lebenswegen spiegeln sich die Brüche des 20. Jahrhunderts auf eindrucksvolle und gewissermaßen tragische Weise wider. So war Kronprinz Wilhelm ein schlanker, groß gewachsener, sportlicher Jüngling, der sich 1905 mit der mecklenburgischen Herzogin Cecilie vermählte. Alle Kaiserkinder hatten entsprechend ihrer militärischen Ausbildung eine besondere Vorliebe für das Offizierskorps und das preußische Militär entwickelt. Aber besonders dem Kronprinzen mangelte es an Ernsthaftigkeit und Pflichttreue bei der Ausübung seiner Aufgaben als preußischer Thronfolger. Zahlreiche Affären sorgten regelmäßig für Gesprächsstoff in der Gesellschaft. Im Ersten Weltkrieg übernahm Wilhelm das Oberkommando über die V. Armee, ab 1916 wurde er Befehlshaber der Heeresgruppe »Deutscher Kronprinz«. Nach dem Zusammenbruch der Monarchie ging er, so wie der Kaiser, ins niederländische Exil. 1923 konnte der Kaisersohn nach Deutschland zurückkehren. Seine vorgezeichnete Lebensbahn war zerschlagen. Es fiel ihm schwer, eine neue Aufgabe zu finden. 1932 entschied der einstige Thronfolger, sich bei der Reichspräsidentenwahl gegen Paul von Hindenburg (1847–1934) als Kandidat aufstellen zu lassen. Der Plan scheiterte allerdings am Einspruch Wilhelms II. Der ehemalige

Auguste Victoria mit ihren sieben Kindern, Fotografie von Selle & Kuntze, 1893
In zehn Ehejahren hatte die Kaiserin sechs Söhnen und einer Tochter das Leben geschenkt.

Monarch hielt es für ausgeschlossen, dass die Monarchie mithilfe von republikanischen Methoden quasi über den Präsidentenstuhl wiedereingeführt werden könne. In seiner Haltung gegenüber dem Nationalsozialismus war Wilhelm lange Zeit schwankend und unentschlossen. Er bezog öffentlich positiv zu Hitler Stellung und veröffentlichte in der Auslandspresse begeisterte Artikel über ihn. Am Zweiten Weltkrieg nahm er nicht aktiv teil. Nach dem Ende des Krieges lebte der Kronprinz im schwäbischen Hechingen am Fuße der Burg Hohenzollern. Dass seine Ehe schon lange gescheitert war, wurde nun auch nach außen hin deutlich. Cecilie kehrte nach ihrer Flucht aus Potsdam nicht zu ihrem Mann zurück. Sie lebte in Bad Kissingen zur Untermiete in einem früheren Sanatorium, bis sie 1952 ihr eigenes Heim in Stuttgart beziehen konnte.

Der zweite Kaisersohn Eitel Friedrich war aus anderem Holz geschnitzt. Schon optisch unterschied er sich durch seinen massigen Körperbau von seinem drahtig-schlanken Bruder. Seine Vorliebe für das Militär kennzeichnete den Prinzen auf besondere Weise, wobei für andere Interessen kein Platz blieb. Seine 1906 geschlossene Ehe mit Herzogin Sophie Charlotte von Oldenburg (1879–1964) blieb kinderlos. Sie zerbrach nach dem Ende der Monarchie und wurde geschieden.

Für seinen dritten Sohn Adalbert hatte der Kaiser eine Karriere bei der Marine vorgesehen. Benannt wurde der Prinz nach einem Neffen Wilhelms I. gleichen Namens, der als Admiral Mitte des 19. Jahrhunderts maßgeblichen Anteil am Aufbau der preußischen Flotte gehabt hatte. Adalbert lebte nicht wie seine Geschwister in Berlin oder Potsdam, sondern in Kiel. Enttäuscht vom Matrosenaufstand, der 1918 zum Sturz der Monarchie führte, nahm er 1919 seinen Wohnsitz in Bad Homburg vor der Höhe und später in der Schweiz. Aus der glücklichen Ehe mit Prinzessin Adelheid von Sachsen-Meiningen (1891–1971) entsprossen zwei Kinder.

Der vierte Sohn August Wilhelm, genannt Auwi, war der »Schöngeist und Ästhet«[44] der Familie. Während seine Brüder Regimenter kommandierten, wurde dem Prinzen keine eigene militärische Verantwortung

Geburtstagsfest für Prinz Wilhelm, 6. Mai 1887
Auguste Victoria veranstaltete anlässlich des fünften Geburtstages ihres ältesten Sohnes ein Kinderfest im Potsdamer Neuen Garten. Zur Erheiterung der Kinder sorgte ein als Frosch verkleideter Lakai. Während die Brüder des Jubilars Croquet spielen, schlägt Wilhelm, links außen, die Trommel.

übertragen. Die 1908 geschlossene Ehe mit seiner Cousine Alexandra Victoria zu Schleswig-Holstein (1887–1957) war von Beginn an nicht glücklich. Nur das Korsett der Monarchie hielt die Ehe zusammen. 1919 trennte sich Alexandra nach zehnjähriger »Kulissenehe« von ihrem homosexuellen Ehemann. Ohne inneren Halt suchte er Anfang der 1930er Jahre nach einer neuen Projektionsfläche. So machte der Prinz bald als Propagandaredner für die Nationalsozialistische Deutsche Arbeiterpartei (NSDAP) Karriere. Er trat in die Partei ein, 1933 ernannte Hitler ihn zum SA-Gruppenführer und zum Preußischen Staatsrat. Er genoss nun wieder Ansehen in weiten Teilen der Bevölkerung, so wie es durch die »Gnade seiner Geburt« vor 1918 der Fall gewesen war. Nach dem Zweiten Weltkrieg führte seine Mitgliedschaft in der NSDAP zu einer dreijährigen Lagerhaft.

Der fünfte Kaisersohn Oskar galt, so seine Schwester Victoria Luise, als »Stütze von Thron und Altar«, da ihn die preußischen Tugenden wie Pflichttreue, Disziplin und Bescheidenheit auszeichneten. Seine Eheschließung mit Gräfin Ina Marie von Bassewitz (1888–1973), genannt »Mieze«, galt nach den strengen Regeln des hohenzollerischen Hausgesetzes als nicht standesgemäß. Oskar hatte die mecklenburgische Gräfin 1907 kennengelernt, als diese als Ehrendame in den Hofstaat der Kaiserin eintrat. Mehr als sieben Jahre musste Oskar sich gedulden, bis sein Vater die Erlaubnis zur Eheschließung gab. Aus der glücklichen Ehe gingen drei Söhne und eine Tochter hervor. Nach dem Zusammenbruch der Monarchie gelang es Oskar, eine neue Lebensaufgabe zu finden. 1927 übernahm er von seinem Bruder Eitel Friedrich die Funktion als Herrenmeister des Johanniterordens. Die Versuche der Nationalsozialisten, den Orden im »Dritten Reich« zu zerschlagen, konnte Oskar erfolgreich verhindern.

Der sechste und jüngste Sohn der Kaiserin, Prinz Joachim, kam 1890 als Frühgeburt zur Welt und war von Kindesbeinen an nicht von bester gesundheitlicher Konstitution. 1916 heiratete er Prinzessin Marie Auguste

Die Kaiserin mit ihren drei ältesten Söhnen, September 1888
Das schwarze Kleid Auguste Victorias erinnert an den Tod des kurz vorher verstorbenen Schwiegervaters Kaiser Friedrich III. Der Gesichtsausdruck der Kaiserin ist ernst und auch ihre Söhne (v. l.) Adalbert, Wilhelm und Eitel Friedrich zeigen keine rechte Freude darüber, fotografiert zu werden.

von Anhalt (1898–1983). »Margussy«, so ihr Kosename, war nicht seine erste Wahl, doch seine Mutter hatte die vom Prinzen gewünschte eheliche Verbindung mit der katholischen Fürstin Elisabeth von Urach (1894–1962) aus konfessionellen Gründen abgelehnt. Die erst 17-jährige Marie Auguste konnte ihrem sensiblen Mann, der zudem im Umgang schwierig war, nicht den nötigen Halt geben. Die Ehe war von Beginn an zum Scheitern verurteilt. Der Zusammenbruch der Monarchie bedeutete für den Prinzen das Ende seiner vorgezeichneten Lebensbahn. Joachim hatte jeglichen Lebensmut verloren, zwei Jahre nach der Revolution verließ ihn seine Ehefrau. Wenige Wochen später nahm sich Joachim in Potsdam das Leben.

Nach sechs Söhnen wurde als siebentes Kind ein Mädchen geboren, das bei der Taufe den Namen Victoria Luise erhielt. Das aufgeweckte Kind war der Liebling des Kaisers. Ihre 1913 geschlossene Ehe mit dem Prinzen Ernst August zu Braunschweig (1887–1953) galt als Versöhnung der hohenzollerischen und welfischen Herrscherhäuser. Beide Familien waren seit der Annexion des Königreiches Hannover durch Preußen 1866 verfeindet. Nach der Hochzeit und der Beendigung des Konflikts fiel der Braunschweiger Herzogthron wieder an die Welfen. Die Regierungszeit war nur kurz und endete mit der Abdankung des Herzogs im November 1918.

Die herzogliche Familie begab sich daraufhin in das oberösterreichische Gmunden. Diese Jahre, so erinnerte sich Victoria Luise später, zählten zu den schönsten ihres Lebens. Anfang der 1930er Jahre verlegte das Herzogpaar mit seinen vier Kindern den Lebensmittelpunkt wieder nach Deutschland. Schloss Blankenburg im Harz blieb bis 1945 ihr Hauptwohnsitz. Nach dem Ende des Zweiten Weltkrieges und der Besetzung des Harzes durch sowjetische Truppen musste Victoria Luise Blankenburg verlassen, mit ihrem Ehemann bezog sie das Schloss Marienburg im Süden von Hannover. In den Jahren von 1965 bis 1977 veröffentlichte die Herzogin sieben Erinnerungsbücher, die eine Gesamtauflage von über 500.000 Exemplaren erreichten. Bis ins hohe Alter hielt sie sich körperlich fit und trieb täglich Sport. Im Herbst 1980 zog sich die Kaisertochter beim Baden im kalten Traunsee in Österreich eine starke Erkältung zu, von der sie sich nicht mehr erholte. Als letztes Kind der Kaiserin starb Victoria Luise im Dezember 1980 im Alter von 88 Jahren.

Ihre Persönlichkeit

Wilhelm II. wusste, was er an seiner Frau hatte. Er würdigte ihre sanfte Güte, ihre Treue und ihre Liebe. Aber im Vergleich zu seiner Mutter war sie die »kleine Princess«. Dem Reichskanzler Bernhard von Bülow gegenüber äußerte Wilhelm II. einmal: »Man merke ihr immer wieder an, dass sie nicht in Windsor aufgewachsen ist, sondern in Primkenau.«[45] Ihrem Wesen nach war sie die moralische Stütze des Throns. Ihr Denken und ihr Handeln waren konservativ geprägt. Den Erinnerungen Bülows nach wäre sie die vortreffliche Frau eines Gene-

Auguste Victoria mit ihren vier jüngsten Kindern, 1894
Die drei Söhne tragen ganz typisch für die Kaiserzeit Matrosenkleidung. Zur deren Popularität hatte die britische Queen Victoria beigetragen, die ihrem preußischen Enkel Wilhelm (II.) dieses Kleidungsstück schenkte. Auf diese Weise wurden die Anzüge bekannt und schnell beliebt, galten sie doch als Ausdruck für die Marinebegeisterung des kaiserlichen Deutschlands.

Bildnis der Kaiserin mit ihrer Tochter Victoria Luise, Gemälde von Friedrich August von Kaulbach, 1898
Die ersten Vorstudien für dieses Gemälde entstanden während des Sommeraufenthaltes der Kaiserin in Schloss Wilhelmshöhe. Auguste Victoria trägt ein gelbes Staatskleid mit floralen Goldstickereien. Dazu hat sie die orangefarbene Schärpe des Schwarzen Adlerordens angelegt. Der Umstand, dass sich Victoria Luise an ihre Mutter schmiegt, gibt dem offiziellen Porträt einen intimeren Charakter. Wilhelm II. stiftete das Gemälde den »Droyßiger Anstalten«, einer Bildungseinrichtung für Mädchen in Anhalt.

rals, die perfekte Gattin eines Ministers oder des Oberpräsidenten einer Provinz gewesen. In diesen Stellungen würde das Urteil über Auguste Victoria gelautet haben: tadellose Frau, durch und durch pflichttreu. »Sie hatte nicht die komplizierte Seele einer Polin, nicht die Härte und den Charme der Italienerin. Sie war auch keine Sport-woman wie die Engländerin, und jeder Gedanke an Flirt lag ihr meilenfern.«[46]

Auguste Victoria liebte die Natur, das Meer und das Landleben. Gern zog sie sich mit ihren Kindern in das ostpreußische Cadinen zurück. Sie schätze Ausfahrten in die königlichen Besitzungen außerhalb ihrer Residenzen Potsdam, Homburg vor der Höhe und Wilhelmshöhe. Dabei ließ sie es sich nicht nehmen, die Kutsche eigenhändig zu steuern.

Auf internationalem Parkett zeigte die Kaiserin nicht die Souveränität, wie es einer erfahrenen Monarchin entsprach und von ihr erwartet wurde. Sie zeigte sich spröde und steif. Auguste Victoria schaffte es nicht, die Beziehungen zu den Bündnispartnern wie Russland, Großbritannien oder auch Italien auszugleichen oder zu verbessern. Als Beispiel hierfür kann der Besuch des jungen russischen Zarenpaares im November 1899 in Potsdam gelten. Dabei ereignete sich ein recht belangloser Zwischenfall, der jedoch nach einem positiv bewerteten Besuch eine politische Verstimmung zurückließ. Entgegen der Erwartung, dass Auguste Victoria die russische Kaiserin Alexandra (1872–1918) zum Abschluss des Besuches persönlich zum Bahnhof begleiten würde, wie es dem Hofprotokoll entsprochen hätte, unterließ die Deutsche Kaiserin dies und machte deren am Vorabend getragenes, tief dekolletiertes Kleid dafür verantwortlich. Der wahre Grund ihrer Unterlassung war, dass sie der als hessische Prinzessin Alexandra Geborenen den mit ihrer Vermählung vollzogenen Konfessionswechsel nicht verzeihen konnte. Hinzu kam, dass sie deren britische Allüren nicht mochte.[47] Auch dem Fürsten Bismarck stand die Kaiserin kühl gegenüber. Nie wieder sollte sie es erreichen, ihre Scheu vor dem Reichskanzler zu überwinden, wie ihr dies bei der ersten Defiliercour nach ihrer Vermählung gelungen war. Sie konnte Bismarck einfach nicht verzeihen, dass er ihrem Vater und ihrem Stammhaus versagt hatte, den Thron Schleswig-Holsteins zu besteigen.

Die Kaiserin war von einem übertriebenen Glaubenseifer geprägt. Jeder Verstoß gegen die Moralvorstellungen am kaiserlichen Hof, den sie selber verkörperte, wurde von ihr aufs Schärfste verurteilt. Prinz Joachim Albrecht von Preußen (1876–1939), ein Enkel des Prinzen Albrecht (1809–1872), der einer jüngeren Linie des Hauses Hohenzollern angehörte, kehrte im Frühjahr 1908 von einem einjährigen Auslandsaufenthalt nach Berlin zurück. Er war vom Hof und aus Deutschland verbannt worden, da er eine Liebesbeziehung mit einer verheirateten Frau führte. Bei seinem Erscheinen auf einem Hofball im Berliner Schloss weigerte sich die Kaiserin, ihm die Hand zu geben, »während sie dies bei den anderen danebenstehenden Prinzen tat, und verneigte sich nur, ohne den Prinzen anzusprechen«[48].

Fast ein Jahrzehnt nach dem Tod der Kaiserin berichtete ihr Sohn August Wilhelm die beiden folgenden Episoden. Als seine Schwester Victoria Luise etwa 15 Jahre alt war, sollte sie einer festlichen Theaterveranstaltung in Karlsruhe beiwohnen. Ihre Großtante, Großherzogin Luise von Baden, hatte eigens ein Volksstück der Schriftstellerin Hermine Villinger (1849–1917) ausgewählt, das passend für ein junges Mädchen sein sollte. Kaum war der Vorhang aufgegangen – die Prinzessin saß zwischen ihrem Vater und dem Großherzog –, da wurde auf der Bühne über ein uneheliches Kind geredet, »und zwar mit allen Details und Schwierigkeiten«. Der Kaiser wurde wütend und sah den Großherzog vorwurfsvoll an. Das Erste, was die Prinzessin beim Verlassen des Theaters sagte, war: »Gottseidank, dass wenigstens Mama nicht dabei war!«[49] Und Prinz Auwi erinnerte sich an die Zeit, als es in Mode kam, ohne Hut auf die Straße zu gehen. Damals bat die Kaiserin ihren Sohn, doch »wenigstens bei Überqueren der Straße zwischen Wildpark Station und [Park Sanssouci] ihn wieder aufzusetzen ›Du siehst sonst so ausgezogen aus!‹«[50].

Es mag widersprüchlich klingen: So sehr der Kaiser seine Frau für ihre Eigenschaften schätzte, waren ihm

Kaiserin Auguste Victoria, Atelier von Thomas Heinrich Voigt, 1902
Die Monarchin sitzt auf einem Augsburger Thronsessel mit Silberbeschlag aus der Zeit des Großen Kurfürsten Friedrich Wilhelm von Brandenburg, den Wilhelm II. im Rittersaal des Berliner Schlosses aufstellen ließ. Diese Aufnahme gehört zu den ersten Porträts, die das Atelier des Homburger Hoffotografen Thomas Heinrich Voigt von der Kaiserin anfertigte. Damals führte die Witwe des Firmengründers das Geschäft. Offenbar konnte Louise Voigt die Kaiserin durch die Qualität ihrer Arbeit überzeugen, denn in der Folgezeit entstanden fast alle Porträts in diesem Atelier.

Die Kaiserin mit ihrer Tochter Victoria Luise auf dem Canale Grande in Venedig. Die Aufnahme entstand auf der ersten Reise nach Korfu, April 1908

ihre Anhänglichkeit, ihre ultrakonservativen Anschauungen und ihre ausgeprägte Liebe eine Qual. Oft war er jedoch geneigt, den Wünschen seiner Frau zu entsprechen. Es war aber vielmehr ein »Nachgeben«, um Ruhe zu haben. Hofmarschall Robert von Zedlitz-Trützschler (1863–1942), der oft Zeuge des kaiserlichen Ehelebens war, empfand die Stimmung im Neuen Palais oder Berliner Schloss als bedrückend. Dies trat besonders dann zutage, wenn keine Gäste anwesend waren und das Kaiserpaar die Zeit mit seinen jeweiligen Hofstaaten allein verbrachte. Beispielhaft dafür ist ein Abend im November 1904 im Neuen Palais. Bei Tisch war die Konversation nicht sehr anregend. Meist bestimmte der Kaiser für alle die Unterhaltung. Nach der Mahlzeit begab sich Wilhelm II. mit seinen Flügeladjutanten in das Billardzimmer. Dort wurden mit den Adjutanten Karten mit den Phasen des russisch-japanischen Krieges besprochen. Inzwischen hatte auch die Kaiserin mit ihren Hofdamen den Raum betreten. Auguste Victoria beschäftigte sich mit einer Handarbeit, während dem Kaiser die aktuellen Telegramme hereingebracht wurden. Die Hofdamen und Adjutanten setzten sich zumeist an einen der

Tische und begannen, in den ausliegenden Büchern und Zeitschriften zu blättern. Der Kaiser rauchte nur dann einige Zigaretten, wenn die Kaiserin nicht anwesend war. Auguste Victoria gestattete niemals, dass in ihrer Gegenwart geraucht wurde. Für die Hofgesellschaft dehnten sich diese Abende oft zu lange aus. Einmal hatte der Kaiser den ganzen Abend für sich allein gelesen, als er plötzlich seine Frau fragte: »Willst Du eigentlich hier übernachten?« Darauf antwortete die Kaiserin: »Nein Wilhelm, aber ich wollte Dich nicht stören, da du doch den ganzen Abend so beschäftigt bist mit Lesen.« Der Kaiser antwortete nicht sehr charmant: »Na, was soll ich denn sonst machen, wenn es so unglaublich langweilig hier ist?«[51]

Im Frühjahr 1908 reiste Wilhelm II. in Begleitung seiner Ehefrau mit der Yacht »Hohenzollern« auf die Insel Korfu, um für einige Wochen seinen im Jahr zuvor erworbenen Sommersitz, das »Achilleion«, aufzusuchen. Zur Reisegesellschaft gehörte auch der Freund des Kaisers Fürst Max Egon zu Fürstenberg (1863–1941).[52] Während der Seereise vertraute sich Wilhelm II. in einem Gespräch dem Fürsten an und jammerte über die Kaiserin: »Sie sei ja eine brave Frau, aber schrecklich. Du weißt nicht, welche furchtbaren Schwierigkeiten sie mir immer macht. Sie glaubt immer sich was zu vergeben und ist immer nur steif mit allen Leuten. Immer nur im ›Hermelin‹ herumgehen und sich nur von diesen Megairen (Brockdorf, Keller etc.) hetzen lassen, ist ihre einzige Beschäftigung. Es ist schrecklich und manchmal kaum auszuhalten. Du machst Dir keinen Begriff was ich darunter zu leiden habe. […] Hier in Italien auch. Zu niemand will sie hingehen und ich habe jedesmal einen Kampf.«[53]

So widersprüchlich es klingen mag: Der Kaiser versuchte zwar, seine Frau so oft wie möglich auf Abstand zu halten, dennoch legte er, besonders in den Jahren des Weltkrieges, großen Wert auf ihre Präsenz, da sie in allen schwierigen Situationen treu zu ihm hielt. Die Kaiserin kümmerte sich dann überaus fürsorglich um ihren Mann und hielt sämtliche schlechten Nachrichten fern von ihm.

Als modisches Vorbild

Das Äußere der Kaiserin war imponierend: Ihre schlanke, hoch gewachsene Gestalt und ihre aufrechte Haltung verrieten eine Aristokratin im klassischen Sinne. Von ihrem Wesen her zurückhaltend, verstand sie es jedoch, mit Taktgefühl und Selbstbewusstsein aufzutreten. Auguste Victoria war immer darauf bedacht, ihrem Mann zu gefallen. Als Wilhelm in den frühen 1880er Jahren bei einem Besuch am Kaiserhof in Wien von den weiblichen Rundungen der Kronprinzessin Stephanie von Österreich schwärmte, machte ihm Dona daraufhin eine Szene und tat alles, um selbst an Gewicht zuzunehmen. 1891 berichtete der Freund des Kaisers, Philipp zu Eulenburg, dass man in London nur gute Eindrücke vom Aussehen der 32-jährigen Deutschen Kaiserin gehört habe. Zufrieden schrieb Dona daraufhin ihrem Ehemann: »Ja, Liebling wenn ich anderen gefallen habe so freut es mich besonders für Dich Herzblatt, denn natürlich möchte ich, dass mein Herzblatt auch ein gutaussehendes Frauchen hat, das sich mit anderen messen kann, wenn ich mir auch nicht einbilde, dass ich die jungen Frauen schlage.«[54]

Die Kaiserin legte großen Wert darauf, sich nach der neuesten Mode zu kleiden. Ihre kostbaren Roben wurden ihr auf den Leib geschneidert. Die Verantwortung lag in den Händen der ersten Garderobefrau, die der Kammerfrau unterstellt war. Im Berliner Schloss war für die Garderobe der Kaiserin ein Atelier eingerichtet worden, in dem ständig zehn bis zwölf Schneiderinnen arbeiteten.[55] Die Anzahl der »Haus- und Promenadenkleider«, die pro Jahr für Auguste Victoria angefertigt wurden, ist nicht bekannt. Wir wissen jedoch, dass für die Hoffestlichkeiten in der Wintersaison oder für Hochzeitsfeierlichkeiten zwölf bis 15 neue Roben gearbeitet werden mussten, von denen ein Modell etwa 1.000 Mark kostete.[56] Die Summe entsprach in etwa dem Jahresgehalt eines Arbeiters im Jahr 1900.[57] Die großen Galakleider und aufwendigen Staatsroben wurden nicht in der kaiserlichen Werkstatt, sondern in privaten Ateliers gearbeitet. Die Kaiserin kaufte die Kleiderstoffe

Kaiserin Auguste Victoria, Fotografie des Ateliers Voigt, Frühjahr 1907
Die mit Straußenfedern dekorierten Hüte gehörten zu den unverzichtbaren Accessoires der Kaiserin. Zahlreiche der dekorativen Kopfbedeckungen waren Geburtstagsgeschenke Wilhelms II. an seine Frau.

nie persönlich. Die Modeateliers schicken die neuesten Modelle und aktuellen Muster zur Ansicht ins Schloss. Anschließend traf die Oberhofmeisterin eine Auswahl, die der Kaiserin daraufhin vorgelegt wurde. Bei den kostbaren Galaroben wurden zusätzlich sogenannte farbige Kostümbilder hergestellt. Erst wenn diese Entwürfe von der Kaiserin genehmigt waren, konnten die Galakleider angefertigt werden. Bemerkenswerterweise kamen die Inhaber oder die Angestellten der Modeateliers mit der Monarchin nie in persönlichen Kontakt. Die erste Garderobefrau nahm bei der Kaiserin Maß. Das beauftragte Atelier hatte eine passgenaue Figurine herstellen lassen. An dieser »Puppe« wurden die Kleider anprobiert oder auch Änderungen vorgenommen. Alle weiteren Accessoires wie Hüte, Handschuhe und Mäntel wurden von den Hoflieferanten ebenfalls zur Ansicht ins Schloss geschickt. Hier erfolgte die Auswahl ebenso durch die Oberhofmeisterin. Ein Galakleid wurde von der Kaiserin lediglich ein- bis maximal zweimal getragen. Anschließend wurde es im hauseigenen Atelier auseinandergetrennt, die kostbarsten Bestandteile wurden für spätere Roben wiederverwendet. Den übrigen Stoff verschenkte die Monarchin an ihre Hofdamen, die sich daraus neue Kleider anfertigen ließen. Die Haus- und Promenadenkleider, die von der Kaiserin nicht mehr getragen wurden, erhielt die Kammerfrau, die sie entweder selber verwendete oder verkaufen konnte. In Berlin gab es einige Modegeschäfte, die sich darauf spezialisiert hatten, Kleider der Kaiserin oder der Prinzessinnen anzukaufen, um sie dann an Damen außerhalb der Hofgesellschaft zu verkaufen.[58]

Die Hauptaufgabe des Ateliers der Kaiserin im Berliner Schloss bestand darin, Änderungen an der Garderobe vorzunehmen sowie Tageskleider neu anzufertigen. Bevor Auguste Victoria mehrwöchige Reisen antrat, für die sie eine größere Anzahl an Kleidern benötigte, mussten bis zu 40 Schneiderinnen mit deren Neuanfertigung beschäftigt werden. Für die Wäsche der Monarchin waren im Berliner Schloss zwei Weißzeugkammern eingerichtet worden. Diese befanden sich über der Wohnung Auguste Victorias im zweiten

Kaiserin Auguste Victoria, Fotografie des Ateliers Voigt, Herbst 1910
Alle Kleider der Kaiserin waren Einzelanfertigungen. Auguste Victoria kaufte die Kleiderstoffe nie persönlich. Die ausschließlich deutschen Modeateliers schickten die neuesten Modelle zur Ansicht ins Schloss. Anschließend traf die Oberhofmeisterin eine Auswahl, die der Kaiserin daraufhin vorgelegt wurden. Die Inhaber der Modeateliers kamen mit der Monarchin nie in Kontakt. Die erste Garderobefrau nahm bei der Kaiserin Maß. Das beauftragte Atelier hatte eine passgenaue Figurine herstellen lassen, an der die Kleider anprobiert oder auch Änderungen vorgenommen wurden.

Kaiserin Auguste Victoria, Fotografie des Ateliers Voigt, 1912
Diese Aufnahme der Kaiserin in einem dunklen Tageskleid entstand im Schloss Wilhelmshöhe bei Kassel, der Sommerresidenz der kaiserlichen Familie. Wilhelm II. schätzte diese Darstellung besonders. Nach dem Tod seiner Frau gehörten mehrere Varianten dieser Porträtserie zum Wandschmuck seines niederländischen Exilsitzes Huis Doorn.

Obergeschoss des Schlossplatzflügels. Für die Leibwäsche der Monarchin waren ihre beiden Garderobefrauen verantwortlich. Eine Weißzeugbewahrerin und eine Weißzeuggehilfin kontrollierten alle Stücke, sortierten fehlerhafte Teile aus und versahen die neue Leibwäsche mit dem Monogramm »AV« sowie der Kaiserinnenkrone.[59]

Die Kaiserin hielt sich mit Sport körperlich fit. Nach ihrer Vermählung nahm sie Tennisunterricht. Ein Ballspielplatz befand sich in Sichtweite des Marmorpalais. Nachdem die kaiserliche Familie 1889 das Neue Palais im Park Sanssouci bezogen hatte, konnte sie den Lawntennisplatz nutzen, den ihre Schwiegermutter Victoria in der Nähe des Antikentempels angelegt hatte.[60] Zur Ertüchtigung ihres Körpers nutze Auguste Victoria einen Ruderapparat. Dieses Sportgerät hatte sie 1907 in ihrem Toilettezimmer im Neuen Palais aufstellen lassen,[61] sodass die damals 49-jährige Kaiserin ihre ohnehin schlanke Figur täglich trainieren konnte. Hingegen lehnte sie das modern gewordene Fahrradfahren für Damen kategorisch ab. Auch hielt sie nichts davon, dass Frauen eigenhändig Autos steuerten.

Als Auguste Victoria ihren Mann kennenlernte, war ihr Haar dunkelblond. Kurz nach ihrer Verlobung gab ihr Wilhelm Ratschläge: So solle ihre Frisur »nicht mehr aufgethürmt, sondern nach unten gekämmt werden!«[62] Zudem ergraute das Haar der Kaiserin sehr früh. Bereits vor der Jahrhundertwende – sie hatte das 40. Lebensjahr noch nicht erreicht – war sie bereits vollständig weißhaarig. Philipp zu Eulenburg machte »die großen Szenen [zwischen Kaiser und Kaiserin], die sich häuften«, für die vorzeitige Alterung Auguste Victorias verantwortlich: »Ihre Nerven bedürfen der Gesundung, auch äußerlich sei schon eine Wirkung der zerstörten Nerven zu sehen in dem runzligen, früh gealterten Gesicht und den grauen Haaren.«[63]

Der Kunstmäzen und Schriftsteller Harry Graf Kessler (1868–1937), der kein Freund der Hohenzollern war, beobachtete mit kritischem Blick das gesellschaftliche Treiben am Kaiserhof. Die 40-jährige Kaiserin wurde Ziel seines Spotts, als er sie 1898 bei einem Hofball im

Berliner Schloss sah: »Die Kaiserin jetzt ganz alt; fast weiss und ein von zu viel Lächeln gealterter, gefurchter Mund. Beim Cercle gestikuliert der Kaiser lebhaft mit dem Munde, die Kaiserin bringt das Lächeln nicht mehr bis in die Augen hinauf. [...] Elegant von den Frauen nur die Gräfin Harrach [...] und die Großherzogin [Victoria Melitta] von Hessen, die zu ihrem schwarzen, krausen Haar und den dicken Lippen Rot und Violett gepaart hatte und sich königlich hält. Daneben sah die Kaiserin wie eine Roturière [Bürgerliche] aus.«[64]

Nur zehn Tage später hatte Kessler erneut die Gelegenheit, die Monarchin bei einem Hofball zu beobachten. »Die Kaiserin in einem glitzernden Drap D'Argens Kleid mit rosa Bändchen sah in ihrer uneleganten Aufmachung aus wie ein billiges Knallbonbon. Die Großherzogin von Hessen steckte wieder pervers schön in einer goldgewirkten mit violetten Jettperlen dicht bestickten Brokatscheide. [...] Suggestive Art, den Kopf und den Oberkörper zurückzuwerfen, wenn sie aufhört zu tanzen.«[65]

Auguste Victoria gelang es, nach der Jahrhundertwende mit der sogenannten Ballonfrisur eine Haarmode zu kreieren, die bald zum Vorbild für die Damenwelt wurde. Dazu wurde auf das Haupt der Kaiserin ein Reif gelegt, anschließend das Haar nach allen Seiten gleichmäßig locker nach oben aufgesteckt und in die Mitte des Reifs zu einem geflochtenen Zopf eingerollt, wodurch die ballonartige Haartracht entstand. Durch das tägliche Frisieren entwickelten die Garderobefrauen eine besondere Geschicklichkeit, sodass die Ballonfrisur schließlich perfektioniert wurde. Ab 1905 avancierte dieser Stil zum Markenzeichen der Kaiserin. Als sich nach 1910 die Frisurenmode änderte und auf künstliche Haarteile verzichtet wurde, focht dies Auguste Victoria nicht an. Ihren konservativen Haarstil behielt sie bis zu ihrem Tod bei. Das verwundert kaum, denn diese Frisur war zu ihrem unverzichtbaren Accessoire geworden. Die längst außer Mode gekommene Haartracht und die Beibehaltung der bodenlangen Kleider stehen sinnbildlich für den konservativen Charakter Auguste Victorias.

Kaiserin Auguste Victoria, Fotografie des Ateliers Voigt, April 1915

Für die Garderobe der Kaiserin war im Berliner Schloss ein Atelier eingerichtet worden, in dem ständig zehn bis zwölf Schneiderinnen arbeiteten. Hier wurden alle »Haus- und Promenadenkleider« angefertigt. Die großen Staatsroben für Hoffestlichkeiten entstanden in privaten Ateliers. Welche Modeateliers diese Aufträge erhielten, ist heute nicht mehr bekannt. Sämtliche Garderobenbücher und Kostümentwürfe sind im Zweiten Weltkrieg verloren gegangen.

Therese Gräfin von Brockdorff, Gemälde von Philip Alexius de László, 1899
Als Oberhofmeisterin leitete Gräfin Brockdorff von 1881 bis 1918 den Hofstaat der Kaiserin. Dass der ungarische Maler László während seines Aufenthaltes am Kaiserhof im Jahr 1899 nicht nur das Kaiserpaar und seine Tochter, sondern auch Gräfin Brockdorff porträtierte, macht ihre herausgehobene Position am Hof der Kaiserin deutlich.

Der Hofstaat und das »Kabinett der Kaiserin«

Am Tag ihrer Eheschließung im Februar 1881 erhielt Auguste Victoria ihren eigenen Hofstaat.[66] Alle Mitglieder hatten bereits vor ihrer Berufung in den Hofdienst durch familiäre Bindungen Kontakte zum preußischen Königshaus. Mit der Leitung des Gefolges wurde die 34-jährige verwitwete Gräfin Therese von Brockdorff betraut. Ihr zur Seite standen die Hofdamen Gräfin Mathilde von Keller und Gräfin Mathilde von Pückler (1859–1935)[67] sowie der Kammerherr Freiherr Leopold von Ende (1836–1910).

Der Vater der Gräfin von Brockdorff, Freiherr Leopold von Loën (1817–1895), hatte als Flügeladjutant König Friedrich Wilhelms IV. (1795–1861) bereits ein Hofamt bekleidet. Die Mutter, Gabriele von Bülow (1822–1854), war eine Enkeltochter Wilhelm von Humboldts (1767–1835). 1871 hatte sich Therese im Schloss Tegel mit Graf Bertram von Brockdorff (1837–1878) vermählt, der jedoch bereits 41-jährig starb.

Gräfin Mathilde von Kellers Vater Gustav (1805–1897) hatte als preußischer Kammerherr zeitweise im Dienst bei Kaiserin Augusta gestanden. Aus seiner zweiten Ehe mit Mathilde von Grolmann (1813–1900) entstammte die spätere Hofdame Mathilde. Auguste Victoria kannte Mathilde von Keller bereits aus Kindertagen. Die gräfliche Familie hatte seit Beginn der 1860er Jahre eine Etage des Augustenburger Palais in Gotha gemietet, das im Besitz von Donas Großvater Herzog Christian August war. Während der Aufenthalte der herzoglichen Familie in Gotha waren Mathilde und Auguste Victoria Spielgefährtinnen.

Die zweite Hofdame Mathilde von Pückler musste bereits am Tag nach der Vermählung Auguste Victorias aus gesundheitlichen Gründen den Hofdienst wieder quittieren.[68] Ihre Stelle nahm die erst 22-jährige Klara, genannt Claire, von Gersdorff (1858–1927) ein. Das Elternhaus Claires war mit dem preußischen Hof ebenfalls eng verbunden. Ihr Vater Hermann von Gersdorff (1809–1870) war Kommandeur der 22. Infanterie-Division im Deutsch-Französischen Krieg 1870/71. Als Generalleutnant wurde er während der Kämpfe bei Sedan schwer verwundet und starb 1870. Ihre Mutter, Klara von Gersdorff (1827–1881), leitete in den 1840er Jahren als Oberhofmeisterin den Hofstaat der Prinzessin Marianne von Preußen (1810–1883), Ehefrau des Prinzen Albrecht (1809–1872).[69]

Der vierte im Bunde war Leopold von Ende, der ehemalige Kammerherr der Königin Elisabeth von Preußen (1801–1873). Er sollte als erfahrener Hofmann seine Kenntnisse im Hofdienst und die bewährten preußischen Traditionen an die junge Prinzessin weitergeben. Allerdings wurde von Ende als Kammerherr bereits nach einem Jahr aus gesundheitlichen Gründen verabschiedet, an seine Stelle trat 1882 Ernst Freiherr von Mirbach.[70]

Die Hofdamen mussten verwitwet oder unverheiratet sein, da sich ein Leben als Ehefrau oder Mutter nicht mit dem Hofdienst vereinbaren ließ. Die Oberhofmeisterin und die Damen der Kaiserin waren mit bestimmten Privilegien ausgestattet. Als Personal stand ihnen eine »Jungfer« als Angestellte zur Seite, zudem erhielten sie

Gräfin Brockdorff im Gefolge der Kaiserin, 4. Juni 1906
Als Oberhofmeisterin war Gräfin Brockdorff immer in der Nähe der Kaiserin. Gemeinsam mit der Monarchin und Mitgliedern der Hohenzollernfamilie begibt sie sich gerade vom Neuen Palais kommend zu den Communs (Wirtschaftsgebäuden), um am Stiftungsfest des Lehr-Infanterie-Bataillons teilzunehmen, v. l.: Gräfin Brockdorff, die Prinzessinnen Victoria Luise und Sophie Charlotte (Ehefrau des Prinzen Eitel Friedrich), Kaiserin Auguste Victoria.

eine Dienstwohnung sowie Pferd und Wagen zur freien Verfügung. Der Hofdienst wurde mit einem jährlichen Gehalt vergütet.

Mit der Thronbesteigung Wilhelms II. im Juni 1888 wurde der Hofstaat der Kaiserin erweitert. Eine dritte Hofdamenstelle kam hinzu. Der bisherige Kammerherr Freiherr von Mirbach erhielt das Amt des Oberhofmeisters. Hinzu kamen die beiden diensttuenden Kammerherren Bodo von dem Knesebeck (1851–1911) und Freiherr Eberhard von der Recke sowie der Leibarzt Dr. Ernst Zunker (†1917). Zur persönlichen Bedienung gehörten eine Kammerfrau und zwei Garderobefrauen sowie zwei Kammerdiener. Mit dem Amt der Kammerfrau wurde von 1888 bis 1898 Frau von Hake betraut, sie wurde abgelöst von Susanne Chales de Beaulieu (1869–1946), die diese vertrauensvolle Stellung von 1898 bis 1921 innehatte. Zu ihrem Aufgabengebiet gehörte unter anderem die Verwaltung des Schmucks der Kaiserin. Den Hofstaat komplettierten zwei Leibpagen, die aber nur während der Hoffestlichkeiten im Berliner Schloss in den Monaten Januar und Februar Pagendienste leisteten.

Therese von Brockdorff nahm eine Schlüsselposition im Hofstaat der Kaiserin ein. Mit der Regierungsübernahme Wilhelms II. 1888 wurde sie mit dem Titel »Exzellenz« ausgezeichnet. In den ersten Jahren des Hofdienstes war Gräfin Brockdorff unersetzlich, doch schon bald entwickelte Auguste Victoria durch eine Überpräsenz der Gräfin eine tiefe Abneigung gegen sie. Therese Brockdorff hatte Dona als junge Prinzessin in allen Belangen des Zeremoniells, der Etikette und der traditionellen Verhaltensregeln am preußischen Hof eingewiesen und unterrichtet. Sie entschied, wer zur Audienz vorgelassen und wem dies verwehrt wurde. Zu ihren Aufgaben gehörte es außerdem zu entscheiden, welchen sozialen und kirchlichen Einrichtungen die Kaiserin als Protektorin vorstehen würde. Zudem lag in ihrer Verantwortung die Neubesetzung von Stellen des Hofstaates. Die Gräfin war eine respektierte Instanz am preußischen Hof. Sie konnte schroff in ihren Anweisun-

Mathilde Gräfin von Keller, um 1908, Hofstaatsdame der Kaiserin von 1881 bis 1921

gen sein und schnell zornig werden, hatte einen starken Willen und eine energische Natur.[71] In ihren Ansichten und ihrer Moral war sie ultrakonservativ. Kaiserin Friedrich behauptete, sie sei zwar »ihrer Herrin ergeben, doch nach meinen Vorstellungen keine Lady!« Sie sei sehr engstirnig, spreche ein »solch ordinäres Deutsch« und habe überhaupt »das Benehmen & die Gedanken einer ›Bourgeoise‹«.[72]

Die Hofdamen begleiteten die Kaiserin bei allen öffentlichen und privaten Terminen sowie auf Reisen und bei Veranstaltungen. Teilweise übernahmen sie den Briefwechsel und leisteten ihr Gesellschaft. Die Hofdamen Mathilde von Keller und Claire von Gersdorff zeichneten sich als verlässliche Konstanten aus, die dem Hofstaat Auguste Victorias 30 Jahre lang angehörten. Reichskanzler Bernhard von Bülow erinnerte sich: »Sie waren nicht elegant, nicht übermäßig intelligent, gar nicht modern, dafür kirchlich und politisch reaktionär.« Die Berliner gaben ihnen den Spottnamen »Halleluja-Tanten«[73] als Ausdruck ihrer konservativen Haltung.

Mathilde von Keller gehörte von 1881 bis 1921 zum Hofstaat der Kaiserin. Sie war ihrer Herrin treu ergeben und verstand es, mit Diplomatie und Geschick über mehr als drei Jahrzehnte ein unverzichtbarer Bestandteil des Hofstaates zu bleiben. Mathilde war der Kaiserin seit frühester Jugend verbunden, als diese noch die kleine unbedeutende holsteinische Prinzessin gewesen war. Sie war mit einem vornehmen Charakter ausgestattet. Optisch versuchte sie die Kaiserin in Kleidung und Frisur nachzuahmen. Als Anerkennung ihrer treuen Dienste wurde sie an Heiligabend 1903 mit dem neu geschaffenen Titel einer »Hofstaatsdame« und dem Titel »Exzellenz« ausgezeichnet.[74]

Claire von Gersdorff galt als »Muse des Kaiserhofs«. Sie schrieb Gedichte und war mit einer gewissen musikalischen Begabung ausgestattet, die dazu ausreichte, bei familiären Konzerten am Kaiserhof als Sopranistin engagiert zu werden. »Frl. von Gersdorff«, wie sie allgemein bei Hofe genannt wurde, war ausgesprochen sensibel und wurde wegen ihrer halb singenden, halb klagenden Sprechweise, ihrer Unschuld und Harmlosigkeit bisweilen verspottet.[75] Wie ihre Amtskollegin Mathilde von Keller wurde sie am gleichen Tag von Wilhelm II. zur »Hofstaatsdame« ernannt und führte fortan ebenfalls das Prädikat »Exzellenz«.[76]

Die dritte Hofdamenstelle war von einem steten Wechsel begleitet. Da sich die Inhaberinnen entschlossen, ihr Leben nicht ausschließlich dem preußischen Hof zu widmen, mussten sie vor ihrer Vermählung vom Hofdienst Abschied nehmen. Dies geschah vier Mal: Gräfin Helene von der Schulenburg (1866–1927) bekleidete dieses Amt von 1890 bis 1894[77], ihr folgten Gräfin Bertha von Bassewitz (1874–1951) von 1895 bis 1898[78], Gräfin Armgard zu Stolberg-Wernigerode (1877–1912) von 1898 bis 1903[79] sowie Gräfin Lita zu Rantzau (1879–1945) von 1903 bis 1921.

Zu Beginn des 20. Jahrhunderts erweiterte Wilhelm II. den Hofstaat seiner Frau um sogenannte Palastdamen. Außerdem thematisierte er die Neuschaffung von Herolden bei feierlichen Anlässen. Der kritische Hofmarschall Zedlitz-Trützschler konstatierte: »Wie

Gräfin Keller in Begleitung des Prinzen Heinrich von Preußen, Bruder des Kaisers. Rechts vor ihnen Wilhelm II. und Auguste Victoria im Großen Hauptquartier in Pleß (Schlesien), 1916

kann der Kaiser jetzt Sinn und Neigung für Äußerlichkeiten und Prunk haben, wenn man bedenkt, wie brennend alle sozialen Fragen und Bedürfnisse an der Tür pochen?« In diesen ernsten Zeiten hole der Kaiser »seit zweihundert Jahren vergrabenen Plunder von uns wieder aus der Rumpelkammer« hervor.[80] Wilhelm II. ernannte 1904 sieben Palastdamen aus den verschiedenen Provinzen des Reiches. Bei Festlichkeiten des Hofes in den entsprechenden Landesteilen wurden sie zum Ehrendienst gebeten. Es handelte sich um Ehefrauen, deren Männer teilweise die höchsten Hofämter bekleideten. Dazu gehörten unter anderem Fürstin Ida Louise zu Solms-Baruth (1863–1938), Gräfin Margarete von Lehndorff (1858–1928), Gräfin Elisabeth zu Stolberg-Wernigerode (1866–1928), Fürstin Irma zu Fürstenberg (1867–1948) sowie Herzogin Marie von Ratibor (1856–1926).[81]

Im Laufe der ständigen Präsenz am kaiserlichen Hof über mehrere Jahre kam es zwischen Auguste Victoria, Therese von Brockdorff und Claire von Gersdorff zu unüberbrückbaren Differenzen. Ohnehin beabsichtigte die Kaiserin, die älteren Damen aus ihrem Umfeld zu entfernen und sie durch jüngere, sogenannte Ehrendamen zu ersetzen.[82] Die Damen unterschieden sich von Hofdamen auch dadurch, dass sie nur zeitweise ihren Dienst am Hof leisteten. Diese Funktion hatte es bereits am Hof der Kaiserin Augusta gegeben.[83] Die ersten beide Ehrendamen, die 1906 ihren Dienst antraten, waren Gräfin Victoria zu Eulenburg (1882–1966), Tochter des Oberhof- und Hausmarschalls August zu Eulenburg, und Gräfin Theda zu Bismarck-Bohlen (1885–1969), Tochter des kronprinzlichen Hofmarschalls Graf Johannes von Bismarck-Bohlen (1864–1920).

Wann genau es zum Bruch zwischen der Kaiserin und ihren Damen Brockdorff und Gersdorff kam, ist nicht genau bekannt. Die Ursachen für die Entfremdung lagen in der steten Bevormundung durch die Oberhofmeisterin. Auguste Victoria war nicht mehr die kleine holsteinische Prinzessin, als die sie Gräfin Brockdorff 1880 kennengelernt hatte. Sie hatte sich zu einer beliebten Landesmutter und selbstbewussten Kaiserin entwi-

Claire von Gersdorff, Porträtskizze des Prinzen Wilhelm von Preußen, um 1885
Mit dieser Skizze hielt der spätere Wilhelm II. einen ungewöhnlichen Moment fest. Von der Porträtierten scheinbar unbemerkt gibt sich »Frl. von Gersdorff« äußerst gelassen mit niedergeschlagenen Augen und Zigarette im Mund. Das war ungewöhnlich, da rauchende Frauen im 19. Jahrhundert als frivol galten und diese Eigenschaft sich nicht mit der konservativen Grundhaltung Claire von Gersdorffs verbinden ließ.

Claire von Gersdorff, um 1908, Hofstaatsdame der Kaiserin von 1881 bis 1918

ckelt. Zu Beginn des Ersten Weltkrieges war das Verhältnis bereits völlig zerrüttet. In einem vertraulichen Gespräch mit Gabriele von Alvensleben (1869–1953), der Oberhofmeisterin ihrer Schwiegertochter Cecilie, äußerte sich die Kaiserin in den kritischsten Tönen über ihre Oberhofmeisterin: »[…] sie wären seit dem Krieg alle ›durchgedreht‹. Gräfin Brockdorff schicke ihr ganze Berge von Papieren zum Durchlesen. Sie befördere sie aber alle ungelesen in den Papierkorb. Dabei machte Ihre Majestät ein Gesicht wie ein schadensfrohes Schulmädel, das ihrer Lehrerin ein Schnippchen schlägt.«[84] Gräfin Brockdorff sei ganz ausgeschaltet, halte nur noch einmal pro Woche bei ihrer Herrin Vortrag.[85] Als die Kaiserin im April 1915 von Braunschweig aus zu ihrem Mann in die Schweiz reiste, hatte Auguste Victoria der Gräfin Brockdorff nichts davon erzählt, obwohl es alle Ehefrauen der Adjutanten wussten. »Ein unwürdiger Zustand für sie.«[86] Auch bei den Abendessen wollte die Kaiserin ihre Oberhofmeisterin nicht mehr dabeihaben. Als Auguste Victoria die Sozialpolitikerin Hedwig Heyl (1850–1934) einlud, ließ Therese Brockdorff anfragen, ob sie an dem Diner teilnehmen dürfe. Die Kaiserin quittierte die Frage mit einem deutlichen: Nein! Dona fühle sich in ihrer Gegenwart »unfrei und bevormundet«[87]. In ihrer Oberhofmeisterin sah sie nur noch die Gouvernante, deren Fuchtel sie zu entrinnen strebte.

Eine enge Freundschaft verband Gräfin Brockdorff mit Claire von Gersdorff, deren Anwesenheit die Kaiserin am Hof gleichfalls nicht mehr ertrug. »Es ist eine beinahe krankhafte Abneigung geworden.« Die Monarchin war der Meinung, Claire wolle die Vize-Kaiserin spielen, was diese, so Gräfin Keller, ganz unbewusst manchmal auch tat. Als Auguste Victoria von einer mehrtägigen Reise aus Ostpreußen zurückkehrte, sei die Kaiserin »ganz rührend mit den Armen Leuten gewesen«. Hingegen habe sie Claire von Gersdorff sehr schlecht behandelt. Sie mache sie nervös, wolle immer mehr von der Kaiserin, als diese leisten könne, ihr ganzes Stöhnen hasste sie, »weil sie so fürchterlich gefühlvoll war«.[88] Gabriele von Alvensleben versuchte, ihrer

Kollegin von Gersdorff nahezulegen, an den Abschied zu denken. Ohne Erfolg, sie sah ihr »Martyrium« als von Gott gewollt an.[89] In Hofkreisen war es ein offenes Geheimnis, dass beide Damen in den Ruhestand verabschiedet werden müssten. Sie waren bei Beginn des Ersten Weltkrieges bereits 68 und 56 Jahre alt. Gerade Gräfin Brockdoff galt jedoch durch ihre Kenntnisse auf karitativem Gebiet und dem Hofzeremoniell als unersetzlich, weshalb man davon absah, sie vom Hof zu entfernen. Beide Damen absolvierten noch bis zum Ende des Weltkrieges ihren Dienst und verloren schließlich ihre Hofämter durch das Ende der Monarchie 1918. Infolge der Verstaatlichung des Hohenzollernbesitzes mussten sie ihre Dienstwohnungen im Berliner Schloss und dem Neuen Palais räumen. Noch im November 1918 bezogen beide für kurze Zeit ein Appartement in der Orangerie von Sanssouci.[90] Anschließend wohnten sie in einer gemeinsamen Wohnung im Ständehaus in der Potsdamer Breiten Straße 10. Während Gräfin Brockdorff ihre einstige Herrin im niederländischen Exil nicht mehr besuchte, reiste Claire von Gersdorff besuchsweise nach Amerongen und Doorn. Die letzten Lebensjahre verbrachten die beiden in steter Erinnerung an die 1921 verstorbene Kaiserin und besuchten regelmäßig ihre Grablege im Antikentempel. Nach schwerer Krankheit starb Therese von Brockdorff im August 1924, wenige Tage vor Vollendung ihres 78. Lebensjahres.[91] Claire von Gersdorff folgte ihr im Oktober 1927 im Alter von 68 Jahren. Im Damenhaus des Neuen Gartens wurde der Leichnam Claire von Gersdorffs aufgebahrt.[92] Hier hatten Mathilde von Keller und Claire von Gersdorff gemeinsam gewohnt, als sie 1881 ihren Dienst begonnen hatten. In den Räumen, in denen Mathilde Keller nun ihren Lebensabend verbrachte, fand die Aussegnung statt, anschließend folgte die Beisetzung auf dem Bornstedter Friedhof.

Gräfin Mathilde von Keller behielt die Wertschätzung der Kaiserin.[93] Auguste Victoria zog sie den anderen Damen vor, was unweigerlich zu Eifersuchtsszenen mit Gräfin Brockdorff führte. Mathilde von Keller war von »vornehmem Charakter« und versuchte, in dieser schwierigen Situation immer zu vermitteln.[94] Nach dem Zusammenbruch des Kaiserreiches folgte sie ihrer Herrin gemeinsam mit der Hofdame Gräfin Lita zu Rantzau ins niederländische Exil. Bis zum Tod Auguste Victorias gehörten beide Damen dem verkleinerten Hofstaat an. Als Anerkennung für jahrzehntelange treue Dienste erhielt Mathilde von Keller vom ehemaligen preußischen Königshaus eine respektable Wohnung im Damenhaus nahe dem Marmorpalais im Neuen Garten. Die bis ins hohe Alter von über 90 Jahren geistig und körperlich rüstige einstige Hofstaatsdame widmete ihre letzten Lebensjahre dem Gedenken an die verstorbene Kaiserin. Mit ihrem kritiklosen Erinnerungsbuch »Vierzig Jahre im Dienst der Kaiserin«[95] setzte sie Auguste Victoria ein Denkmal. Als die Alliierten den Neuen Garten zur Vorbereitung der Potsdamer Konferenz absperrten, musste sie im Juni 1945 das Damenhaus räumen.[96] Der einstige Leiter der Generalverwaltung des vormaligen preußischen Königshauses, Wilhelm von Dommes (1867–1959), nahm die 92-Jährige in sein Potsdamer Haus, das am Rande des Neuen Gartens lag.[97] Mit den Vorbereitungen für die Potsdamer Konferenz musste auch von Dommes seine Wohnung verlassen. »Herr von Dommes half, die alte Gräfin herunterzutragen. Sie war ein erschütterndes Bild aus alter Zeit in ihrem Straußenfederhut, in der Hand ein brillantgerahmtes Elfenbeinbild der Kaiserin, dass sie bei allen Schmerzen [nach einem Oberschenkelhalsbruch] festhielt. Wir setzen sie in ein Rollstuhl und ich fuhr sie zur Markgrafenstraße zu v. Fr., wo sie nun ihr Leben beschloss, körperlich schwer leidend, geistig von einer unwahrscheinlichen Frische.«[98] Ihr Wunsch, am 22. Oktober, dem Geburtstag ihrer einstigen Herrin zu sterben, ging nicht in Erfüllung. 14 Tage später, am 4. November 1945, wurde sie erlöst.[99]

Bodo von dem Knesebeck gehörte 20 Jahre als diensttuender Kammerherr zur engen Umgebung der Kaiserin. Knesebeck hatte sich bereits im Hofstaat der Kaiserin Augusta als Kabinettsrat bewährt. Nach dem Tod der Monarchin 1890 wurde er von Auguste Victoria übernommen. Er leistete der Kaiserin persönliche Dienste, begleitete sie bei Ausfahrten und auf Reisen,

Gräfin Lita zu Rantzau, Hofdame der Kaiserin von 1904 bis 1918
Lita Gräfin zu Rantzau, rechts hinter Auguste Victoria, begleitete die Kaiserin im Februar 1914 zur Eröffnung der Ausstellung »Der Strauß«, die in den Vereinigten Werkstätten für Kunst im Handwerk in Berlin stattfand.

bediente sie beim Essen und stand ihr bei zeremoniellen Handreichungen wie dem Aus- und Ankleiden ihres Mantels zur Verfügung. Er absolvierte seinen Dienst monatlich oder auch wochenweise. Parallel zum Hofdienst unterstützte Knesebeck die Kaiserin maßgeblich bei ihren karitativen Aufgaben. Er war Vorsitzender der Deutschen Vereine vom Roten Kreuz, darüber hinaus übernahm er 1897 den Vorsitz über das Deutsche Zentralkomitee zur Bekämpfung der Tuberkulose.[100] Als versierter Goethekenner und geistreicher Plauderer war er ein gern gesehener Gast in den Berliner Salons. Als Junggeselle scheint Knesebeck ein Doppelleben geführt zu haben. Er ließ sich mit dem Schneidergesellen Gustav Rohde ein, den er auf einer Parkbank im Berliner Tiergarten kennengelernt hatte. Später wurde Knesebeck von Rohde erpresst. Kriminalkommissar Hans von Tresckow bezeichnete ihn als den »schlimmsten und gefährlichsten Erpresser«. Als der Kammerherr seinen Geldforderungen nicht mehr nachkommen konnte, erstattete er Anzeige. Tresckow ließ den Schneidergesellen festnehmen. In einer Gerichtsverhandlung wurde er zu einer mehrjährigen Gefängnisstrafe verurteilt. Knesebeck hatte großes Glück, die ganze Angelegenheit kam nicht an die Öffentlichkeit.[101] Sein überraschender Tod nach einer Operation im August 1911 wurde von der Kaiserin aufrichtig betrauert.[102]

Mit der Thronbesteigung Wilhelms II. stieg Ernst von Mirbach vom »diensttuenden Kammerherrn« zum Oberhofmeister der Kaiserin auf. Zugleich wurde er Leiter ihres Kabinetts. Damit übernahm er für die Dauer von mehr als 25 Jahren die beiden wichtigsten Ämter im Hofstaat der Monarchin. Als Oberhofmeister verwaltete er auch das Vermögen der Kaiserin. Ihm oblag die Führung der Korrespondenz mit den Behörden, darüber hinaus war er der Vertreter der Kaiserin in den einzelnen unter ihrem Protektorat stehenden Vereinen. Bereits mit seiner Berufung zum Kammerherrn erhielt er die Weisung, sich auf karitativem Gebiet einzuarbeiten und sich für die evangelische Kirche zu engagieren.[103] Mit dem Bevölkerungszuwachs in der Millionenmetropole

Berlin wuchs der Bedarf, neue evangelische Kirchen zu errichten. Vermögende Persönlichkeiten wurden angesprochen und zu Spenden angeregt. Mirbach war, so Reichskanzler Bernhard von Bülow, jedes Mittel recht, an Geld zu kommen.[104] Als 1895 die prunkvolle Kaiser-Wilhelm-Gedächtniskirche in Berlin eingeweiht wurde, sah sich der Oberhofmeister zunehmender Kritik ausgesetzt. In einem Bericht der Generalversammlung des Kirchenbauvereins hatte Mirbach 1902 den Wunsch geäußert, große Teile der Mosaiken in der Kaiser-Wilhelm-Gedächtniskirche bis zur Silbernen Hochzeit des Kaiserpaares 1906 zu vollenden. Der Vorstand veröffentlichte daraufhin einen Aufruf an die Mitglieder des Vereins. Mit diesem Kommuniqué wandte sich Mirbach direkt an die Oberpräsidenten der preußischen Provinzen und benutzte den Briefkopf »Kabinett Ihrer Majestät der Kaiserin und Königin«, sodass der Eindruck entstand, er spreche in dieser Stellung. Daraufhin verteilten die Oberpräsidenten ihn an einflussreiche Persönlichkeiten, z.B. in der Rheinprovinz. Im Rheinland fragte man sich, weshalb für eine evangelische Berliner Kirche gesammelt werden sollte. Was als Geste und Geschenk für Wilhelm und Auguste Victoria gedacht war, geriet in die Schlagzeilen. Von der Vertraulichkeit der Spendensammlung konnte nicht mehr die Rede sein.[105] Der oberste Hofcharge des Kaisers, Oberstkämmerer Graf Friedrich zu Solms-Baruth (1853–1920), wies Wilhelm II. in einem Bericht darauf hin, dass Mirbach den Anschein einer vorgesetzten Staatsbehörde gemacht habe. Die Kritik nahm an Schärfe zu, als seine Gegner damit drohten öffentlich zu machen, dass Mirbach bei der Verleihung von Orden und Titeln als Fürsprecher aufgetreten sei. Im Juli 1904 forderte Solms-Baruth den Rücktritt Mirbachs von seinen Posten.[106] Der Kaiser, der viele der Kirchen mit Vergnügen und Pomp eingeweiht hatte, war sofort einverstanden. Nicht so die Kaiserin. Sie wollte ihren engsten Mitarbeiter nicht fallen lassen. »Würden Sie es schön finden, wenn ich einen alten und treuen Freund preisgäbe?«[107], fragte sie mit Nachdruck den Reichskanzler Bülow. Es kam zu einem Kompromiss. Mirbach blieb zwar am Hof, musste aber tiefgreifende Veränderungen seiner Tätigkeit hinnehmen. Der Oberhofmeister musste den Vorsitz von mehr als 20 kirchlichen Vereinen und die Verwaltung der Vereinsgelder niederlegen, »so dass im Kabinett keine fremde Kasse mehr verwaltet wird«[108]. Auf eigenen Wunsch behielt er das Amt des Patronatsvorstehers der Friedenskirche und das Amt des Kurators der Auguste Victoria Pfingsthaus-Stiftung in Potsdam sowie den Vorsitz über die Kaiserin Auguste Victoria-Stiftung auf dem Ölberg in Jerusalem. Hingegen kam es zur Trennung des Oberhofmeisteramtes von den Kabinettsgeschäften der Kaiserin. Was ihn aber am meisten kränkte, war die Abgabe der Verwaltung der »Privatschatulle«, das heißt, der privaten Finanzen der Monarchin. Die Kaiserin hatte sich zwar dafür eingesetzt, dass Mirbach die Schatulle in seinen Händen behalten sollte: »[...] das ist mir aus vielen Gründen angenehmer als irgendein fremder Herr.«[109] Sie konnte sich aber nicht durchsetzen. Mirbach schlug vor, dass die Verwaltung künftig nur noch durch das Hausministerium und nicht mehr

Freiherr Ernst von Mirbach, Oberhofmeister und Kabinettchef der Kaiserin von 1888 bis 1914

zu einem Drittel vom Bankhaus Mendelssohn erfolgen sollte. Der degradierte Oberhofmeister erhielt nur noch eine kleine Summe für persönliche Ausgaben der Kaiserin. Künftig wurde dem neu zu berufenden Kabinettsrat das Vermögen unterstellt. Zum Verwalter der Schatulle wurde Kammerherr Karl von Behr-Pinnow (1864–1941) bestimmt, der 20 Jahre Erfahrung als Staatsbeamter besaß. Mit seinem Amtsantritt im September 1904 als Chef des Kabinetts der Kaiserin wurde ihm der Titel eines Kabinettsrats verliehen.[110] Ernst von Mirbach blieb weiter als Oberhofmeister in Diensten der Kaiserin. Im Februar 1914 bat der inzwischen 69-Jährige bei Hofe um seinen Abschied. Reich dekoriert und zum Obertruchsess ernannt, feierte er im Dezember 1914 in seinem Potsdamer Haus seinen 70. Geburtstag. Mirbach gehörte zu einer kleinen Gruppe von Getreuen, die sich nach dem verlorenen Weltkrieg und dem Ende der Monarchie am 27. November 1918 auf dem Bahnhof Wildpark einfanden, um sich von Auguste Victoria zu verabschieden, die auf dem Weg ins niederländische Exil war. Die Welt, für die er gelebt und gearbeitet hatte, gab es nicht mehr. Bis zu seinem Tod 1925 blieb er der Potsdamer Pfingstkirchengemeinde treu. Mirbach ruht, genau wie die Hofdamen, auf dem Bornstedter Friedhof in Potsdam.

Eine sehr persönliche Vertrauensstellung bei der Kaiserin genoss ihr langjähriger Leibarzt Dr. Ernst Zunker. Der zuvor in verschiedenen Regimentern als Oberstabsarzt tätige Mediziner war bereits 1887 konsultiert worden, um die Söhne Auguste Victorias zu behandeln oder sie auf Reisen zu begleiten. Schließlich ernannte Wilhelm II. Ernst Zunker 1889 zum Leibarzt seiner Gemahlin.[111] Als Mitglied des Hofstaates standen Zunker in den königlichen Schlössern Dienstwohnungen zur Verfügung. Er begleitete die Kaiserin auf vielen Reisen, sowohl innerhalb Deutschlands als auch bei Staatsbesuchen ins Ausland. Er starb ganz plötzlich am 22. Oktober 1917 auf der Rückfahrt von der Geburtstagsfeier der Kaiserin vom Neuen Palais nach Berlin. »Sein Scheiden bedeutet für die Kaiserin einen nach menschlichem Ermessen unersetzlichen Verlust, den sie sehr tief empfindet«[112], berichtete Gräfin Keller am Tag seiner Beisetzung.

Die Geschwister

Auguste Victoria hatte sechs Geschwister, von denen zwei im Kindesalter starben. Der 1857 geborene ältere Bruder Erbprinz Friedrich wurde nur elf Monate alt, er starb wenige Tage nach der Geburt seiner Schwester. Auguste Victoria war von ihrem Wesen her ruhig, sanft, besonnen und ausgeglichen. Ihr sehr ähnlich war ihre 15 Monate jüngere Schwester Caroline Mathilde. Beide Mädchen waren unzertrennlich, sie wuchsen fast wie Zwillingsschwestern auf. Mehrfach gingen sie gemeinsam nach Frankreich, um sich mit der Kultur bekannt zu machen und die französische Sprache zu erlernen. Nachdem ein Heiratsprojekt mit Herzog Georg Alexander zu Mecklenburg-Strelitz (1859–1908) wieder aufgegeben worden war,[113] ehelichte Caroline Matilde 1885 den Herzog Friedrich Ferdinand zu Schleswig-Holstein-Sonderburg-Glücksburg (1855–1934). Friedrich Ferdinand war das Oberhaupt der nicht regierenden Nebenlinie des Hauses Oldenburg. Der begeisterte Landwirt gehörte nach seiner Eheschließung als Schwager des Prinzen Wilhelm von Preußen zum erweiterten Familienkreis der kaiserlichen Familie. Das Ehepaar lebte auf dem Gut Grünholz im Norden Schleswig-Holsteins. Schloss Glücksburg, der Stammsitz der herzoglichen Linie, bildete das Zentrum des Familienlebens. Große Familienfeste, wie Weihnachten und die Ostertage, verbrachte Caroline Mathilde gemeinsam mit ihrer Familie dort. Beide Schwestern blieben zeitlebens eng verbunden. Das belegt der umfangreiche Briefwechsel aus den Jahren 1880 bis 1920.[114] Diese innigen Bande wurden durch gegenseitige Besuche verstärkt. Dona lud ihre Schwester in das Neue Palais oder das Berliner Schloss ein, um ihr Gesellschaft zu leisten. Dies tat sie immer dann, wenn Wilhelm II. auf Reisen war. Sobald absehbar war, dass der Kaiser zurückkehrte, begab sich Calma wieder nach Grünholz. Regelmäßig besuchte die Kaiserin ihre Schwester in Holstein. Da das Herrenhaus Grünholz nicht genügend Platz bot, logierte Auguste Victoria gemeinsam mit Calma im Schloss Glücksburg. Die Herzogin war von ihrem Wesen her aufgeschlossen

Auguste Victoria (Mitte) mit ihren Schwestern Louise Sophie (links) und Caroline Mathilde, Fotografie von C. Grimm & Co, 1889

und herzlich, besonders diese Eigenschaften verbanden sie mit ihrer älteren Schwester. Sie war zudem eine ausgezeichnete Hobbymalerin. Zu ihren bevorzugten Motiven gehörten Landschaften, die verschiedenen Förden Holsteins, darüber hinaus fertigte sie botanische Skizzen an.[115] Aus ihrer Ehe mit Friedrich Ferdinand gingen sechs Kinder hervor, von denen zwei bemerkenswerte Ehen eingingen: Die älteste Tochter Victoria Adelheid (1885–1970) ehelichte Carl Eduard (1884–1954), den letzten regierenden Herzog von Sachsen-Coburg und Gotha. Ihre zweite Tochter Alexandra Victoria vermählte sich mit Auguste Victorias Sohn August Wilhelm von Preußen, ihrem Cousin ersten Grades.

1862 wurde mit Prinz Gerhard ein weiterer Bruder Auguste Victorias geboren. Erneut hatten die Eltern gehofft, den Erben des Hauses Schleswig-Holstein-Sonderburg-Augustenburg geboren zu haben. Allerdings starb das Baby bereits im Alter von nur drei Monaten.

Im darauffolgenden Jahr erblickte mit der Geburt Ernst Günthers (1863–1921) der langersehnte Erbe des Hauses das Licht der Welt. Dicki, so sein familiärer Rufname, wuchs mit seinen älteren Schwestern in Primkenau auf. 1875 verließ er im Alter von zwölf Jahren seine Heimat, um seine Schulausbildung auf dem renommierten Vitzthumschen Gymnasium in Dresden zu beginnen.[116] Er kehrte nur noch für kurze Ferienaufenthalte nach Primkenau zurück. Durch den frühen Tod seines Vaters wurde er bereits im Alter von 16 Jahren das Oberhaupt des Hauses Augustenburg. Seit Frühjahr 1884 verbrachte der junge Herzog wie später auch Auguste Victorias Söhne seine Studienzeit in Bonn. Dona hoffte, dass er dort studieren und sich »nicht ganz den Vergnügungen« hingeben würde.[117] In den nächsten Jahren sollte Ernst Günther seine Schwester immer wieder in große Aufregung versetzen. Das Verhältnis der beiden gestaltete sich problematisch. Als Wilhelm II. seinen Schwager 1890 zum Offizier im Generalstab ernannte, wurde dies vom entlassenen Chef des Generalstabs Graf Alfred von Waldersee als »Schlag ins Gesicht des Generalstabes, eine Entwürdigung dieses in

Links: Herzogin Caroline Mathilde zu Schleswig-Holstein-Sonderburg-Glücksburg, um 1910
Auguste Victoria besuchte ihre Lieblingsschwester Calma regelmäßig im holsteinischen Glücksburg und in Grünholz. Die innigen Bande zwischen beiden blieb bis zum Tod Auguste Victorias bestehen.

Rechts: Herzogin Adelheid mit ihrem Sohn Ernst Günther, um 1864
Mit der Geburt von »Dicki«, wie der Sohn im Familienkreis genannt wurde, hatte das Haus Schleswig-Holstein-Sonderburg-Augustenburg seinen lang ersehnten Erben bekommen.

der ganzen Welt hochangesehenen Korps« aufgefasst. Dem Herzog mangele es, so Waldersee, an Vorbildung und Fähigkeit.[118] Ernst Günther hatte sich mit seinem Schwager Wilhelm II. arrangiert und verzichtete auf das Herzogtum Schleswig-Holstein. Als Gegenleistung erhielt er die Schlösser Augustenburg, Sonderborg und Gravenstein zurück. Damit verbunden war eine Schenkung von einer Million Mark sowie eine Apanage von 300.000 Mark vom Staat. Außerdem hatte der Herzog Privateinkünfte in Höhe von 200.000 Mark zu verzeichnen.[119] Dennoch machte Ernst Günther in den folgenden Jahren dauerhaft hohe Schulden. In diesem Zusammenhang steht der Neubau des Schlosses Primkenau, dem holsteinischen Familiensitz in Niederschlesien. Sein Elternhaus, ein mittelgroßer neugotischer Bau aus den 1850er Jahren, empfand er – als Schwager des Deutschen Kaisers – nicht mehr als repräsentativ genug. Daher ließ er 1890 den Bau bis auf die Grundmauern abreißen, um an gleicher Stelle einen monumentalen Neubau des kaiserlichen Hofarchitekten Ernst Eberhard Ihne (1848–1917) im britischen Cottagestil errichten zu lassen. Die Kaiserin war entsetzt. Im Juli 1890 teilte sie ihrem Mann mit: »Bis auf das Erdgeschoss ist es herunter, es macht mich namenlos traurig, all die Kindheitserinnerungen, so zu sagen begraben. Dein Besuch während Papas Lebzeiten etc.«[120] In die größte Verlegenheit brachte Ernst Günther das Kaiserpaar allerdings durch seine ungezügelte Suche nach einer geeigneten Heiratskandidatin. Im Sommer 1890 fiel seine Wahl auf eine der Töchter des Prinzen von Wales, jedoch wurde dieses Ansinnen von Wilhelm II. abgelehnt. Daraufhin kam die württembergische Prinzessin Mary von Teck (1867–1953), die mit ihrer Mutter am britischen Hof lebte, als Heiratskandidatin ins Gespräch. Auguste Victoria war in kei-

Links: Herzog Ernst Günther zu Schleswig-Holstein-Sonderburg-Augustenburg, um 1897
Der Bruder der Kaiserin geriet Anfang der 1890er Jahre in einen der größten Sexskandale der Kaiserzeit. Auch mit seiner ungezügelten Suche nach einer geeigneten Heiratskandidatin versetzte er seine Schwester immer wieder in große Aufregung.

Rechts: Herzog Ernst Günther mit seiner Ehefrau Prinzessin Dorothea von Sachsen-Coburg und Gotha, Fotografie von Hugo Haerttwig, 1898
Die Ehe zwischen Ernst Günther und Dorothea blieb kinderlos. Daher wurde nach dem Tod Ernst Günthers 1921 dessen Cousin Albert Oberhaupt des herzoglichen Hauses. Da Albert 1931 unverheiratet starb, erlosch mit seinem Tod die Linie Schleswig-Holstein-Sonderburg-Augustenburg im Mannesstamm.

ner Weise mit der Wahl einverstanden. Kaiserin Friedrich wusste zu berichten: »Dona war sehr beleidigt & sagte mir, dass ihr Bruder nicht im Traum daran denken würde, eine derartige mésalliance einzugehen!!!«[121] Auguste Victoria sollte sich täuschen, denn Mary von Teck war zu Höherem bestimmt. 1892 heiratete sie den Herzog von York, der von 1910 bis 1936 als König Georg V. (1865–1936) das britische Königreich regierte. Nachdem Herzog Ernst Günther 1893 der verwitweten Herzogin Laetitia von Aosta (1866–1926) einen Heiratsantrag gemacht hatte, der jedoch im letzten Augenblick vom dortigen Botschafter, Georg Herbert Graf zu Münster, noch verhindert werden konnte, versuchte Ernst Günther sein Glück mit der schönen Herzogin Helene von Orléans (1871–1951). Philipp zu Eulenburg wurde vom Kaiserpaar beauftragt, diese Ehe zu verhindern. Dem Botschafter Bernhard von Bülow teilte er mit, Ernst Günther sei »wie ein Rammler im Frühling. Vielleicht noch dümmer. Die arme Kaiserin weinte mir in ihrem göttlichen Silber-Rococo-Salon vor!«[122] Das Zustandekommen der Ehe zwischen der ehrgeizigen Französin und dem Herzog, der »Wachs in ihren Händen« sei, wäre eine große Gefahr für Deutschland. Die Mitglieder der Familie Orléans würden als Katholiken in der deutschen Hauptstadt das Zentrum antinationaler Elemente bilden, außerdem würde durch die Heirat die Stellung der Familie in Frankreich verbessert werden. Für Deutschland sei keine französische Regierungsform bedenklicher als die Herrschaft des Hauses Orléans. Bülow schlug dem Kaiser vor, seine Einwilligung zur Heirat zu verweigern, Ernst Günther und dessen Ehefrau niemals zu empfangen und dem Ehepaar nicht die Erlaubnis geben, in Preußen oder im Besonderen in Schleswig-Holstein zu leben.[123] Noch mehrere Wochen lang verdunkelte die

Prinz Friedrich Leopold von Preußen und seine Ehefrau Prinzessin Sophie Louise zu Schleswig-Holstein-Sonderburg-Augustenburg, Fotografien von Erich Sellin, 1909
Friedrich Leopold und Sophie Louise lagen aufgrund ihrer verschwenderischen Lebensweise im Dauerkonflikt mit Wilhelm II. als Familienoberhaupt. Daher sorgte der Kaiser zu Beginn des 20. Jahrhunderts für den weitgehenden Ausschluss des Prinzenpaares aus dem gesellschaftlichen Leben.

»törichte Verlobungs-Brunst«[124] des Herzogs die Stirn der Kaiserin. Der Ärger seiner Schwester verstärkte sich noch, als der Herzog im Frühjahr 1896 verkündete, er wolle sich mit Johanna von Spitzemberg (1877–1960) vermählen. Johanna war die Tochter der Berliner Salonière Hildegard Freifrau von Spitzemberg und eine Nichte des württembergischen Gesandten Axel Freiherr von Varnbüler. Wieder einmal wurde der Freund des Kaisers Philipp zu Eulenburg damit beauftragt, diese Ehe zu verhindern. Er warnte Axel von Varnbüler, dass die nicht standesgemäße Ehe zwischen Johanna und Ernst Günther ihn seine Stelle als württembergischer Gesandter kosten würde. Wilhelm II. selbst richtete einen eigenhändigen Brief an Varnbüler als Onkel der infrage kommenden Braut und erklärte: »Sie wissen, dass die Kaiserin positiv dem Herzog erklärt hat, falls er ihre Nichte nehme, sei der Verkehr mit ihm zu Ende und die Rückkehr in die Heimat Primkenau für sie für alle mal für dieses Leben abgeschnitten. Dieser Gedanke, in das Schloss ihrer Väter nicht mehr zurückzukommen, nie mehr am Sarge des teuren, vergötterten Vaters beten zu können, hat die Kaiserin so übermannt, dass sie in Strömen bitterer Tränen ausgebrochen ist.« In einem persönlichen Gespräch machte Wilhelm II. seinem Schwager klar, dass er mit der Hochzeit für sich und seine Familie eine trostlose Lage schaffen würde, denn die Ehefrau würde nicht anerkannt werden und könnte bei Hofe nie mit ihm zusammen erscheinen.«[125] Mit diesen bitteren Aussichten löste sich der Herzog von Johanna. Zwei Jahre später schien er in der Prinzessin Dorothea (Dora) von Sachsen-Coburg und Gotha (1881–1967) eine passende Ehefrau gefunden zu haben. Es überrascht, dass Wilhelm II. dieser Ehe überhaupt zugestimmt hatte, denn die Verlobung des Herzogs mit Dorothea, der Tochter des in Wien lebenden Prinzen Philipp von Sachsen-Coburg und Gotha (1844–1921), war mit einem der größten Skandale der Dynastiegeschichte verbunden. Doras Mutter Louise von Belgien (1858–1924) hatte 1897 ihren Mann Philipp verlassen, um eine Beziehung mit dem ungarischen Grafen Geza von Mattachich-Keglevich (1867–1923) offen zu leben. Im Februar 1898 musste sich Prinz Phillip mit Mattachich duellieren, dabei wurde eine Sehne der rechten Hand des Prinzen durchtrennt. Im Mai 1898, also wenige Wochen vor der Hochzeit ihrer Tochter mit Ernst Günther, wurde Louise auf Anordnung Kaiser Franz Josephs in die

Die vier Kinder der Prinzessin Louise Sophie, v. l. Friedrich Sigismund, Friedrich Leopold, Victoria Margarete und Friedrich Karl, Fotografie von Wilhelm Höffert, 1896

Prinzessin Louise Sophie mit ihrem jüngsten Sohn Friedrich Leopold, jr., Fotografie von Erich Sellin, 1908
Der jüngste Sohn Louise Sophies führte seit seiner Jugend ein luxuriöses Leben. Der bereits verschuldete Prinz erwarb ab 1915 für seine Münchner Wohnung zahlreiche Kunstgegenstände. Daraufhin entmündigte Wilhelm II. seinen Neffen. Erst nach Zahlung seiner Schulden konnte das Verfahren im Sommer 1918 wieder aufgehoben werden.

Privatanstalt von Professor Heinrich Obersteiner (1847–1922) eingeliefert. Dieser diagnostizierte »intellektuelle und moralische Minderwertigkeit«. Bei der Hochzeit ihres Bruders in Coburg konnte Auguste Victoria nicht anwesend sein, da ausgerechnet an diesem Tag ihr Gegner Fürst Bismarck in Friedrichsruh beigesetzt wurde.[126] Aus der Ehe mit Dora gingen keine Kinder hervor. Die Kaiserin mahnte ihren Bruder wiederholt, an die Fortsetzung der Dynastie zu denken, zumal er der einzige männliche Erbe dieser Linie sei, doch vergebens.

In den frühen 1890er Jahren geriet Ernst Günther ungewollt in einen der größten Sexskandale des Kaiserreiches. Im Januar 1891 veranstalteten die älteste Schwester des Kaisers Erbprinzessin Charlotte von Sachsen-Meiningen und Herzog Ernst Günther eine Schlittenpartie mit anschließendem Tanz im Jagdschloss Grunewald. Eingeladen waren 15 Teilnehmer, darunter der Schwager des Kaisers Prinz Friedrich Karl von Hessen, Graf Friedrich von Hohenau (1857–1914) mit seiner Ehefrau Charlotte (1863–1933), Zeremonienmeister Leberecht von Kotze (1850–1920) mit seiner Gemahlin Elisabeth (1860–1922) und Karl von Schrader (1848–1896) mit Ehefrau Alide (1846–1941). Bereits am nächsten Morgen erhielten die Teilnehmer anonyme Briefe mit obszönen Inhalten. Sie schilderten intime Vorgänge, die nur von Augenzeugen der Festlichkeit stammen konnten. Außerdem war der Inhalt von hochnäsigem Standesdünkel gegenüber den Teilnehmern gekennzeichnet, die nicht zum Hochadel gehörten. Zielscheibe der Schmähschriften war Charlotte, die Ehefrau des homosexuell veranlagten Fritz von Hohenau. In den Briefen wurde sie als »stinkende Lotte« verpönt. Ihr wurde vorgeworfen, mit Männern und Frauen ein ungezügeltes Sexualleben zu führen. Ernst Günther geriet in den Verdacht, der Verfasser der in Blockschrift geschriebenen Briefe zu sein. Um von dieser Mutmaßung abzulenken, wurde auf Befehl Wilhelms II. der Zeremonienmeister Leberecht von Kotze verhaftet und von einem Militärgericht zu einer Haftstrafe verurteilt. Jedoch musste Kotze aus Mangel an Beweisen wieder freigelassen werden. Um seine Ehre in der Öffentlichkeit wiederherzustellen, forderte er seine Ankläger zum Pistolenduell heraus. Beim ersten Duell im April 1895 mit Hofmarschall Hugo von Reischach (1854–1934), der auch einer der Empfänger der Schmähbriefe war, wurde Leberecht von Kotze durch einen Schuss in den Oberschenkel verletzt.[127] Als nächsten Schritt zur Rehabilitierung seiner Ehre forderte Kotze Karl von Schrader wegen Verleumdung zum Duell heraus. Dieser hatte ihm vorgeworfen, die Standesehre des Offizierskorps verletzt zu haben. Zeremonienmeister von Schrader wurde am Karfreitag 1896 durch eine Kugel, die seinen Unterleib durchschoss, so schwer verletzt, dass er am nächsten Tag starb.

Wenn letzten Endes auch der zielführende Beweis fehlt, verdichteten sich doch die Hinweise, dass Ernst Günther, der Bruder der Kaiserin, der Urheber der anonymen Briefe gewesen sein muss. Philipp zu Eulenburg hatte während der Nordlandreise 1894 erfahren, dass »eine Spur auf Herzog Ernst Günther« führe, der mit »Damen der Halbwelt« verkehre. Die Berliner Polizei habe die »unglückliche Sache« auf Eis gelegt, da eine Spur auf den Herzog zu Schleswig-Holstein wies. Ernst Günther habe sogar Briefe an den Kaiser geschrieben, »die ihn fast als Schuldig darstellten!« Daraufhin habe Wilhelm II. seinem Schwager das Haus verboten, aber als Grund für die Zurückweisung die folgende Skandalgeschichte vorgeschoben. Der liebestolle Herzog hatte seinen Schwarzen Adlerorden verloren, ausgerechnet im Haus einer Berliner Prostituierten. Später habe man die höchste preußische Auszeichnung unter dem Bett der Geliebten gefunden. Wie Eulenburg herausfand, war der Geheimpolizist Eugen von Tausch im Besitz von belastendem Material. Er glaubte allerdings, dass mit Rücksicht auf den Schwager des Kaisers »manches verschwiegen und dadurch schließlich eine völlige Verdunklung dieser üblen Sache einritt«[128]. Schließlich nannte Eugen von Tausch dem Kaiser gegenüber Ernst Günther als Verfasser der Schmähbriefe unter Anführung von Beweisen und verursachte »dadurch eine tiefgehende Verstimmung des Kaisers«[129] gegen seinen Schwager. Im Grunde äußerten zahlreiche Mitglieder der Berliner Hofgesellschaft, dass die obszönen Briefe von Ernst Günther stammten und die Kaiserin ihre schützende Hand über ihren Bruder hielt. Es erklärte sich dadurch auch manches Rätselhafte, so zum Beispiel das unglaubliche Insiderwissen und der ausgeprägte Standesdünkel, die versöhnliche Haltung des Kaisers, die er Kotze gegenüber plötzlich einnahm, und schließlich die Haltung der Polizei, die den wahren Täter nicht preisgeben wollte.[130]

Nach seiner Eheschließung mit Dora von Sachsen-Coburg und Gotha im Jahr 1898 scheint es um den Kaiserschwager ruhig geworden zu sein. Er lebte abwechselnd auf Schloss Primkenau und Schloss Gravenstein (heute Gråsten Slot, Dänemark). Der Herzog, der nicht weiter öffentlich in Erscheinung trat, frönte seiner Jagdleidenschaft. Nur selten nahm er fortan am Berliner und Potsdamer Hofleben teil.

Prinzessin Louise Sophie von Preußen, 1914
Louise Sophie hatte nicht die Disziplin und das Pflichtbewusstsein ihrer älteren Schwester Auguste Victoria. Sie zeigte wenig Interesse daran, als Repräsentantin des Kaiserhauses Aufgaben zu übernehmen oder sich auf karitativem Gebiet zu engagieren.

Während des Ersten Weltkrieges tat sich Ernst Günther in keiner Weise ruhmreich hervor. Im August 1915 meldete der Herzog, er habe als General der Kavallerie beim Armeeoberkommando der 9. Armee den siegreichen Einzug seiner Truppen in Warschau miterlebt,[131] kehre nun aber in seine niederschlesische Heimat zurück, da seine Anwesenheit dort notwendig sei, »denn der Krieg hat mir große pekuniäre Verluste bereitet«[132]. Auch nach einem halben Jahr kehrte er nicht wieder an den Kriegsschauplatz zurück, sondern erholte sich lieber im luxuriösen Hotel »Rose« in Wiesbaden von den Entbehrungen des Krieges.[133] Schließlich bat er darum, von seinem Kommando entbunden zu werden, denn »mein Besitz und die wirtschaftlichen Angelegenheiten, denen ich als Präsident verschiedener Vereine vorstehe, füllen ja meine Zeit in vollem Maße aus«[134], wie er sich vor Generalleutnant Max von Kluge (1856–1934) zu rechtfertigen versuchte. Im Sommer 1917 nannte Ernst Günther gesundheitliche Gründe für sein zwei Jahre zuvor erfolgtes Ausscheiden aus der Armee: »Folgen der Ruhr im Felde und ein wohl daraus resultierendes Knieleiden.«[135] Sehr überzeugend klang dies nicht. Das Pflichtbewusstsein und die Disziplin seiner Schwester blieben dem Herzog zeitlebens fremd, zu unterschiedlich waren die Geschwister. Ernst Günther starb auf Schloss Primkenau, nur wenige Wochen vor der Kaiserin, am 22. Februar 1921 im Alter von 57 Jahren.

Das Leben der sieben Jahre jüngeren Schwester der Kaiserin, Louise Sophie, genannt Jaja, gestaltete sich fast genauso skandalös wie das ihres Bruders Ernst Günther. Jaja war gerade 14 Jahre alt, als ihr geliebter Vater starb. Zu ihrer exzentrischen Mutter Adelheid konnte das sensible Mädchen kein inniges Verhältnis entwickeln. Adelheid hatte sich nach dem Tod ihres Mannes mit ihren jüngeren Töchtern in Dresden niedergelassen. Fürstin Leopoldine zu Hohenlohe-Langenburg (1837–1903), die mit Adelheids Bruder verheiratet war, nahm die junge Prinzessin zeitweise zu sich nach Schloss Langenburg im Hohenloher Land, denn »Mama ist ja entschieden krank«[136]. Immer wieder lebte Louise Sophie für einige Wochen bei Dona in Potsdam. Bei einem dieser Aufenthalte am Berliner Hof lernte Louise Sophie den ein Jahr älteren Prinzen Friedrich Leopold von Preußen kennen. Friedrich Leopold, ein Enkel des Prinzen Carl, gehörte einer jüngeren Linie des preußischen Königshauses an. Im Sommer 1889 heirateten beide, und so wurde Jaja Mitglied der königlich-preußischen Familie. Allerdings genoss Friedrich Leopold, der von Queen Victoria von Großbritannien als »thörichter, urteilsloser Mann«[137] beschrieben wurde, nicht den besten Ruf. Jaja und Fritz Leopold wohnten im Jagdschloss Glienicke am Rande von Potsdam. Ihren Winterwohnsitz, das Ordenspalais am Wilhelmplatz im Berliner Regierungsviertel, nutzten sie nur stundenweise in den Monaten Januar und Februar. Als zu unmodern und sanierungsbedürftig empfand der Hausherr den Bau Karl Friedrich Schinkels (1781–1841). Die Prinzessin hatte ein besonderes Faible für alle sportlichen Aktivitäten. Sie spielte gern Tennis, liebte das Reiten und fuhr leidenschaftlich gern Fahrrad. Louise Sophie war keine ausgesprochene Schönheit. Zeit ihres Lebens achtete sie darauf, dass Fotografen ihr Gesicht nicht frontal aufnahmen, sondern nur im Profil zeigten. Kaiserin Friedrich stellte bestürzt fest: »[…] das arme Ding ist einfach zu häßlich – wirklich ganz erschreckend«, und obwohl sie sich sehr gut anziehe und schönes Haar habe, habe sie »solche Launen, dass es dort nie ganz glatt läuft«.[138] Das Ehepaar hatte vier Kinder, eine Tochter und drei Söhne. Ihre Tochter Victoria Margarete (1890–1923) heiratete 1913 Heinrich XXXIII. Prinz Reuß j.L. (1879–1942) und lebte mit ihm und den beiden Kindern zunächst in Kassel. Nach dem Ende der Monarchie wurde das schlesische Gut Stohnsdorf, der Familienbesitz ihres Mannes, das neue Zuhause. 1922 wurde die unglückliche Ehe geschieden, 1923 starb die Prinzessin an den Folgen der Spanischen Grippe. Ihr ältester Sohn Friedrich Sigismund (1891–1927) war seit 1916 mit Prinzessin Marie Luise zu Schaumburg-Lippe (1897–1938) glücklich verheiratet. Im Ersten Weltkrieg führte der Prinz eine Feldfliegerabteilung der Luftstreitkräfte. Nach dem Zusammenbruch der Monarchie und der Auflösung der preußischen Armee entwickelte Friedrich Sigismund ein besonderes Interesse für den Reitsport und ließ sich zum Dressur- und Geländereiter ausbilden. 1924 galt er als Champion des deutschen Turniersports. Er sollte Deutschland bei den Sommerspielen 1928 in Amsterdam vertreten. Im Mai 1927, am Tag der Olympia-Dressurprüfung in Luzern, erlitt er einen schweren Reitunfall, an dessen Folgen er starb. Sein zwei Jahre jüngerer Bruder Friedrich Karl (1893–1917) kommandierte im Ersten Weltkrieg eine Fliegerabteilung (Artillerie). Bei einem dieser Flüge wurde seine Maschine getroffen, sodass eine Notlandung notwendig war. Im April 1917 starb er in englischer Kriegsgefangenschaft bei Saint-Étienne-du-Rouvray. Zehn Jahre später wurde sein Leichnam aus Frankreich nach Deutschland überführt und auf dem Parkfriedhof in Glienicke neben seinen beiden älteren Geschwistern beigesetzt. Der jüngste Sohn der Prinzessin Louise Sophie erhielt bei seiner Taufe 1895 den Namen seines Vaters: Friedrich

Auguste Victoria mit ihrer jüngsten Schwester Feodora, um 1877

Leopold (1895–1959). Ab 1915 studierte der Schöngeist an der Akademie der Bildenden Künste in München Malerei. Für seine Münchner Wohnung hatte der bereits verschuldete Prinz zahlreiche Kunstgegenstände angekauft, zudem erwarb er für den persönlichen Gebrauch eine große Anzahl von Luxusartikeln. Im Sommer 1917 wurde er wegen Verschwendung entmündigt. Kaiser Wilhelm II. hatte dieses Verfahren gegen seinen Neffen eingeleitet. Nach Begleichung der Schuldensumme in Höhe von 1,2 Millionen Mark konnte das Entmündigungsverfahren im August 1918 aufgehoben werden. Nach dem Ende der Monarchie nahm Friedrich Leopold gemeinsam mit seinem Lebensgefährten Friedrich Baron Cerrini de Monte Varchi (1895–1985)[139] seinen Wohnsitz im schweizerischen Lugano, kehrte aber immer wieder nach Berlin zurück, wo er den Kavalierflügel des Schlosses Glienicke bewohnte. Nach dem Verkauf des Schlosses 1939 zog Friedrich Leopold auf das Gut Imlau im Salzburger Land. Im Mai 1944 wurde er gemeinsam mit Friedrich Cerrini wegen des Anhörens von Feindsendern verhaftet. Bis zum Ende des Krieges waren beide im Konzentrationslager Dachau inhaftiert. 1959 starb Friedrich Leopold auf seinem Gut Imlau. Seine letzte Ruhe fand er an der Seite seiner Geschwister auf dem Parkfriedhof im Schlossgarten von Glienicke.

Prinzessin Louise Sophie war eine begeisterte Schlittschuhläuferin. Im Dezember 1895 kam es zu einem der aufsehenerregendsten Skandale in der Familiengeschichte des königlichen Hauses. Die Prinzessin hatte sich zum Schlittschuhlaufen auf den zugefrorenen Griebnitzsee (bei Potsdam) begeben. Allerdings hatte sie den Fehler begangen, sich nur von ihrer Hofdame Gabriele von Colmar (1872–1965) und nicht zusätzlich vom Kammerherrn begleiten zu lassen. Als beide Damen etwa 250 Meter vom Ufer entfernt waren, geschah das Unglück. Zuerst brach Jaja in das Eis ein, dann, beim Versuch die Prinzessin zu retten, auch die Hofdame. Waldarbeiter hörten die Hilferufe, zogen die beiden unter Einsatz ihres Lebens aus dem Wasser und brachten sie ins Jagdschloss zurück. Ausgerechnet am Nachmittag dieses Tages fuhr die Kaiserin in Glienicke vor, um ihre Schwester zu besuchen. Dona wurde mit dem Hinweis, »Princess bedauert nicht empfangen zu können«[140], abgewiesen, sodass sie zurück ins Neue Palais fuhr. Schon am Abend desselben Tages berichtete die Presse von dem Unglück. Friedrich Leopold und seine Ehefrau hatten versäumt, den Kaiser und die Kaiserin umgehend über diesen Vorfall zu informieren. Wilhelm II. stellte seinen Vetter daraufhin für 14 Tage unter Arrest, zusätzlich ließ er das Anwesen von der Wache des 1. Garde Regiments zu Fuß umstellen. In den deutschen Fürstenhäusern wurde die Nachricht, dass die Schwester der Deutschen Kaiserin unter Bewachung stand, mit Unverständnis aufgenommen. Die Maßnahme des Kaisers wurde als übertrieben und unverhältnismäßig angesehen. Dona hingegen entgegnete ihrer Schwiegermutter: »Disziplin muss durchgesetzt & in der Familie aufrecht gehalten werden.«[141]

Zu Beginn der 1890er Jahre nahmen Friedrich Leopold und Louise Sophie eine der ranghöchsten Positionen am preußischen Hof ein. Sie gehörten zwar einer jüngeren Seitenlinie des königlichen Hauses an, doch repräsentierten sie regelmäßig das deutsche Kaiserhaus an vorderster Stelle. Dabei muss berücksichtigt werden, dass sich die Mutter Wilhelms II., Kaiserin Friedrich, nach dem Tod ihres Mannes nach Friedrichshof im Taunus zurückgezogen hatte, Kaiserin Augusta war 1890 gestorben. Der Bruder des Kaisers, Prinz Heinrich, war zwar Mitglied der Hauptlinie, doch er lebte fernab vom Berliner Hofleben in Kiel und hätte erst anreisen müssen. Ein anderes Familienmitglied der Hauptlinie war Kronprinz Wilhelm. Der Thronerbe war allerdings in den 1890er Jahren noch minderjährig. Schwiegertöchter, die das Kaiserhaus repräsentieren konnten, waren noch nicht vorhanden. Bei Staatsbesuchen empfingen Friedrich Leopold und seine Ehefrau gemeinsam mit dem Kaiser die ausländischen Gäste, beim Galadiner standen ihnen die besten Plätze neben dem ausländischen Monarchen zu. Das änderte sich erst, als der Kronprinz 1900 volljährig wurde und nun für offizielle Verpflichtungen herangezogen wurde. Auch Prinz Heinrich vertrat seinen Bruder nun immer öfter bei offiziellen Anlässen.

Friedrich Leopold und auch Jaja lagen wegen ihrer verschwenderischen Lebensführung in einem dauerhaften Konflikt mit dem Familienoberhaupt. Wilhelm II. sorgte daher ab Mitte der 1890er Jahre für den weitgehenden Ausschluss des Prinzenpaares aus dem gesellschaftlichen Leben. Die jährlichen Ausgaben für die Hofhaltung des Prinzen in Glienicke überstiegen die vorhandenen Vermögenswerte bei Weitem. Friedrich Leopold hatte beim Tod seines Vaters Friedrich Karl im Jahr 1885 eine Summe von fünf Millionen Mark geerbt. Im Jahr 1904 war das Vermögen bereits auf 500.000 Mark zusammengeschmolzen. Besonders für die Schatulle, die Küche, den Marstall und für Schlossbauten wurde mehr Geld ausgegeben als vorhanden war. Jährlich mahnte Wilhelm II. als Oberhaupt des königlichen Hauses seinen Vetter, sparsamer zu sein. Als der Prinz dessen ungeachtet weiterhin Schulden machte, beschränkte Wilhelm II. die Ausgaben der Hofstaatskasse des Prinzen auf jährlich 800.000 Mark.[142] Für einige Jahre hielt sich Friedrich Leopold an diese Maßregelung, sodass das Kapitalvermögen bis zum Jahr 1912 wieder auf 1,5 Millionen Mark anwuchs.[143]

Während des Ersten Weltkrieges lebte Louise Sophie mit ihrem Mann zurückgezogen im Jagdschloss Glienicke, Friedrich Leopold hatte zudem kein militärisches Kommando erhalten. Das Ende der Monarchie empfand das Prinzenpaar als Befreiung. Als Trotzreaktion auf die Bevormundung durch Wilhelm II. ließ der Prinz in den Revolutionstagen 1918 über dem Jagdschloss die Rote Fahne hissen. 1919 kehrten Louise Sophie und Friedrich Leopold Deutschland den Rücken und ließen sich im schweizerischen Lugano nieder. Hier erwarb der Prinz ein Landhaus, das er gemeinsam mit seiner Ehefrau bewohnte. Louise Sophie und Auguste Victoria hatten nach dem Ende der Monarchie keinen Kontakt mehr. Jaja verzichtete auch darauf, an der Beisetzung ihrer 1921 verstorbenen Schwester teilzunehmen. Nach dem Tod ihres Mannes 1931 kehrte die Witwe nach Glienicke zurück. Bei den Vermögensauseinandersetzungen zwischen dem Staat und dem vormaligen Königshaus war Glienicke als Privateigentum

Prinzessin Feodora mit ihren preußischen Neffen Oskar (links) und August Wilhelm, um 1908

der Nachkommen des Prinzen Carl anerkannt worden. Louise Sophie entschied sich aber, nicht wieder in das Jagdschloss zu ziehen, sondern wählte als Wohnort das benachbarte, wesentlich kleinere sogenannte »Haus Glienicke«. Die spätklassizistische Villa lag unmittelbar an der Potsdamer Chaussee (heute Königsstraße), zwischen dem Jagdschloss Glienicke und dem von Karl Friedrich Schinkel erbauten Schloss Glienicke.[144] Öffentlich trat die Schwester der Kaiserin nicht mehr in Erscheinung. Auch zu ihrem Neffen, dem Kronprinzen Wilhelm, der im nahe gelegenen Schloss Cecilienhof wohnte, bestand kein Kontakt mehr. Ob Louise Sophie das Ende des Zweiten Weltkriegs und das Kriegsende im Haus Glienicke erlebte, muss dahingestellt bleiben. In einem Artikel, der 1951 anlässlich ihres 85. Geburtstages erschien, heißt es, die Prinzessin sei 1944 nach der Inhaftierung ihres jüngsten Sohnes nach Imlau gezogen. Allerdings habe sie die Sehnsucht nach Glienicke zurückgebracht, sodass Jaja die deutsch-deutsche Teilung hautnah miterlebte. Durch die Einteilung Deutsch-

Prinzessin Feodora im Garten des Gutes Bornstedt bei Potsdam, Fotografie von Nicola Perscheid, 1909
Feodora widmete sich ihren schöngeistigen Interessen als Schriftstellerin und Malerin. Das im Hintergrund sichtbare Herrenhaus des Gutes Bornstedt avancierte Anfang des 20. Jahrhunderts zum beliebten Treffpunkt von Künstlern.

lands in Besatzungszonen lag das Haus Glienicke seit 1945 im sowjetisch besetzten Potsdam.[145] Auf sich allein gestellt und ohne finanzielle Mittel lebte Louise Sophie gemeinsam mit ihrer Zofe Irma bis Ende 1949 in Glienicke. Im Dezember 1949 besucht der Leiter der hohenzollerischen Generalverwaltung Wilhelm von Dommes die Prinzessin in Glienicke und fand die Schwester der Kaiserin in einem »verwahrlosten Zustand« vor. »Ihr Sohn und Enkel kümmern sich nicht um die alte Mutter, sogar das Sozialamt hat sich eingeschaltet.«[146] Schließlich sorgte der Kronprinz als Neffe der Prinzessin dafür, dass die betagte Dame, die immerhin die Schwester seiner Mutter war, nach Bad Nauheim übersiedeln konnte. Dort bewohnte Louise Sophie ein Appartement in der Villa Höper, die ironischerweise in der Auguste-Viktoria-Straße 3 lag. Als Louise Sophie am 28. April 1952 im Alter von 86 Jahren verstarb, nahmen ihr Sohn Friedrich Leopold und zwei Enkel an der Beisetzung in Bad Nauheim teil.[147] Aufgrund der Anwesenheit des extravaganten Sohnes hatten der inzwischen amtierende Chef des Hauses Hohenzollern Louis Ferdinand von Preußen (1907–1994) sowie der Kaisersohn Oskar auf die Teilnahme an der Beisetzung verzichtet und sandten lediglich einen Kranz an das Grab.[148]

Die jüngste Schwester der Kaiserin, Prinzessin Feodora, hatte ein ausgeprägtes künstlerisches Interesse. Feodora betätigte sich als Zeichnerin, verfasste Gedichte und schrieb Romane. Nach dem frühen Tod ihres Vaters lebte das sechsjährige Mädchen bei ihrer Mutter Adelheid in Dresden, wohin sich die Witwe Herzog Friedrichs VIII. zurückgezogen hatte. Feodora studierte an der Akademie für Bildende Künste in Dresden. Dort wurde der Lyriker Heinrich Hofmann (1809–1894), der an der Akademie Malerei lehrte, ihr erster künstlerischer Mentor.[149] Bald lernte Feodora den Kunsthistoriker Max Lehrs (1855–1938) kennen, der im Dresdner Kupferstichkabinett tätig war. Er galt als wichtiger Förderer ihrer künstlerischen Interessen und verstand es auch, sie für die zeitgenössischen Strömungen der Kunst zu interessieren.[150] Feodora suchte Kontakt zu zeitgenössischen Malern und Schriftstellern, die sie inspirierten und von denen sie lernen wollte. Diese Gemeinschaft fand Feodora bald in der Künstlerkolonie Worpswede.[151] Durch Max Lehr lernte sie Künstler wie Max Klinger (1857–1920), Arnold Böcklin (1827–1901) und Hans Thoma (1839–1924) kennen. Eine besondere Vorliebe zeigte sie »für die herbe Natur ihrer nordischen Heimat«. Nachdem sie eine Ausstellung mit Werken von Heinrich Vogeler (1872–1942)[152] in Dresden gesehen hatte, wollte sie den Künstler kennenlernen. Vogeler erinnert sich: »Die Prinzessin war auch Malerin und ließ ihre eigenen Arbeiten holen. Es waren in Kreide ausgeführte Kompositionen, die sich mit dem Leben der alten Germanen beschäftigten.«[153] Das umfangreiche malerische Werk der Prinzessin scheint bis auf ein Dutzend Blumenstillleben nach ihrem Tod verloren gegangen zu sein.

Eine weitere Neigung der Prinzessin bestand in einer besonderen Vorliebe für die Literatur. Sie schätze insbesondere Schriftsteller wie Gustav Frenssen (1863–1945), Heinrich Sohnrey (1859–1948) oder Adolf Bartels (1862–1945), die in ihren Werken typisch norddeutsche Sujets thematisierten. In dieser Zeit verlegte sie ihren Lebensmittelpunkt nach Potsdam. Ihre Mutter Adelheid war im Januar 1900 in Dresden gestorben. Eine dauerhafte Rückkehr in ihr Elternhaus nach Primkenau ließ ihr Bruder Ernst Günther nicht zu. So überließ Auguste Victoria ihrer Schwester im Jahr 1903 das Potsdamer Krongut Bornstedt unweit des Neuen Palais. Innerhalb kürzester Zeit avancierte das Herrenhaus des Krongutes zum Treffpunkt von Künstlern. Der Worpsweder Maler Heinrich Vogeler gehörte genauso zu ihrem Bornstedter Freundeskreis wie der heute weitgehend vergessene Schriftsteller Gustav Frenssen. Er vermittelte der Prinzessin Kontakte zu Verlegern, da sie sich entschlossen hatte, ihre Werke zu veröffentlichen. Sie wählte sich als Schriftstellerin das Pseudonym »F. Hugin«, nach einem der Raben des Gottes Wotan in der germanischen Sage. Der Künstlername ist somit sicher als Verehrung für die germanische Sagenwelt zu verstehen, der sich Feodora als Prinzessin zu Schleswig-Holstein verbunden sah. Ihre Romane sind von einer tief-religiösen, moralischen

Grundhaltung durchzogen. Der Roman »Hahn Berta«[154] spielt in ihrer schlesischen Heimat und auch ihr letzter Roman ist mit persönlichen Erlebnissen verbunden. »Durch den Nebel«[155] widmete sie ihrem geliebten Vater und es gelang ihr, Heinrich Vogeler für die Gestaltung des Buches zu gewinnen. Dieser groß angelegte Roman muss als das literarische Hauptwerk der Autorin angesehen werden.[156] Darüber hinaus veröffentlichte Feodora mehrere impressionistische Gedichte. Am Berliner und Potsdamer Hofleben nahm Feodora kaum teil. Nur bei Familienfesten, wie den Konfirmationen ihrer preußischen Neffen und der Nichte, machte sie eine Ausnahme.

Über viele Jahre hatte Feodora mit gesundheitlichen Problemen zu kämpfen. Das genaue Krankheitsbild kann bis heute nicht präzise analysiert werden. Da sich Feodora immer wieder bei Professor Dr. Carl von Noorden (1858–1944) in Behandlung begab, einem damals anerkannten Forscher auf dem Gebiet der Diabetes, muss von dieser Erkrankung ausgegangen werden. Nach ihrem Tod wurde im Familienkreis von einer Typhuserkrankung gesprochen. Noch im Sommer 1910 begab sich die Prinzessin zur Erholung in das italienische Monsumano. Auf der Rückreise machte sie Station auf dem Gut Hochfelden im Schwarzwald, dem Besitz der Familie ihrer Hofdame Ida Roeder von Diersburg (1850–1929). Hier starb die Prinzessin unerwartet am 21. Juni 1910 im Alter von 35 Jahren. Ihre letzte Ruhe fand Feodora auf dem herzoglichen Friedhof in Primkenau.[157] Rückblickend auf das Jahr 1910 schrieb die Kaiserin: »Ja, der Herr hat mir eine rechte Wunde geschlagen in dem er dieses liebe Kind zu sich rief, was hätte sie uns, ja auch der Welt durch ihr Talent noch werden können. Diese letzten Gedichte sind doch so schön, aber eine große Wehmut klingt doch hindurch.«[158] Wenn die jüngste Schwester der Kaiserin und ihr künstlerisches Werk heute in Vergessenheit geraten sind, dann ist der Name Feodora durch ein anderes Produkt bis in die heutige Zeit populär. Es handelt sich um die gleichnamige Schokoladenmarke, die seit dem Todesjahr der Prinzessin ihren Namen trägt.[159]

Die Wohnung der Kaiserin im Berliner Schloss

Das Berliner Schloss war einer von mehreren Wohnsitzen der Kaiserin. Allerdings nahm es als Residenzschloss und durch seinen Standort in der Mitte der Reichshauptstadt eine herausgehobene Stellung in den zahlreich zur Verfügung stehenden Wohnsitzen ein. Auguste Victoria und Wilhelm II. bezogen das Schloss zum ersten Mal im November 1889. Es diente ihnen jährlich von Mitte Januar bis Ende März als repräsentativer Aufenthalt. In diesem Zeitraum veranstaltete Wilhelm II. unter voller Entfaltung des höfischen Glanzes jährlich eine Reihe von Festlichkeiten, die zum regelmäßigen Jahresablauf des preußischen Hofes gehörten. Eröffnet wurde die Saison mit dem Krönungs- und Ordensfest, es folgten die Feier des Geburtstages des Kaisers am 27. Januar sowie eine Vielzahl von Hof- und Faschingsbällen. In diesem Zeitraum bildete das Schloss das Zentrum des gesellschaftlichen Lebens in Berlin. Mit Beginn des Ersten Weltkrieges 1914 wurde das Schloss nicht mehr bewohnt.[160]

Darüber hinaus war der imposante Schlossbau durch seine zentrale Funktion als Hauptresidenz Wilhelms II. der glanzvolle Mittelpunkt mehrerer Familienereignisse. Der jüngste Kaisersohn Joachim wurde hier 1890 geboren und 1891 getauft. Außerdem heirateten vier der sieben Kinder Auguste Victorias in der Schlosskapelle unter der weithin sichtbaren Kuppel: Kronprinz Wilhelm 1905, Prinz Eitel Friedrich 1906, Prinz August Wilhelm 1908 und Prinzessin Victoria Luise 1913. Auch für Wilhelm und Dona blieb das Schloss der Erinnerungsort an die eigene Eheschließung 1881 sowie an die Feier ihrer Silbernen Hochzeit 1906.

Wilhelm II. war der erste und einzige der drei Deutschen Kaiser, der das Berliner Schloss tatsächlich als Wohnsitz nutzte. Seit dem Tod König Friedrich Wilhelms IV. im Jahr 1861 war der Bau von keinem preußischen Monarchen mehr dauerhaft bewohnt worden. Die Wohnungen des Kaiserpaares lagen in der ersten Etage. Sie nahmen die gesamte Länge des südlichen Schlossplatzflügels bis zur Ecke der Schlossfreiheit ein. Da die

Das Berliner Schloss von Südosten mit den Portalen I und II, um 1895
Die Wohnungen des Kaiserpaares lagen im ersten Obergeschoss mit dem Blick auf den Schlossplatz. Die Zimmer der Kaiserin begannen im Anschluss an das Portal II und erstreckten sich bis zur Ecke der Schlossfreiheit. Die Fenster mit den heruntergelassenen Markisen kennzeichnen die genaue Lage der Wohnungen des Kaiserpaares.

Der Große Schlosshof (Eosanderhof), nach Süden, 1912
Die Wohnräume des Kaiserpaares lagen im ersten Obergeschoss mit dem Blick in den Großen Schlosshof. Sie erstreckten sich zwischen Portal II (links) und der Hohenzollerntreppe. In der Etage darüber lagen die Zimmer der Söhne Auguste Victorias. In der Hofmitte befindet sich die Skulptur des Heiligen Georgs zu Pferd von August Kiss (heute im Berliner Nikolaiviertel).

Die Hofapotheke am Lustgarten, Zustand nach der Verkürzung des Gebäudes in den Jahren 1885 und 1886, 1926
Im zweiten Obergeschoss der ehemaligen Hofapotheke lagen die Räume des Kabinetts der Kaiserin sowie die Büros ihrer Schatullverwaltung. Die Dienstwohnung des Oberhofmeisters der Kaiserin, Freiherr Ernst von Mirbach, befand sich ebenfalls in diesem zum Lustgarten gerichteten Flügel des Schlosses.

Appartements nicht den modernen Anforderungen eines kaiserlichen Wohnsitzes entsprachen, wurden sie in den Jahren 1888 und 1889 modernisiert: Die Wände der Wohnungen bespannte man mit kostbaren Stoffen oder fügte neue Wandpaneele hinzu, die Räume wurden neu möbliert und die Parkettfußböden teilweise ausgewechselt.

Dem Bedürfnis nach zeitgemäßem Komfort waren besonders die Elektrifizierungen der Kron- und Wandleuchter, der Einbau von modernen Bädern und Toiletten in den Ankleidezimmern sowie die Modernisierung der Heizungsanlage geschuldet. Außerdem wurden Räumlichkeiten für die Damen der Kaiserin sowie für die Kinder neu eingerichtet. Hofbaurat Victor Tetens (1841–1909), Direktor der Schlossbaukommission, hatte einen Kostenvoranschlag in der beachtlichen Höhe von 360.000 Mark eingereicht.[161] Das Oberhofmarschallamt bestätigte die Vorlage, und so konnten die umfangreichen Arbeiten nach nur sechs Monaten abgeschlossen werden. Am 20. November 1889[162] bezog das Kaiserpaar aus dem Marmorpalais in Potsdam kommend seine neue Wohnung im Berliner Schloss zum ersten Mal. Auguste Victoria betrat das Schloss entweder von der Durchfahrtshalle des Portals II aus über die Fürstentreppe (Raum 680) oder über den Eosanderhof; dann stand ihr die Marmortreppe (Raum 676) zur Verfügung. Die Fürstentreppe führte weiter in das zweite Obergeschoss zu den Zimmern ihrer Söhne. Das Appartement der Kaiserin (Raum 678–686) war in der ehemaligen Wohnung der Königin Friederike Luise von Preußen (1751–1805), der zweiten Ehefrau Friedrich Wilhelms II., eingerichtet worden. Die Zimmer waren in den späten 1780er Jahren im Stil des Frühklassizismus nach Entwürfen von Carl Gotthard Langhans, dem Architekten des Brandenburger Tores, ausgestattet worden. Zuletzt hatte ein Neffe Wilhelms I., der 1885 verstorbene Prinz Friedrich Karl, diese Raumfolge als Wohnung genutzt. Das kaiserliche Appartement begann von der Marmortreppe aus zunächst mit einem Entrée (Raum 678), das 1888 als Vorraum für den Pfeilersaal (Raum 679) ein-

Die Marmortreppe (Raum 676), 1911/12
Die Marmortreppe lag neben dem Portal II. Sie war der repräsentative Zugang in die kaiserliche Wohnung. Im Jahr 1890 erhielt der Aufgang elektrische Beleuchtung und eine Heizung.

gerichtet wurde. Der Raum war vollständig getäfelt und mit einem elfenbeinfarbenen Anstrich versehen. Mit seiner zurückhaltenden Ausstattung folgte man damit der höfischen Tradition in der Möblierung von Vorzimmern.[163] Durch eine unter Wilhelm II. eingebaute Flügeltür betrat man den von Langhans gestalteten Pfeilersaal. Der Festsaal nahm die ganze Breite des Portals II ein. Der Blick aus einem der drei Fensterachsen ging auf den 1888–91 von Reinhold Begas (1831–1911) geschaffenen Neptunbrunnen und die dahinterliegende Achse der Breiten Straße hinaus. Die architektonische Strenge des ovalen Saals mit seinen acht freistehenden ionischen Säulen aus lichtgrauem Stuckmarmor wurde gemildert, indem man den Raum mit einzelnen Sitzgruppen im Louis-Seize-Stil, Teppichen und Pflanzen mehr Wohnlichkeit verlieh. Dieser Saal hatte die Funktion eines Gesellschaftsraumes, er lag als Bindeglied genau zwischen den Wohnungen des Kaisers und der Kaiserin. Zudem besaß er einen direkten Zugang zum benachbarten Speisesaal. Traditionell trafen sich hier vor jeder Mahlzeit die Mitglieder der kaiserlichen Familie sowie Gäste, um anschließend im angrenzenden Speisesaal (Raum 696) das zweite Frühstück oder das Abendessen einzunehmen. Immer wieder waren auch

Das Vorzimmer (Raum 678), 1911/12
Das Vorzimmer, das 1888 eingerichtet wurde, diente als Entrée zur kaiserlichen Wohnung. Dieser Raum war vollständig getäfelt und mit einem elfenbeinfarbenen Anstrich versehen. Über eine kaiserzeitliche Flügeltür, die rechts neben dem Spiegel zu sehen ist, betrat man den Pfeilersaal.

Botschafter, Offiziere oder Künstler zum Diner mit den Majestäten eingeladen.[164]

Um in die Wohnung der Kaiserin zu gelangen, musste ein schmaler und niedriger Durchgang (Raum 680) mit zwei Fenstern zum Schlossplatz durchschritten werden. Der Raum, der Teil der Fürstentreppen war, wurde von drei Kreuzgratgewölben überspannt, deren Kappen der künstlerische Leiter der Königlichen Porzellan Manufaktur (KPM) Alexander Kips (1858–1910)[165] mit Kinderfiguren bemalt hatte.[166] Die Wandvertäfelung bestand aus matt poliertem Nussbaumholz mit gekehlten Leisten in den Füllungen. Über dem Kamin aus ägyptischem Alabaster befand sich ein facettierter Spiegel, der von einem reichen Stuckaufsatz bekrönt wurde. Zwei halb liegende Amoretten hielten ein vergoldetes Namensschild mit der Initiale W für »Wilhelm« und einer Kaiserkrone. Gegenüber dem Kamin befand sich an der Fensterseite eine halbrunde Nische. Der Bildhauer Cuno von Üchtritz-Steinkirch (1856–1908) schuf hierfür einen Wandbrunnen mit einem knienden Knaben aus Bronze, der eine Muschel hielt, in die ein Delphin Wasser spie. Der Körper des Delphins war um den Stab eines Dreizacks geschlungen. Die kleine Skulptur ruhte auf einer mit buntem Marienglas verzierten Konsole,

Der Pfeilersaal (Raum 679), 1911/12
Der von Carl Gotthard Langhans in den späten 1780er Jahren entworfene Pfeilersaal nahm die gesamte Breite des Portals II ein. Die architektonische Strenge des ovalen Saals wurde gemildert, indem ab 1888 einzelne Sitzgruppen im Louis-Seize-Stil, Teppiche und Eisbärenfelle hinzukamen. Sie entsprachen dem Zeitgeschmack des ausgehenden 19. Jahrhunderts und verliehen dem Raum mehr Wohnlichkeit. Die rechts zu sehende Tür führte in den Speisesaal; durch die linke Flügeltür an der Fensterseite betrat die Kaiserin ihre Wohnräume.

die von einer elektrischen Lampe erleuchtet werden konnte. Aus einer zeitgenössischen Beschreibung wissen wir, dass »die beiden den Springbrunnen flankierenden Fensternischen zu Plauderecken ausgestattet [wurden]. Die ganze Einrichtung dieses unscheinbaren und doch für die Wohnlichkeit des Kaiserlichen Heims so wichtigen Raums ist eine so reizvolle, dass dieser Durchgang, wenn er sich bei größeren Festen auch den Gästen öffnet, sich ebenbürtig in die Reihe der Festräume« eingliedert.[167] Bedauerlicherweise ist von diesem Raum keine bildliche Darstellung überliefert.

Der Durchgang führte zu den Gesellschaftsräumen der Kaiserin, die mit dem Empfangszimmer (Raum 682) eröffnet wurden. Der Ausbau aus der Zeit Friedrich Wilhelms I. und Friedrich Wilhelms II. wurde belassen, die Türen, Paneele und Laibungen der Fenster hingegen in Nussbaumholz neu ausgeführt. Zusätzlich wurde eine Flügeltür in die Nordwand als Verbindung zum Speisesaal (Raum 696) eingebaut. Die Wände erhielten eine Stoffbespannung aus resedagrünem Seidendamast. Über dem Kamin an der westlichen Wand schuf Üchtritz-Steinkirch eine Bekrönung aus Stuck, die den Liebesgott Amor mit der Personifikationen von Winter und Sommer darstellte.[168] 1888 entwarf Otto Lessing (1846–1912) die reiche Gestaltung der Stuckdecke mit vergoldeten Ornamenten. In den Ecken hielten Genien Kartuschen mit dem verschlungenen Monogramm »V.R.« (Victoria Regina = Victoria Königin); zudem waren Allegorien der weiblichen Tugenden dargestellt. Das im luftig-leichten Stil gemalte Deckengemälde

Das Empfangszimmer der Kaiserin (Raum 682), nach 1907

Die Gesellschaftszimmer der Kaiserin wurden mit dem Empfangszimmer eröffnet. Die farbige Raumaufnahme entstand, nachdem das Zimmer mit Möbeln im Louis-Seize-Stil aus der Werkstatt des Kunsttischlers Julius Zwiener neu eingerichtet worden war. Zur kostbaren Ausstattung gehörten Gemälde von Antoine Watteau. Zwei seiner besten Werke wurden hier präsentiert: an der östlichen Wand »Die Einschiffung nach Kythera«, an der nördlichen Wand »Das Ladenschild des Kunsthändlers Gersaint«, letzteres damals noch in zwei Teilen.

»Einzug des Frühlings« schuf Max Koch (1859–1930).[169] Das Empfangszimmer sowie das benachbarte Wohnzimmer (Raum 683) wurden auf Wunsch der Kaiserin im Jahr 1907 verändert. Auguste Victoria wollte beide Räume für gesellschaftliche Veranstaltungen besser miteinander verbinden. Daher wurde in die Westwand eine zweite Tür eingebaut; der bestehende Kamin und der darüber befindliche hohe Spiegel mussten versetzt werden. In diesem Zusammenhang wurden die Stuckdecke und das Deckengemälde entfernt, an ihre Stelle trat zunächst eine glatte Decke. Der Plafond erhielt jetzt eine neue Bemalung. Sie orientierte sich an der frühklassizistischen Dekorierung des Deckengemäldes aus dem benachbarten Wohnzimmer, ein Werk von Christian Bernhard Rode (1725–1797) aus dem 18. Jahrhundert. Als Mittelbild erhielt die Decke ein vom Generaldirektor der Berliner Museen Wilhelm von Bode (1845–1929) in Venedig erworbenes Gemälde des 18. Jahrhunderts von Dino Barozzi mit der Darstellung »Mars und Venus«.[170] Um dieses Mittelbild schuf der Kunstmaler Marno Kellner vier Rundbilder im Louis-Seize-Stil mit schwebenden Kinderfiguren sowie in der Voute mehrere Kinderbildnisse als Grisaillemalerei. Sie verherrlichten, wie Albert Geyer schreibt, das »Walten der Hausfrau durch Frömmigkeit, Freude an Pflanzen- und Blumenzucht, unermüdlicher Tätigkeit im Hause, Erziehung der Kinder, Pflege der Musik und Sorge der Kranken«[171]. Die bisherige Neurokokomöblierung wurde 1907 entfernt. An ihre Stelle trat sowohl für das Empfangszimmer als auch für das Wohnzimmer ein Mobiliar im Stil Louis-Seize aus der Werkstatt des Kunsttischlers Julius Zwiener (1867–1922). Zwiener und seine Werkstatt gehörten seit dem ausgehenden 19. Jahrhundert zu den bedeutendsten Berliner Ebenisten, die es meisterlich verstanden, in den Formen der französischen Königsstile des 18. Jahrhunderts zu arbeiten.[172] Seit der Jahrhundertwende zeichnete sich in den kaiserlichen Wohnräumen eine geschmackliche Annährung an den Stil des Klassizismus ab. Der Louis-Seize-Stil war in seiner Formensprache zierlich und elegant und in der Ornamentik – im

Das Wohnzimmer der Kaiserin (Raum 683), nach 1907
Vom Empfangszimmer aus betrat die Kaiserin ihr Wohnzimmer. Mit der Neueinrichtung des Raumes im Jahr 1907 erhielten die Wände eine gelbe Seidenbespannung. Dazu passend im Farbton waren auch die vergoldeten Polstermöbel aus der Werkstatt von Hans Stobwasser bezogen. An der westlichen Schmalwand befand sich das Porträt Kaiser Wilhelms II. von Arthur Ferraris sowie (leicht angeschnitten) das Gemälde »Die fünf ältesten Kinder König Karls I. von England« nach Anthonis van Dyck.

Gegensatz zu dem gerundeten und geschwungenen Stil des Rokokos – reduziert. Auch hier nahm die Neumöblierung Bezug auf das benachbarte Wohnzimmer. Auf der einzig bekannten Raumaufnahme lassen sich zwei Zwiener-Möbel identifizieren. Dazu gehörte die elegante Kommode mit feuervergoldeten Bronzeapplikationen sowie der rechts zu sehende runde Tisch.[173] Den kostbarsten Wandschmuck dieses Raumes bildeten seit 1888 zwei Gemälde von Antoine Watteau (1684–1721). Die exklusive Ausstattung ist ein Beleg für die besondere Wertschätzung, die Auguste Victoria der französischen Kunst des 18. Jahrhunderts entgegenbrachte und mit der sie auch dem Zeitgeschmack fürstlicher Familien im ausgehenden 19. Jahrhundert folgte. Zwei von Watteaus besten Gemälden wurden in den Räumen der Kaiserin präsentiert: die »Einschiffung nach Kythera« und »Das Ladenschild des Kunsthändlers Gersaint« – letzteres damals noch in zwei Teilen.[174] Zum weiteren Wandschmuck gehörte eine Reihe von Gemälden kleineren Formats der Watteau-Schüler Jean-Baptiste Pater (1695–1736) und Nicolas Lancret (1690–1743).[175] Hier war nicht nur die Vorliebe Auguste Victorias für das Rokoko ausschlaggebend, es zählte besonders der Umstand, dass die Bilder aus der Sammlung Friedrichs des Großen stammten.

Vom Empfangszimmer aus betrat die Kaiserin ihr Wohnzimmer (Raum 683). Über dem Paneel aus Nussbaumholz waren die Wände mit einem lachsfarbenen Seidenstoff bespannt.[176] Die Gestaltung der Decke von Christian Bernhard Rode mit der Darstellung der Tages- und Jahreszeiten aus dem späten 18. Jahrhundert war beibehalten worden. Eine Änderung wurde bei der Beleuchtung der beiden Räume vorgenommen. Die bisherige Elektrifizierung der Kronleuchter wurde um eine indirekte Deckenbeleuchtung erweitert. Dazu wurden auf dem Gesims, kurz unter der Decke entlang der vier Raumseiten, kleine, etwa 25 Zentimeter lange Röhrenglühlampen installiert.[177] Mit einer weiteren Neueinrichtung des Raumes im Jahr 1907 erhielten die Wände anstelle der lachsfarbenen eine gelbe Seidenbespannung. Dazu passend im Farbton waren auch die vergoldeten Polstermöbel aus der Werkstatt von Hans Stobwasser bezogen. Die übrige Neumöblierung war als äußerst luxuriös zu bezeichnen. Sie bestand aus einer Reihe von kostbaren Vitrinen, Kommoden und Tischen aus der Werkstatt des Hofebenisten Julius Zwiener.[178] Es überrascht nicht, dass zur Gemäldeausstattung Porträts der berühmtesten weiblichen Mitglieder der Hohenzollerndynastie gehörten. Dazu zählte das ganzfigurige Porträt der Königin Luise als Kronprinzessin von Johann Friedrich Tischbein (1750–1812)[179] sowie das Porträt der Witwe Friedrichs des Großen, Königin Elisabeth Christine (1715–1797), von Anton Graff (1736–1813)[180]. Als Referenz auf ihren Schwiegervater Kaiser Friedrich III. gehörte eines seiner Jugendporträts ebenfalls zum Wandschmuck dieses Raumes.[181] Mit dem 1907 erfolgten neuen Arrangement des Zimmers kamen das Porträt Kaiser Wilhelms II. von Arthur von Ferraris (1856–1936)[182] sowie das Gemälde »Die fünf ältesten Kinder König Karls I. von England«[183] nach Anthonis van Dyck (1599–1641) hinzu. Die Gesellschaftszimmer waren dem Kaiserpaar nicht allein vorbehalten. Wilhelm II. und Auguste Victoria waren darauf bedacht, die luxuriöse Ausstattung ihres Appartements ausgewählten Gästen zu präsentieren. Regelmäßig fanden sich die Teilnehmer der Tischgesellschaft aus dem angrenzenden Speisesaal hier zu einer zwanglosen Unterhaltung bei Kaffee und Tee ein. Der Konzertflügel kam zum Einsatz, um unter anderem die von Philipp zu Eulenburg komponierten Rosenlieder oder Balladen von Carl Loewe (1796–1869) zu spielen. Nach dem Ende der Musik wechselte die Festgesellschaft in die angrenzende Bibliothek (Raum 695). »Hohe, tiefbraune Bücherschränke an den Wänden, ein großes bequemes Sopha, breite Lehnstühle, bilderbedeckte Tische, alles macht es behaglich«[184], so eine zeitgenössische Beschreibung aus dem Jahr 1898.

Dem Wohnzimmer folgte mit zwei Fenstern zum Schlossplatz das Schreibzimmer (Raum 684) der Kaiserin. Um dem Raum einen wohnlicheren und wärmeren Charakter zu geben, wurde 1889 ein Sockelpaneel aus Nussbaumholz auf die mit Marmor verkleidete Wand aufgebracht. Die oberen Wandbereiche erhielten eine blau-grau gestreifte Bespannung aus Seidenstoff, die mit einem Fries abgeschlossen wurde.[185] Dieser war nach Zeichnungen Johann Gottfried Schadows (1764–1850) bereits für Königin Friederike Luise angefertigt worden.[186] Die besondere Wirkung des Raumes beruhte in der Hauptsache auf den Deckenmalereien von Johann Christoph Kimpfel (1750–1805). Dargestellt war als Mittelbild Apollo als Helios auf dem Sonnenwagen. Auf der unteren flachen Kuppelwölbung präsentierten sich die zwölf Tierkreiszeichen.[187] Unter der halbrunden Nische der Westwand wurde ein Kamin aus grünlichem Marmor eingebaut. Auf dem Kamin war eine Vase mit einer dreiarmigen Bronzeblume platziert, aus deren Blüten in den Abendstunden »elektrisches Glühlicht magisch hervorleuchtet«[188]. Die Sitzmöbel im Louis-Seize-Stil gehörten schon seit 1889 zur Einrichtung des Raumes. Im Zusammenhang mit der Neumöblierung der beiden anderen Gesellschaftszimmer im Jahr 1907 erhielt auch das Schreibzimmer weitere Möbel aus der Werkstatt von Julius Zwiener. Dazu zählt der Schreibtisch an der westlichen Fensterseite.[189] Zum Wandschmuck gehörten Porträts von Mitgliedern der königlich-kaiserlichen Familie, hervorgehoben durch die Hängung als Einzelbild an der Westwand das Porträt der legendären Königin Luise von Élisabeth Vigée-Lebrun (1755–1842).[190] Die neun kleinformatigen Bildnisse zwischen den beiden Nischen an der nördlichen Wand zeigen die engsten Familienmitglieder der Kaiserin. Die Hängung der sieben Kinderporträts erfolgte in Form eines nach unten zeigenden Hufeisens. Erst 1907 kam das mittlere Bild hinzu: Es stellt das erste Enkelkind der Kaiserin, den Prinzen Wilhelm dar. Unter diesem Pastell erhielt das Gemälde Wilhelms II. seinen Platz, das ihn als jugendlichen Prinzen von Preußen darstellt.[191] Das auf der Staffelei befindliche Porträt des Kaisers in der Uniform der Garde du Corps mit Adlerhelm von Franz Lenbach (1836–1904) war ein Geschenk des Kaisers an seine Ehefrau.[192]

Die auf der Raumaufnahme zu sehende Flügeltür führte in das Schlafzimmer des Kaiserpaares (Raum

Das Schreibzimmer der Kaiserin (Raum 684), 1911/12
Der frühere Marmorsaal der Königin Friederike Luise wurde 1889 mit einer blau-grauen Bespannung aus Seidenstoff versehen, um ihm einen wohnlicheren Charakter zu geben. Zum Wandschmuck gehörten Familienporträts. An der Westwand befand sich das Porträt der Königin Luise von Elisabeth Vigée-Lebrun; die neun Bildnisse zwischen den halbrunden Nischen stellten die sieben Kinder der Kaiserin, ihren Ehemann sowie ihren ältesten Enkel dar. Die Flügeltür in der Westwand führte in das Schlafzimmer des Kaiserpaares.

685). Hier erfolgte der Übergang von den Repräsentations- zu den Privaträumen. Von den privaten Zimmern existieren leider weder Fotografien noch Inventarverzeichnisse aus der Zeit nach 1888.[193] Aufgrund des privaten Charakters des Schlafzimmers und der folgenden Räume hatte das Oberhofmarschallamt die fotografische Dokumentation durch die Königliche Messbildanstalt nicht genehmigt. Daher müssen wir uns aus auf die wenigen zeitgenössischen Beschreibungen beschränken. Die Wände des Schlafzimmers waren demnach mit einem Baumwollgewebe (Cretonne) bespannt, »welches ein farbiges Blumenmuster auf weißem Grund«[194] zeigte. Zum Wandschmuck gehörten Gemälde und Zeichnungen von Wilhelm II. und seiner Mutter Kaiserin Victoria sowie eine Reihe von Aquarellen, die Berliner Künstler dem Kaiserpaar zur Hochzeit geschenkt hatten.[195] Die Möbel werden 1889 lediglich als »einfach, in hellem Ton gehalten«[196] oder »als bürgerlich ausgestattet«[197] beschrieben. Etwas konkreter ist die Notiz des Schlosskastellans Joseph Digmann (1862–1941): Er nennt »Ahornmöbel in englischem Stil«[198]. Dem Schlafzimmer schloss sich das Toilettezimmer (Ankleidezimmer, Raum 686) an. Die Wandfassung des relativ kleinen, nur etwas mehr als eine Fensterachse breiten Raums bestand aus einer weißen Vertäfelung und seladongrünem Seidenstoff. An der Ostwand führten zwei Marmorstufen in das geräumige Badekabinett der Kaiserin, deren Wände mit kostbaren Fliesen der Königlichen Porzellanmanufaktur Berlin (KPM) ausgekleidet waren. Alexander Kips verzichtete auf eine bunte Farbenpracht. Als Grundfassung erhielten die elfenbeinfarbenen Fliesen »rotbraune und schwarzen Töne, zwischen welchen in diskreter Weise der Glanz des Goldes blitzt«. Die große Fläche über der in Kupfer getriebenen Wanne stellte eine Loggia dar, durch die sich ein Blick ins Freie öffnete. Verschlungen im Gitterwerk waren die Anfangsbuchstaben der Vornamen des Kaiserpaares eingeflochten. Seerosen schmückten die Seiten der Arkade, kleine Knaben trugen Wasser in einer Muschel herbei. Die Schmalseiten zeigten je einen Knaben, der auf einem Blumengehänge schaukelt, ein anderer lauscht den leisen Tönen einer Muschel.[199] Eine neben dem Badekabinett befindliche Wendeltreppe führte zu den Zimmern der kaiserlichen Söhne in das zweite Stockwerk hinauf. Neben dem Toilettezimmer schloss sich der Aufenthalts- und Arbeitsraum für die Garderobefrau (Raum 687) an. Die an der Ecke der Schlossfreiheit liegenden Räume bis hin zum Portal III mit der Schlosskapelle waren 1889 für die Oberhofmeisterin Gräfin von Brockdorff (Raum 698–703) und die Hofdame Gräfin von Keller (Raum 707–708) eingerichtet worden. Die Oberhofmeisterin bewohnte die sogenannte Hohenzollernwohnung[200] mit dem Blick zur Schlossfreiheit. Als ranghöchstes Mitglied des Gefolges der Kaiserin stand ihr ein repräsentatives Appartement zu. Durch diese räumliche Nähe hatten die Mitglieder des weiblichen Hofstaates einen direkten Zugang zu den Privaträumen Auguste Victorias. Im Jahr 1900 erhielt die Hohenzollernwohnung allerdings eine neue Bewohnerin. Die achtjährige Tochter Wilhelms II., Prinzessin Victoria Luise, bezog mit ihrer Gouvernante die Suite und die angrenzenden Räume. Wir wissen lediglich durch die knappen Notizen des Kastellans Joseph Digmann, wie die Wohnung der Kaisertochter eingerichtet war. Der Kronleuchter, die Schreibtischlampe sowie die Kaminlampen des Wohnzimmers (Raum 699) wurden anlässlich des Einzugs der Prinzessin elektrifiziert. Die Wände bekamen eine resedagrün-weiß gestreifte Seidentapete. Bei der Neumöblierung legte man Wert auf vergoldete Möbel im Louis-Seize-Stil. Zur Neueinrichtung des Schlafzimmers (Raum 700) der Kaisertochter

Rechte Seite:
Oben: Berliner Schloss, Grundriss des Schlossplatzflügels, zweites Obergeschoss, Kretschmar und Oellerich, 1933
Kaiserzeitliche Nutzung der Räume, seit 1904.

Mitte: Berliner Schloss, Grundriss des Schlossplatzflügels, erstes Obergeschoss, Kretschmar und Oellerich, 1933
Kaiserzeitliche Nutzung der Räume, seit 1904.

Unten: Berliner Schloss, Grundriss des Schlossplatzflügels, Erdgeschoss, Kretschmar und Oellerich, 1933
Kaiserzeitliche Nutzung der Räume, seit 1904.

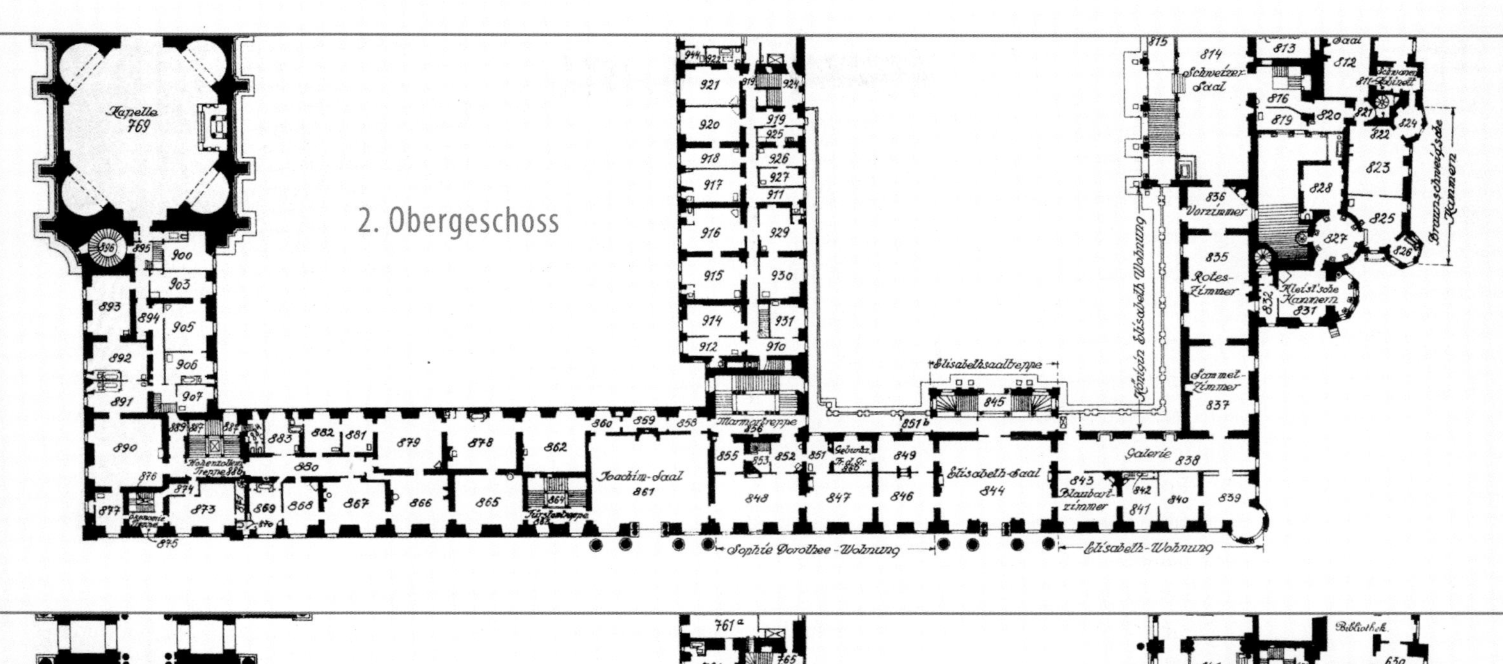
2. Obergeschoss
Kapelle 769
Schweizer Saal
Vorzimmer
Rotes Zimmer
Sammet Zimmer
Braunschweigische Kammern
Kleist'sche Kammern
Königin Elisabeth Wohnung
Elisabethsaaltreppe
Marmortreppe
Galerie
Elisabeth-Saal 844
Blaubart-zimmer
Joachim-Saal 861
Sophie Dorothee-Wohnung
Elisabeth-Wohnung

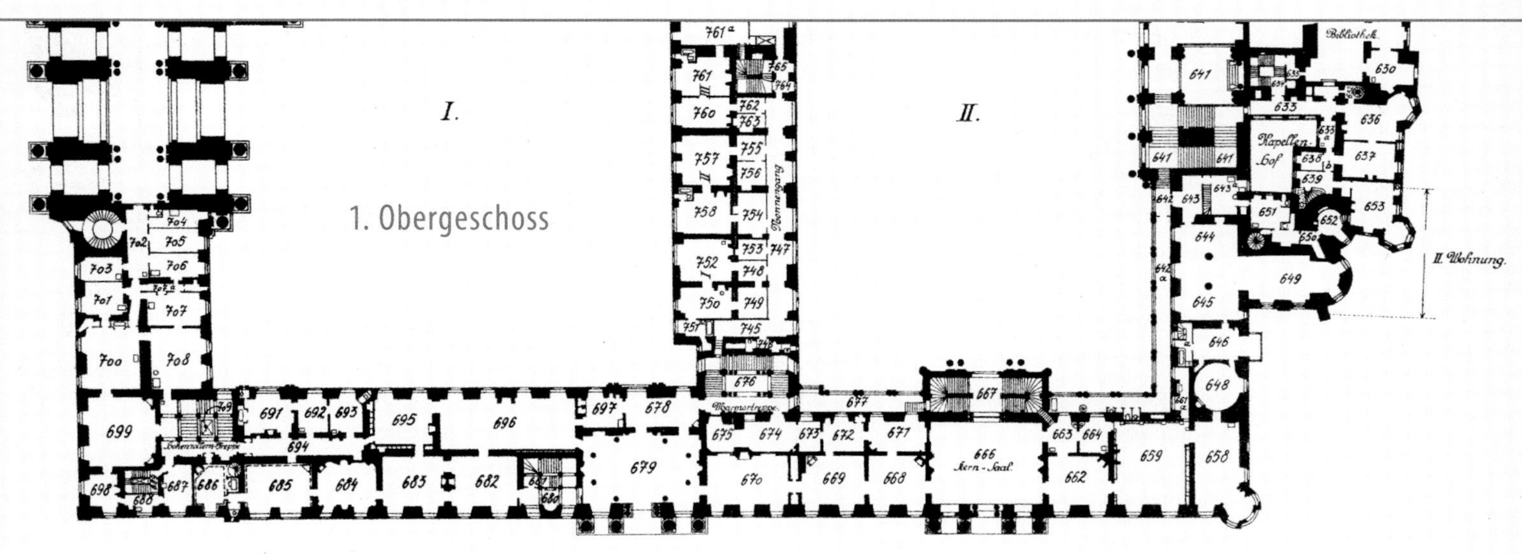
1. Obergeschoss
I.
II.
Bibliothek
Kapellen-Hof
II. Wohnung
Marmortreppe
Stern-Saal

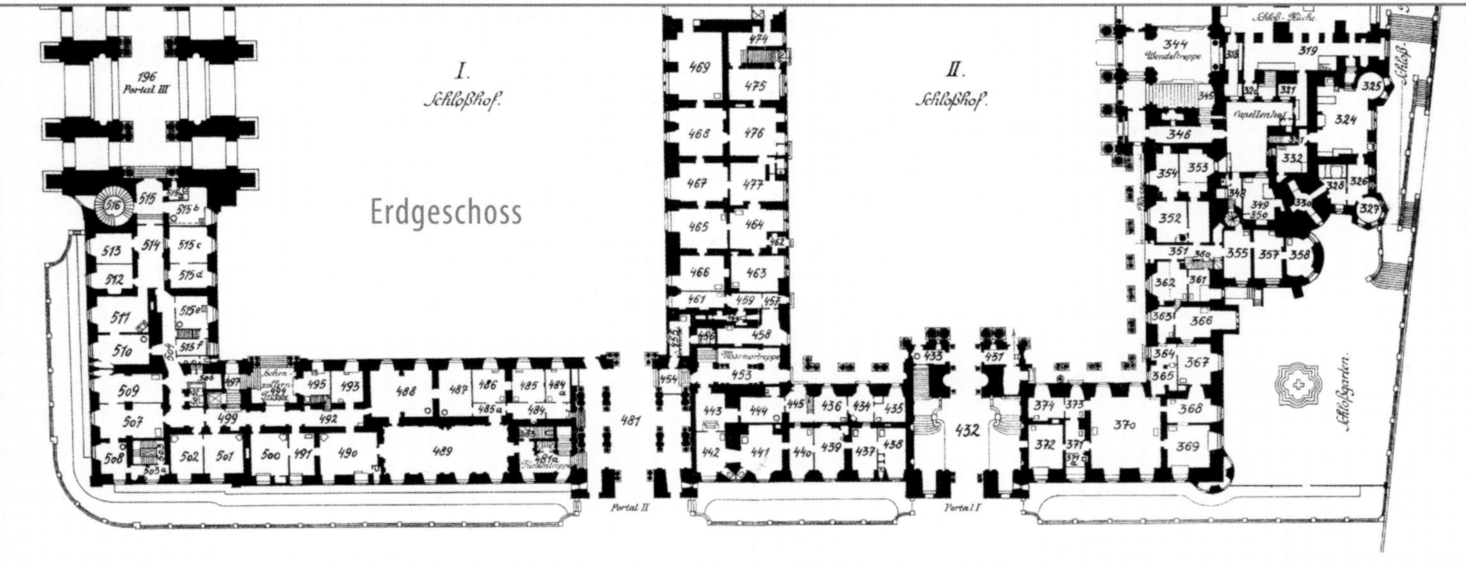
Erdgeschoss
I. Schloßhof.
II. Schloßhof.
196 Portal III
Schloß-Küche
Wendeltreppe
Capellenhof
Marmortreppe
Schloßgarten.
Portal II
Portal I

schreibt Digmann: »Tapeten von geblümten Cretone, Möbel in englischem Stil, weiß lackiert«[201]. Der kleinste Raum des Appartements war als Speisezimmer (Raum 698) eingerichtet worden. Er lag genau an der südwestlichen Ecke und ging mit je einem Fenster zum Schlossplatz und zur Schlossfreiheit hinaus. Im benachbarten Anrichteraum (Raum 688) wurden die Mahlzeiten für die Prinzessin vorbereitet. Zuvor mussten die Speisen und Getränke allerdings über eine Dienstbotentreppe aus der im Keller liegenden »Mundküche« heraufgetragen werden. Die beiden Räume neben dem Schlafzimmer waren der Gouvernante (Raum 701) Victoria Luises vorbehalten und als Garderobezimmer (Raum 703) eingerichtet worden. Auch die zum Eosanderhof liegende Wohnung der Palastdame Gräfin von Keller (Raum 707–708) wurde nun für das Gefolge der Prinzessin neu eingerichtet. Als erste Bewohnerin bezog von 1906 bis 1912 die Obergouvernante Elisabeth von Saldern (1878–1938) die Suite. Als sie den Hofdienst 1912 aufgab, bezog die Hofdame der Prinzessin Gräfin Elisabeth von Kanitz (1882–1958) diese Räume.

Mit dem Einzug Victoria Luises in die Hohenzollernwohnung mussten für Therese von Brockdorff und Mathilde von Keller innerhalb des Schlosses neue Wohnräume gefunden werden. Da die Oberhofmeisterin als ranghöchste Dame des Hofstaates auch repräsentative Pflichten zu erfüllen hatte, musste ihre Wohnung möglichst über eine entsprechend repräsentative Raumfolge und einen eigenen Zugang zu einem Treppenhaus verfügen. Diese fand das Oberhofmarschallamt in der bisherigen »Fürstenwohnung«. Das großzügige, aus sechs Zimmern bestehende Appartement (Raum 750–761) lag im Quergebäude,[202] das auf Graf Rochus zu Lynar (1525–1596) zurückging. Die Wohnung der Gräfin von Keller (Raum 490–491, 493, 500) wurde in das Erdgeschoss in die ehemaligen Räume des Hausarchivs verlegt. In den angrenzenden Zimmern befand sich bereits seit 1889 das Appartement ihrer Amtskollegin Claire von Gersdorff (Raum 507–509). Zwischen den Wohnungen Gersdorff und Keller war 1904 für die vierte Hofdame Gräfin Lita zu Rantzau (Raum 501–503) eine weitere aus drei Zimmern bestehende Suite neu eingerichtet worden. Bisher war hier die Garderobe der Kaiserin untergebracht. Die Garderobezimmer konnten in die zweite Etage in die ehemaligen Kinderzimmer verlegt werden, da die Kaisersöhne damals das Haus bereits verlassen hatten. Gegenüber dem Wohnzimmer der Kaiserin zum Eosanderhof lag die Bibliothek (Raum 695). Die Entwürfe für die Wandvertäfelung und die Bücherschränke gehen auf den Hofarchitekten Ernst Eberhard von Ihne zurück. Einer zeitgenössischen Darstellung zufolge soll eine Tür aus der Zeit Andreas Schlüters als Vorbild für die Schnitzerei der Bücherschränke gedient haben.[203] In den Schränken wurden etwa 2.100 Bücher aufbewahrt. Dazu gehörten die Bücher, die dem Kaiserpaar zur Hochzeit von der Korporation der Berliner Buchhändler geschenkt worden waren. Die Bibliothek enthielt alle deutschen Klassiker, die wichtigsten geschichtlichen und kulturgeschichtlichen Bücher, Handbücher über Technik und Naturwissenschaft und anderes mehr.[204] Darüber hinaus befanden sich in diesem Raum alle Bücher aus ihrem früheren Besitz und Anschaffungen aus den Jahren bis 1896. Diese gliederten sich in fünf Abteilungen: deutsche Literatur, englische und französische Literatur, Geschichte, Geografie und theologische Werke. Alle nach 1896 eingehenden Bücher der Kaiserin wurden in der Bibliothek im Neuen Palais aufgestellt.[205]

Otto Lessing schuf die weiße Stuckdecke, in deren Mitte ein Gemälde mit der allegorischen Darstellung der Athene als Schutzgöttin von Kunst und Wissenschaft von Woldemar Friedrich (1846–1910) zu sehen war.[206] Über einem mächtigen Kamin an der Ostwand war ein Porträt Friedrichs des Großen von Antoine Pesne (1683–1757) angebracht worden. Wie der Architekturhistoriker Albert Geyer schreibt, gab man dem Pfeiler der Fensterwand ein lebensgroßes Porträt der Königin Luise zum Schmuck.[207] Es handelt sich hierbei um das dritte Luisen-Porträt in der kaiserlichen Wohnung. Das ist auffallend, aber nicht ungewöhnlich. Luise feierte im Kaiserreich eine Renaissance, sie verkörperte das Idealbild der Ehefrau und Mutter.[208] 1906 wurde ähnlich wie

Die Bibliothek (Raum 695), 1926
Parallel zum Wohnzimmer der Kaiserin gegen den Eosanderhof lag die Bibliothek. Die Entwürfe für die Wandvertäfelung und die Bücherschränke gehen auf den Hofarchitekten Ernst Eberhard von Ihne zurück. In den Schränken wurden etwa 2.100 Bücher aufbewahrt. Die Bibliothek diente in den Abendstunden als Gesellschaftszimmer, wenn sich das Kaiserpaar mit seinen Gästen aus dem benachbarten Speisesaal hierher zurückzog.

beim Wohnzimmer (Raum 683) ein Röhrenglühlicht in die Deckenvoute eingebaut. Das Kaiserpaar schätzte die indirekte Beleuchtung sehr. Sie entfaltete eine angenehme Atmosphäre, besonders wenn die Bibliothek in den Abendstunden als Gesellschaftszimmer diente und zum behaglichen Beisammensein genutzt wurde.[209] Gemeinsam mit der Bibliothek ist das benachbarte Speisezimmer (Raum 696) in den Jahren 1888 und 1889 im neubarocken Stil völlig neu geschaffen worden. Die Länge dieses galerieartigen Saals von fast 20 Metern konnte von den Architekten Walter Kyllmann (1837–1913) und Adolf Heyden (1838–1902) nur durch die Entfernung einer Wand zwischen den beiden früheren Räumen erreicht werden. Für die Vertäfelung der Wände bis hinauf zur Deckenvoute verwendeten die Architekten Nussbaumholz, die Füllungen wurden mit fünf Bildteppichen nach François Boucher (1703–1770) bespannt. Das Deckengemälde nach einer Skizze Anton von Werners ist das Werk des Berliner Malers Carl Wendling (1851–1914). Es stellte eine Huldigung Friedrichs des Großen durch Preußen dar. Wilhelm II. erschien am unteren Bildrand als römischer Feldherr und blickte nach oben, wo die Fama das Bildnis Friedrichs II. emportrug. Die von Otto Lessing geschaffene Decke wurde bereits von Zeitgenossen wie Albert Geyer, dem späteren Direktor der Schlossbaukommission, als »im Maßstab kleinliche und unklar gezeichnete Stuckdecke« kritisiert. In dessen Folge wurden 1903 »verschiedene bunte Farben beseitigt, um die unruhige Wirkung abzuschwächen«.[210] Der Aufwand der wandfesten Dekoration überstieg den aller anderen Zimmer der kaiserlichen Wohnung. Lessing brachte über den sechs zweiflügeligen Türen und den vier Fenstern als Supraporten vergoldete Aufsätze in Schlüterscher Manier an. Die Türsupraporten konnten 1899 mit »in Rominten erlegten sechs besten Hirschgeweihen«[211] bekrönt werden. Wie in der benachbarten Bibliothek so wurde auch hier eine indirekte Beleuchtung durch »Rohrglühlicht«[212] bei Beibehaltung der be-

Der Speisesaal der kaiserlichen Familie (Raum 696), 1926
Das Speisezimmer wurde in den Jahren 1888/89 im neubarocken Stil neu geschaffen. Für die Vertäfelung der Wände verwendeten die Architekten Kyllmann und Heyden Nussbaumholz. Die Füllungen waren ursprünglich mit fünf Bildteppichen nach François Boucher dekoriert. Nachdem die originale Ausstattung 1919 an das vormalige Königshaus abgegeben worden war, stattete die Schlösserverwaltung den Raum mit adäquaten Möbeln und Bildern aus. An der Südwand befand sich das Gemälde »Die Krönung Wilhelms I. in Königsberg« von Adolf Menzel.

stehenden Beleuchtung geschaffen. Bei Anwesenheit der kaiserlichen Familie wurde der Speisesaal regelmäßig genutzt, um hier das Mittagessen sowie das Abendessen einzunehmen. Bei Staatsbesuchen wurde der königliche Gast am ersten Abend nach seiner Ankunft am preußischen Hof hier mit einem zwanglosen Familienessen begrüßt. Neben dem Saal lag der Anrichteraum (Raum 697), in dem die Speisen für die Tafel vorbereitet wurden. Um die Arbeitsabläufe zu erleichtern, wurden hier 1888 zwei Speiseaufzüge eingebaut.[213]

Im Berliner Schloss befanden sich auch die Büros des Kabinetts der Kaiserin und die Räume ihrer Schatullverwaltung. Diese Arbeitsräume lagen im zweiten Obergeschoss des Apothekenflügels am Lustgarten, also auf der gegenüberliegenden Seite des Schlosses. Dort war auch eine Dienstwohnung für den Oberhofmeister Ernst von Mirbach eingerichtet worden.[214]

Nach Beginn des Ersten Weltkrieges gab das Kaiserpaar das Berliner Schloss als Wohnsitz auf. Die Kosten für den Unterhalt des riesigen Baus waren enorm und ließen sich nicht mit den Kriegsereignissen vereinbaren. Bereits am 11. September 1914[215] hatte die Kaiserin gemeinsam mit Wilhelm II. das kleinere Schloss Bellevue im Berliner Tiergarten bezogen. Während der Kriegszeit kehrte Auguste Victoria nur noch für stundenweise Aufenthalte in die Räume des Berliner Schlosses zurück. Da die Raumkapazitäten in Schloss Bellevue begrenzt waren, behielten die Mitglieder des Hofstaates jedoch weiterhin ihre Wohnungen im Berliner Schloss.

Mit dem verlorenen Weltkrieg endete 1918 die Monarchie in Deutschland. Wilhelm II. ging ins niederländische Exil und musste abdanken. Die neue preußische Staatsregierung konfiszierte den Besitz der Hohenzollern. Am 28. November 1918 unterzeichnete Wilhelm II. seine Abdankungsurkunde und verzichtete damit auf den preußischen Königs- und deutschen Kaiserthron, »allerdings«, so der frühere Kaiser »in der Erwartung, dass die Regierung gemäß ihrer früheren Kundgebung,

Das ehemalige Schreibzimmer der Kaiserin (Raum 684), 1926
Nach dem Ende der Monarchie 1918 wurde das Schreibzimmer wieder in seinen ursprünglichen Zustand zurückgeführt, so wie es Carl Gotthard Langhans als Marmorsaal für Königin Friederike Luise um 1790 entworfen hatte. In diesem Zusammenhang sind auch die aus der Kaiserzeit stammenden Veränderungen, wie das umlaufende Sockelpaneel aus Nussbaumholz sowie die blau-grau gestreiften Seidentapeten, entfernt worden.

Mein und Meiner Familie Vermögen frei gibt«.[216] Und so geschah es auch: Der preußische Staat zeigte sich nicht nur bei der Überweisung von Millionenbeträgen an den vormaligen Kaiser großzügig, sondern auch bei der Herausgabe von Einrichtungsgegenständen aus den preußischen Schlössern. Der Staat und das Haus Hohenzollern hatten sich darauf geeinigt, dass die »Einrichtung aus den Privatgemächern dem königlichen Haus verblieb«[217]. Aus dem Berliner Schloss wurden in den Jahren 1919 und 1920 so mehrere Transporte mit Kunstgegenständen in die Niederlande verschickt.[218] Auguste Victoria hatte in einem Schreiben vom 4. August 1919 notiert, welche Einrichtungsgegenstände sie sich für die Neueinrichtung ihres Exilsitzes Huis Doorn wünschte. In erster Linie handelte es sich dabei um Familienporträts. »Mein Bild von Laszlo aus dem Vortragszimmer des Kaisers[219]; großes Husarenbild des Kaisers[220]; Bilder Pastelle der Kinder & Mittelbild des Kaisers (hing in meinem Schreibzimmer)[221]; ›mein Kopf‹ von Laszlo aus Bibliothekszimmer[222]; Bild Herzogin von Braunschweig als Kind mit Hund[223], hing im Zimmer der Hohenzollernwohnung« sowie »Vitrinentische dem Kaiser gehörend & Vitrinenschränke«[224]. Im Mai 1920 verließ der letzte Kunsttransport den Hof des Berliner Schlosses. Die Wohnungen des Kaiserpaares waren ausgeräumt. Für die verlassenen Räume mussten neue Konzepte gefunden werden. Im September 1921 eröffnete das Schlossmuseum seine Tore, der Speisesaal und die Bibliothek der ehemaligen kaiserlichen Wohnung wurden Bestandteile dieses Museums. Es vergingen noch einmal fünf Jahre, bis die Öffentlichkeit eine weitere umfangreiche Raumfolge, die sogenannten Historischen Wohnräume, besichtigen konnte. Dazu gehörten auch die drei am Schlossplatz liegenden Gesellschaftszimmer (Raum 682–684) der Kaiserin. Ihr ehemaliges Schreibzimmer (Raum 684) wurde wieder auf seinen ursprünglichen Zustand von 1789/91 zurückgeführt, wie es Carl Gotthard Langhans zum Marmorsaal für Königin Friederike

Gratulation zur Silberhochzeit des Kaiserpaares, Zeichnung von William Pape, 25. Februar 1906
Wilhelm II. und Auguste Victoria nehmen im Kapitelsaal des Berliner Schlosses eine Glückwunschadresse zur Feier ihrer Silberhochzeit entgegen. William Pape gehörte zu den meistbeschäftigten höfischen Künstlern der Jahrhundertwende. Mit seinen Zeichnungen hielt er zahlreiche familiäre Ereignisse am Hof Wilhelms II. im Bild fest.

Gratulationscour anlässlich des 50. Geburtstages Kaiser Wilhelms II., Zeichnung von Wilhelm Gause, 27. Januar 1909
Der deutsch-österreichische Illustrator Wilhelm Gause dokumentiert eine Szene während der Gratulationscour im Weißen Saal des Berliner Schlosses. Ein preußischer General verneigt sich vor der Deutschen Kaiserin. Neben Auguste Victoria sind ihre Schwiegertöchter dargestellt, v. l.: Alexandra Victoria, Cecilie und Sophie Charlotte. Auf der gegenüberliegenden Seite des Throns stehen Wilhelm II. mit seinen Söhnen sowie hohe Offiziere der preußischen Armee.

Luise entworfen hatte. In diesem Zusammenhang wurden auch das umlaufende Sockelpaneel aus Nussbaumholz sowie die blau-grau gestreiften Seidentapeten wieder entfernt. Nur das Schlafzimmer (Raum 685) und das danebenliegende Toilettzimmer (Raum 686) waren von der Besichtigung ausgenommen, da sie mit ihren kaiserlichen Einbauten wie Bäder nach damaligem Maßstab wenig präsentabel und keinen kunsthistorischen Wert darstellten. Hinzu kam, dass es so kurz nach dem Ende der Monarchie Vorbehalte gab, die privatesten Räume der ehemaligen Kaiserin zur Besichtigung für die Öffentlichkeit freizugeben.

Bis zum Ausbruch des Zweiten Weltkrieges 1939 konnte das Berliner Schloss besichtigt werden. Bei dem schweren Luftangriff auf Berlin am 3. Februar 1945 brannte der mächtige Bau bis auf den Nordwestflügel vollständig aus. Neben den barocken Prunk- und Paraderäumen ist auch die wandfeste Ausstattung der kaiserlichen Wohnung seitdem verloren. Durch den Abtransport zahlreicher Einrichtungsgegenstände nach dem Ende der Monarchie ist zumindest ein Großteil der kaiserlichen Wohnkultur erhalten geblieben und kann heute im niederländischen Huis Doorn besichtigt werden.

Der Schmuck der Kaiserin

Die Kaiserin besaß einen an Umfang und Qualität bemerkenswerten Juwelenbestand. Seitdem Auguste Victoria 1881 den preußischen Thronerben geheiratet hatte, wuchs dieser kontinuierlich. Zu ihrem Trousseau, der Mitgift bei der Vermählung, gehörten bereits 88 »Schmucksachen«[225]. Das mag zunächst beachtlich klingen. Bei genauer Betrachtung kann man hingegen feststellen, dass neben zwei Perlencolliers und vier Goldcolliers nur ein Diadem zur Juwelenausstattung zählte. Dieses kostbare Schmuckstück war ein Geschenk des italienischen Königs Victor Emanuel II. (1820–1878) an Kronprinzessin Victoria gewesen, die das Diadem an ihre Paten- und zukünftige Schwiegertochter weiterverschenkte.[226] Auch drei der vier Goldcolliers waren fürstliche Geschenke.[227] Daneben wurden 15 goldene Broschen sowie 16 Medaillons, viele von ihnen mit Brillanten besetzt, aufgelistet.

Auguste Victoria mit der Brillant-Topas-Parure, kolorierte Fotografie des Ateliers Thomas Heinrich Voigt, 1913
Die Kaiserin trägt eine ihrer prächtigsten Schmuckgarnituren. Zur Brillant-Topas-Parure gehörten das Diadem, das Collier und die Schleifenbrosche mit je drei Topastropfen als Pendeloque sowie ein Armband. Diese Garnitur des Hofjuweliers Robert Koch schenkte Wilhelm II. seiner Frau zum Weihnachtsfest 1911. Das Diadem war am oberen und unteren Rand mit Brillanten eingefasst. Sieben wasserhelle rosa Topastropfen, die an der oberen Reihe frei hängend waren, verliehen dem reich mit Brillanten besetzten Diadem eine besondere Transparenz und Leichtigkeit.

Bei der Zusammenstellung ihrer Juwelenausstattung konnten die Brauteltern jedoch davon ausgehen, dass ihre Tochter zur Hochzeit zahlreiche kostbare Schmuckstücke als Geschenke erhalten würde. Berücksichtigt wurde bei den fürstlichen Gästen, dass es sich bei der Braut um die künftige Deutsche Kaiserin handelte. So war der Juwelenschatz, den die 22-jährige Prinzessin erhielt, überaus großzügig. Er umfasste 23 Einzelpositionen.[228] Kaiser Wilhelm I. und seine Ehefrau Augusta überreichten ein »Brillant Diadem«. Dagegen muss das Geschenk des Kaiserbruders, Prinz Carl, als bescheiden bezeichnet werden. Er hatte lediglich ein »Armband mit Perlen und Brillanten« für Auguste Victoria ausgewählt. In der Wertigkeit des Geschenkes mochte sich die Abneigung des Prinzen gegenüber der Brautwahl des Prinzen Wilhelm widerspiegeln. Hingegen schien Prinz Albrecht von Preußen (1837–1906), ein Neffe des Kaisers, mit einem »Collier von Perlen und Türkisen« der Prinzessin eine besondere Freude bereitet zu haben, da ihre ausgesprochene Vorliebe für Perlen allgemein bekannt war. Auffallend war die große Anzahl an Schmuckstücken von Mitgliedern des britischen Königshauses. Das überrascht keinesfalls, da Auguste Victorias Schwiegermutter als älteste Tochter der britischen Queen eng mit dem Königshaus verwandt war. Queen Victoria hatte ein Medaillon anfertigen lassen, das ihr eigenes Porträt, eingefasst von Brillanten und Rubinen, zeigte. Thronfolger Eduard hatte ein »Armband mit Perlen, Rubinen und Brillanten« aus London mitgebracht. Sein Bruder Alfred Herzog von Edinburgh war mit einer »Brosche mit Perlen und Brillanten« angereist. Die beiden jüngsten Kinder der Queen, Leopold (1853–1884) und Beatrice (1857–

Eine der populärsten Darstellungen der Kaiserin, Fotografie des Ateliers Thomas Heinrich Voigt, 1913

Für die Aufnahme, die anlässlich des 25. Regierungsjubiläums Wilhelms II. im April 1913 in Homburg entstand, wählte Auguste Victoria als Schmuckgarnitur ihre Brillant-Topas-Parure. Die Fotografie wurde in einer hohen Auflage als Postkarte veröffentlicht. Zudem erschien sie anlässlich des Regierungsjubiläums im Mai 1913 in namhaften Illustrierten und Tageszeitungen.

Links:Das Sancy-Collier mit der großen Brillant-Sévigné sowie Ohrschmuck, Fotografie, 1913
Einzigartig an dem aus 23 mittelgroßen Brillanten bestehendem Collier war der Beau Sancy als Pendeloque (Anhänger). Der Sancy war mit einem Gewicht von 35 Karat das wohl prominenteste Stück unter den Kronjuwelen des preußischen Königshauses. König Friedrich I. in Preußen erhielt den Diamanten 1702 aus der Oranischen Erbschaft und ließ ihn in die Königskrone einfügen. Das Juwel blieb auch nach 1918 im Besitz des Hauses Hohenzollern. 2012 wurde der Beau Sancy versteigert. Über den Verbleib der Juwelen dieser Garnitur ist nichts bekannt.

Rechts: Die Kaiserin mit dem Sancy-Collier, Fotografie Theodor Prümm, 1889
Seitdem Friedrich der Große den Beau Sancy seiner Frau Elisabeth Christine zur Verfügung gestellt hatte, trugen alle preußischen Herrscherinnen das kostbare Juwel. Zum ersten Mal wurde der Sancy 1822 von Prinzessin Alexandrine von Preußen beim Brautschmuck als Pendeloque verwendet. Auguste Victoria trug diese Juwelen am Tag ihrer Hochzeit am 27. Februar 1881 und bei den Winterfestlichkeiten im Berliner Schloss.

1944), hatten als Gemeinschaftsgeschenk einen »Ring mit Steinen« nach Berlin übersandt. Von den regierenden europäischen Königshäusern hatte einzig der italienische König Umberto I. mit einem »Collier mit Cameen und Perlen« den Gabentisch geschmückt. Auguste Victoria konnte sich überaus glücklich schätzen, eine so reiche Juwelenausstattung erhalten zu haben. Dies gilt umso mehr, wenn man bedenkt, dass ihr verstorbener Vater als entthronter Landesfürst kaum in der Lage war, seinen vier Töchtern eine reiche Ausstattung zur Verfügung zu stellen.

Wilhelm II. war darauf bedacht, die königliche Würde seiner Gemahlin mit kostbaren Schmuckstücken als Zeichen ihrer herausgehobenen Position als erste Dame des Kaiserreichs zu unterstreichen. Nach dem Sturz Bismarcks im Jahr 1890 beklagten Kritiker wie Alfred von Waldersee den übertriebenen Luxus am preußischen Hof. Die Familienfeiern wurden immer aufwendiger und selbst die fromme Kaiserin trug auffallend viel Schmuck, wie Kaiserin Friedrich bemerkte. In der Wintersaison 1893 berichtete Philip zu Eulenburg von einem Konzert im Marmorsaal des Neuen Palais, bei dem Auguste Victoria »in einer Blausammet-Toilette, mit gelbem Mull dazwischen, großem Diamant- und Saphirschmuck – wenig gut angezogen« gewesen sei. »Der Kaiser denkt sich manchmal solche Sachen aus«, fügte er erklärend hinzu.[229] Die Kaiserin präsentierte besonders während der Ballsaison im Berliner Schloss den Kronschmuck. Fedor von Zobeltitz (1854–1934) hatte als Journalist regelmäßig Zugang zu den Feierlichkeiten im Berliner Schloss. 1894 berichtete er von einem Hofball im Weißen Saal, zu dem 2.000 Personen der Hofgesellschaft eingeladen waren. Die Kaiserin erschien am Arm des Großherzogs Friedrich von Baden »in einer lichtblauen, leicht ins grünliche spielenden Atlasrobe, die reich mit Brillanten geschmückt war, dazu einen breiten goldenen Gürtel, Collier und Halsschmuck und die Dekoration des Schwarzen Adlerordens«[230]. Wenige Tage später sah man Auguste Victoria auf dem Subskriptionsball im Königlichen Opernhaus

Unter den Linden »in einer Robe aus roter Seide mit Silberstickerei, mit der Dekoration des Schwarzen Adlers, im vollen Schmucke der wundervollen Brillanten des Kronschatzes«[231].

Heute lässt sich der Juwelenschatz der Kaiserin kaum noch genau beschreiben, da die wenigen Primärquellen im Zweiten Weltkrieg verloren gingen. Bedauerlicherweise sind auch die Nachlässe der vom Kaiserhaus bevorzugten Hofjuweliere wie Robert Koch aus Frankfurt am Main und die der Gebrüder Friedländer aus Berlin nicht erhalten. Präzise geführte Journale, die genaue Auskunft geben, wann Auguste Victoria welches Schmuckstück zu welchem Anlass getragen hat, waren sicher vorhanden. Geführt wurden diese Verzeichnisse von der Kammerfrau Susanne Chales de Beaulieu. Doch leider sind auch diese Schmuckbücher nicht mehr erhalten. Daher sollen nur die drei folgenden Stücke als Beispiele aus dem einst reichen Juwelenbesitz der Kaiserin vorgestellt werden.

Die Perlschnüre

Ohne Zweifel gehören die langen Perlketten, sogenannte Perlschnüre, zu den bevorzugten Schmuckstücken der Kaiserin. Seit ihrer Jugend liebte die Monarchin diese Preziosen wie kein anderes Schmuckstück. Die langen Halsketten wurden zu ihrem Markenzeichen. Im Nachlassverzeichnis Auguste Victorias werden vier Ketten mit 206, 117, 114 und 101 Perlen genannt. Außerdem noch zwei Perlschnüre aus dem Besitz der Königin Elisabeth von Preußen mit 25 und 37 Perlen, die auch von Kaiserin Friedrich bis zu ihrem Tod 1901 getragen wurden.[232]

Auguste Victoria mit dem Kleeblattdiadem im Gelben Saal des Schlosses Homburg, Fotografie des Ateliers Voigt, April 1913
Wilhelm II. war darauf bedacht, die königliche Würde seiner Gemahlin mit kostbaren Schmuckstücken als Zeichen ihrer herausgehobenen Position als erste Dame des Kaiserreichs zu unterstreichen. Das Kleeblattdiadem entstand im Atelier des Hofjuwelier Robert Koch nach einem Entwurf des Kaisers. Als Motiv hatte der Monarch das Kleeblatt als Symbol des Glücks gewählt. Wilhelm II. schenkte das Schmuckstück seiner Frau zur Silberhochzeit 1906.

Nach dem Tod Auguste Victorias bewies Wilhelm II. wenig Feingefühl im Umgang mit den Juwelen seiner Ehefrau. Der ehemalige Kaiser beauftragte bereits im Todesjahr seiner Gemahlin den Juwelier Alfons Sondheimer († 1960) mit einem Gutachten über den Wert der Perlen sowie weiterer Brillanten. Dieser stellte ein vernichtendes Urteil aus. Ein Verkauf des Schmucks mit Altschliffdiamanten und des Perlschmucks sei seit dem Ende der Monarchie und dem sich verändernden Zeitgeschmack äußerst schwierig. Europa sei als Absatzgebiet gänzlich ausgeschlossen, da kaum noch Nachfrage bestehe. Daher seien auch die Preise geringer als vor Beginn des Ersten Weltkrieges. Dennoch entschloss sich Wilhelm II. im Februar 1923 zum Verkauf aller Perlschnüre und mehrerer loser Brillanten, Brillantbroschen und -anhänger. Der Erlös in Höhe von 245.000 Gulden kam dem Kapitalzuwachs des Hauses Hohenzollern zugute.[233] Dass dieser Verkauf notwendig war, erscheint umso fragwürdiger, als der preußische Staat nach dem Ende der Monarchie in den Jahren 1919 und 1920 dem früheren Kaiser mehrere Millionen Mark Barvermögen in die Niederlande überwies.[234]

Das Kleeblattdiadem

Kaiser Wilhelm II. fertigte eigenhändig Zeichnungen für Schmuckstücke an, deren Umsetzung er dann zu besonderen Anlässen verschenkte. Ein bemerkenswertes Beispiel ist das sogenannte Kleeblattdiadem, das Wilhelm II. seiner Gemahlin zur Silbernen Hochzeit im Februar 1906 überreichte. Zwar besaß die Monarchin bereits eine Reihe von Brillantdiademen, doch empfand Wilhelm II. diese Preziosen als nicht mehr zeitgemäß, »zu langweilig und [in ihrer Form] zaunartig«. Daher fertigte der Kaiser eine Zeichnung an, die das Atelier des Hofjuweliers Robert Koch in Frankfurt am Main in einen Entwurf umsetzte.[235] Als bestimmendes Motiv hatte der Monarch das Kleeblatt als Symbol des Glücks gewählt. Acht kleinere und vier größere vierblättrige Kleeblätter sind mit in Brillanten eingefassten Girlanden verbunden. Sie ruhen auf einem Reif in Form eines mit zahlreichen Brillanten besetzten Eichenblattfrieses. Dabei ist die Eiche als Symbol des Deutschen Reiches zu verstehen. Das Wappen Schleswigs an der Frontseite verweist auf das Heimatland der Kaiserin. Diese heraldischen Symbole verbanden die Heimatländer beider Ehepartner miteinander.

Prächtige Diademe wie das Kleeblattdiadem waren nicht einfach zu tragen. Schließlich brachte die fast zehn Zentimeter hohe Schmuckkrone ein entsprechendes Gewicht mit sich. Das Geschenk ihres Mannes trug Auguste Victoria erstmals am Tag ihrer Silberhochzeit im Februar 1906. Nach dem Ende ihrer mehrstündigen Feierlichkeit im Berliner Schloss soll die Kaiserin gesagt haben, »sie fühle alle ihre Halsmuskeln von dem ewigen Grüßen mit dem schweren Diadem«[236]. Das Diadem befindet sich bis heute im Besitz des Hauses Hohenzollern. Allerdings ist die Tiara um 1958 verändert worden, indem mehrere Kleeblätter abmontiert wurden, um daraus eine zweites, kleineres Diadem zu arbeiten.[237]

Großer Brustschmuck aus Brillanten und Perlen, Fotografie 1913
Die aufwendige Juwelengarnitur wurde um 1860 von einem namentlich nicht bekannten Juwelier für Königin Augusta von Preußen gearbeitet. Die 23 Perlen sind aus dem Nachlass der 1805 verstorbenen Königin Friederike Luise von Preußen.

Links: Porträt der Kaiserin Auguste Victoria mit einer Auswahl des Kronschmucks, Fotografie von Reichard & Lindner, 1899
Auguste Victoria trug zu ihrem Brillantdiadem eine vierreihige Perlkette. Dazu hatte sie den Großen Brustschmuck der Kaiserin Augusta angelegt. Diese Corsage, die aus fünf durch Brillantkettchen miteinander verbundenen Brillantschleifen bestand, war mit 23 Birnperlen und 16 größeren Brillanten als Pendeloquen dekoriert. Die kostbaren Juwelengarnituren trug die Kaiserin nur in den Wintermonaten, wenn Wilhelm II. als Gastgeber unter ganzer Entfaltung des höfischen Glanzes im Berliner Schloss eine Reihe von Festlichkeiten veranstaltete.

Rechts: Auguste Victoria mit Perlschnüren und einem Brillantdiadem. Farbdruck nach einem Gemälde von Hanns Fechner, 1902
Ohne Zweifel gehörten die langen Perlketten, sogenannte Perlschnüre, zu den bevorzugten Schmuckstücken von Auguste Victoria. Die langen Halsketten, die sie täglich trug, wurden zu ihrem Markenzeichen. Die Kaiserin besaß vier Perlketten mit jeweils 206, 117, 114 und 101 Perlen. Nach dem Tod Auguste Victorias verkaufte Wilhelm II. alle Perlschnüre.

Rosa Topase mit Brillanten – die letzte große Parure der Kaiserin

Eine besonders aufwendige Schmuckgarnitur, eine sogenannte Parure, deren Einzelteile in Material, Form und Ornamenten aufeinander abgestimmt und in einem elegant ausgestatteten Lederetui aufbewahrt waren, schenkte Wilhelm II. seiner Ehefrau zum Weihnachtsfest 1911. Das Schmuckensemble war ebenfalls eine Arbeit des Hofjuweliers Robert Koch. Hierbei handelte es sich um die letzte große Juwelengarnitur, die im Auftrag Kaiser Wilhelms II. angefertigt wurde. Die Parure bestand aus einem Brillantdiadem, einem Collier und einer Schleifenbrosche mit je drei Topastropfen als Pendeloque, einer ovalen Brosche sowie einem Armband. Das Diadem war am oberen und unteren Rand mit Brillanten eingefasst, nach vorn zu einer Spitze ansteigend. Sieben wasserhelle rosa Topastropfen, die an der oberen Reihe frei hängend waren, verliehen dem überaus reich mit Brillanten besetzten Diadem eine besondere Transparenz und Leichtigkeit. Die Kaiserin hat das Geschenk ihres Mannes sehr geschätzt. Als im Mai 1913 anlässlich des 25. Regierungsjubiläums Wilhelms II. aktuelle Fotografien der Kaiserin angefertigt wurden, entschied sich Auguste Victoria bei der Wahl ihres Schmucks für diese Parure. Da die Aufnahme als Bildnis in der zeitgenössischen Berichterstattung, aber auch in hoher Auflage als Postkarte vertrieben wurde, erlangte das durch seine auffallende Größe und den edlen Juwelenbesatz als imposant zu bezeichnende Diadem allgemeine Bekanntheit. Die als Profilaufnahme veröffentlichte Fotografie gehört noch heute zu den bekanntesten Darstellungen der Kaiserin.

Nach dem Ersten Weltkrieg geriet die kostbare Schmuckgarnitur in Vergessenheit. Hermine (1887–1947), die zweite Ehefrau[238] Wilhelms II., und auch Kronprinzessin Cecilie haben das Diadem oder Teile des Ensembles nicht mehr getragen. Mit Beginn des Zweiten Weltkrieges hat die Generalverwaltung des Hauses Hohenzollern die Schmuckgarnitur aus Sicher-

Diadem der Kaiserin mit Brillanten, gearbeitet um 1890, Fotografie, 1913

Diadem der Kaiserin mit Brillanten und elf Birnenperlen, Fotografie, 1913
Dieses Diadem geht auf einen Entwurf Wilhelms II. zurück. Ein namentlich nicht bekannter Juwelier fertigte die Preziose 1888/89.

Kaiserin Auguste Victoria, Pastell von Alfred Schwarz, 1909
Mit diesem Porträt gelang es Alfred Schwarz, die Persönlichkeit Auguste Victorias als Kaiserin in eleganter Weise hervorzuheben. Mit ihrem brillantbesetzten Diadem, den kostbaren Perlketten und dem Hermelin als Zeichen ihrer königlichen Würde schuf er die Gesamtkomposition einer hoheitsvollen Monarchin.

heitsgründen in die Privatwohnung von Eckart Werner (†1967), dem Sohn des preußischen Hofjuweliers Louis Werner (†1931), in Berlin-Dahlem verbracht. Nach dem verheerenden Luftangriff auf Berlin im November 1943 erfolgte im Januar 1944 eine erneute Verlagerung der Parure in den Tresor der Berliner Reichsbank. Doch schon nach sechs Wochen verbrachte die Generalverwaltung den Schmuck nach Weimar. Der letzte sichere Aufbewahrungsort war die Filiale der dortigen Commerzbank. Hier verliert sich seine Spur.[239]

Die Kaiserin mit ihrer Tochter Victoria Luise im »Damen-Selbstfahrer«, Fotografie von Willy Dannhof, Mai 1906
Kürzere Ausflüge unternahm Auguste Victoria mit dem sogenannten »Damen-Selbstfahrer«, wie hier bei einem Aufenthalt in Homburg. Dieser Wagen war höher und kürzer als ein Galawagen und gab der Monarchin einen besseren Ausblick.

Die kaiserliche Familie vor dem Königsflügel des Schlosses Homburg v. d. Höhe, Fotografie von Thomas Heinrich Voigt, Oktober 1900
Den dritten längeren Aufenthalt der kaiserlichen Familie in Homburg hielt das renommierte Fotoatelier Thomas Heinrich Voigt im Bild fest. Auguste Victoria verbrachte von 1897 bis 1918 zumeist einige Wochen im Frühjahr in Homburg. Dass drei ihrer Söhne den sogenannten »Homburger Hut« als Kopfbedeckung tragen, unterstreicht die Verbundenheit der Hohenzollern mit der einstigen Residenzstadt der Landgrafen von Hessen-Homburg.

Linke Seite: Die Kaiserin ließ sich mit ihren beiden jüngsten Kindern Joachim und Victoria Luise während ihres Sommeraufenthaltes in Schloss Wilhelmshöhe bei Kassel im August 1907 fotografieren, Aufnahme des Ateliers Thomas Heinrich Voigt

Die Eröffnung der Grunewald-Rennbahn, Fotografie der Gebrüder Haeckel, 23. Mai 1909
Die kaiserliche Familie verfolgt vom Kaiserpavillon aus das Pferderennen auf der neuen Sportanlage in Berlin-Grunewald, v. l.: Kaiserin Auguste Victoria, Kronprinz Wilhelm mit Ehefrau Cecilie sowie die Prinzessinnen Sophie Charlotte und Victoria Luise. Der Kaiserpavillon und die Sportanlage mussten 1934 für den Bau des Berliner Olympiastadions abgetragen werden.

Auf dem Weg zum »Schrippenfest«, Fotografie von Selle & Kuntze, 31. Mai 1909
Auguste Victoria begab sich mit den weiblichen Mitgliedern der Hohenzollernfamilie vom Neuen Palais aus zu den Communs, um am Stiftungsfest des Lehr-Infanterie-Bataillons, dem sogenannten Schrippenfest, teilzunehmen, v. l.: Kaiserin Auguste Victoria mit ihren Schwiegertöchtern Sophie Charlotte und Alexandra Victoria, ihrer Schwester Louise Sophie, ihrer Tochter Victoria Luise, ihrer Nichte Victoria Margarete und ihres Oberhofmeisters Ernst von Mirbach. Das militärische Ereignis wurde jährlich mit einem Gottesdienst und einem Festessen gefeiert. Die Speisefolge bestand aus Schmorbraten, Kartoffeln und Sauerkraut, dazu wurden Brötchen gereicht, die in Brandenburg allgemein als »Schrippen« bezeichnet werden.

Frühjahrsparade in Potsdam, Fotografie der Gebrüder Haeckel, 31. Mai 1911
Nach dem Ende der Frühjahrsparade im Potsdamer Lustgarten verlassen die Kaiserin und ihre Tochter in einem offenen Landauer das Stadtschloss, wo sie von einem Fenster aus das militärische Schauspiel verfolgt hatten. Bei offiziellen Anlässen fuhr die Kaiserin immer à la Daumont mit vier Pferden, wobei jedes der beiden Pferdepaare von einem Jockey gelenkt wurde. Die Galakutsche hatte keinen die Aussicht behindernden Kutschbock. Die beiden begleitenden Diener auf der Rückbank hatten lediglich die Aufgabe, der Kaiserin und ihrer Tochter beim Ein- und Aussteigen behilflich zu sein.

Die Kaiserin in London, Mai 1911
Königin Mary von Großbritannien begleitet Auguste Victoria und ihre Tochter Victoria Luise auf einer Fahrt zum Buckingham Palast. Das deutsche Kaiserpaar folgte einer Einladung König Georgs V., um an der Einweihung des Victoria Memorials zu Ehren von Queen Victoria teilzunehmen. Wilhelm II. war deren ältester Enkel.

Kaiserin Auguste Victoria als Chef des Kürassier-Regiments »Königin« (Pommersches) Nr. 2, Fotografie von Fritz Leyde, um 1895
Die Atelieraufnahme zeigt die Kaiserin in der weißen Uniform ihres Kürassier-Regiments mit dem dazu gehörenden Dreispitz als Kopfbedeckung. Traditionell waren alle weiblichen Mitglieder des königlichen Hauses Chefs verschiedener preußischer Regimenter. Königin Luise von Preußen war von 1806 an der erste Chef dieses Regiments, seit ihrem Tod 1810 führte es den Zusatz »Königin«.

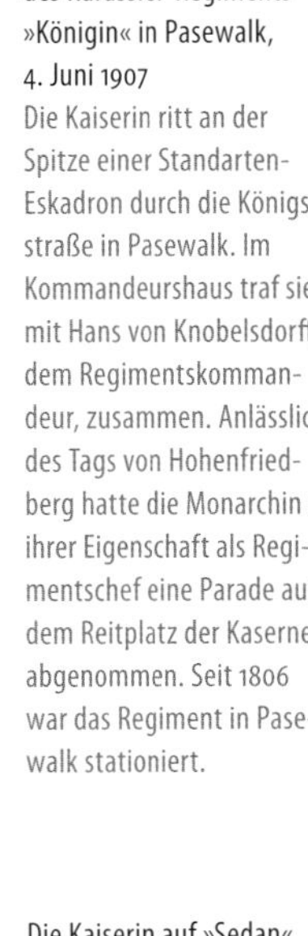

Auguste Victoria als Chef des Kürassier-Regiments »Königin« in Pasewalk, 4. Juni 1907
Die Kaiserin ritt an der Spitze einer Standarten-Eskadron durch die Königsstraße in Pasewalk. Im Kommandeurshaus traf sie mit Hans von Knobelsdorff, dem Regimentskommandeur, zusammen. Anlässlich des Tags von Hohenfriedberg hatte die Monarchin in ihrer Eigenschaft als Regimentschef eine Parade auf dem Reitplatz der Kaserne abgenommen. Seit 1806 war das Regiment in Pasewalk stationiert.

Die Kaiserin auf »Sedan« bei der Kaiserparade in Stettin, Fotografie von Max Streblow, 29. August 1911
Die Kaiserin führte als Chef des Kürassier-Regiments »Königin« (Pommersches) Nr. 2 beim Kaisermanöver in Stettin das Regiment dem Kaiser vor. Kaisermanöver, die alljährlich in Gegenwart Wilhelms II. stattfanden, gehörten zu den bedeutendsten militärischen Ereignissen des Deutschen Kaiserreiches. Der Name des Pferdes »Sedan« ging auf eine 1870 geführte Schlacht im Deutsch-Französischen Krieg zurück, deren deutscher Sieg die Kapitulation der französischen Truppen und die Ausrufung der Dritten Republik zur Folge hatte. Diese Fotografie versah die Kaiserin auf der Rückseite mit den Worten: »Für Gräfin Brockdorff innigster Segenswusch zum Weihnachtsfest 1911, Victoria«.

Soziales und kirchliches Engagement

Auguste Victoria als Landesmutter

Die Kaiserin war eine fromme Christin. Besonders geprägt war sie diesbezüglich durch die Erziehung ihres streng gläubigen Vaters Herzog Friedrich VIII. Mit der schulischen Ausbildung seiner Tochter hatte er zunächst den Theologen Mühlenhardt und ab 1873 Pastor Voß beauftragt. Bereits nach ihrer Eheschließung 1881 äußerte Auguste Victoria den Wunsch, sich karitativ zu betätigen und auf sozialem Gebiet zu engagieren. Eine Begegnung mit Dr. Georg Hinzpeter (1827–1907), dem früheren Erzieher Wilhelms II., beeinflusste Auguste Victoria nachhaltig. Hinzpeter, der als strenger und unnachgiebiger Lehrer beschrieben wurde, hatte es nicht vermocht, die guten Charaktereigenschaften seines Schülers in die rechten Bahnen zu lenken. Bemerkenswerterweise hatte Wilhelm II. den Kontakt zu Hinzpeter nie abgebrochen. Er zog ihn vielfach zur Lösung sozialer Probleme heran. Aus dem Jahr 1882 sind Briefe des einstigen Lehrers an die junge Prinzessin erhalten.[1] Zwar sind die Antworten nicht überliefert, doch hat Hinzpeter die Zeilen Auguste Victorias fast wörtlich in einem Brief wiederholt: »Worin besteht die Hilfe, die ich in meiner augenblicklichen Stellung diesen unteren Klassen gegenüber beweisen kann? Ich habe Sympathien für das allgemeine Problem. Welchen Inhalt hat die soziale Frage? Wie ist zu verstehen, dass Frauen die Billigkeit höher stellen als die Gerechtigkeit […]? Ich halte es für ungerecht, dass die armen Leute so wenig Resultate ihrer Arbeit sehen und genießen. Wie können wir höher Gestellten […] ihnen helfen? Ich stimme mit Ihnen überein, dass es unsere heilige Pflicht ist, nicht nur nach eigener Behaglichkeit zu streben, sondern das Glück anderer zu fördern.«[2] Hinzpeter erwies sich als vorsichtiger Ratgeber. Anstatt eine Anzahl praktischer Vorschläge zu unterbreiten, führte er die Prinzessin diplomatisch an die historischen Wurzeln der sozialen Entwicklung heran. Er erläuterte ihr den aktuellen Stand und führte ihr ihre Möglichkeiten vor Augen, um sie vor unüberlegten Entscheidungen zu bewahren, die am damaligen Zustand ohnehin nichts ändern könnten. Hinzpeter schilderte der jungen Prinzessin, dass die Dynastie in diesem Klassenkampf zwischen Besitzlosen und Besitzenden unbefangen und unparteiisch handeln müsse. Würde sie aber ihre Sympathie den sozial Benachteiligten zuwenden, so trage sie damit bereits zur Milderung der Not bei. Im letzten Brief vom November 1882 erwähnte Hinzpeter den bevorstehenden Besuch des bekannten Pastors Friedrich von Bodelschwingh (1831–1910) in Berlin, wo er den Kronprinzen, Auguste Victorias Schwiegervater, treffen würde. Er sprach eine Empfehlung aus: »Ich habe mir die Freiheit genommen diesen höchst merkwürdigen Mann darauf hinzuweisen, es gäbe in der Welt kaum eine Person, welche für sein Denken und Schaffen mehr Sympathie zu empfinden im Stande sei, als die Prinzessin Wilhelm von Preußen.« Abschließend bat er die Prinzessin, sie möge Bodelschwingh zu einem Gespräch empfangen.[3] Wir wissen nicht, wie das Treffen verlaufen ist, doch gelang es Bodelschwingh, das Interesse Auguste Victorias an der »Heil- und Pflegeanstalt für Epileptische in Bethel

Kaiserin Auguste Victoria, Gemälde von Philip Alexius de László, 1908
Das lebensgroße Gemälde der Kaiserin gehört zu ihren populärsten Bildnissen. Entsprechend ihrer herausgehobenen Stellung als Monarchin trägt sie die höchste preußische Auszeichnung, den Bruststern und die orangefarbene Schärpe des Schwarzen Adlerordens. Mit dem brillantbesetzten Kleeblattdiadem krönte László die Gesamtkomposition seines Porträts der hoheitsvollen und zugleich gütigen Landesmutter. Das Gemälde, das zur Ausstattung des Vortragszimmers Wilhelms II. im Berliner Schloss gehörte, befindet sich heute in Huis Doorn in den Niederlanden.

Einweihung der Kaiser-Wilhelm-Gedächtniskirche in Berlin, 1. September 1895
Am Vorabend des Sedantages fand die Einweihung der Kirche in Anwesenheit der kaiserlichen Familie statt. Vor dem Hauptportal im weißen Kleid Kaiserin Auguste Victoria, daneben v. l.: ihre vier ältesten Söhne, Großherzogin Luise von Baden (Tochter Wilhelms I.), Kaiser Wilhelm II. Auf Anregung Wilhelms II. wurde die Kirche als Gedenkstätte zu Ehren seines Großvaters Kaiser Wilhelm I. errichtet.

bei Bielefeld« zu wecken. Der Kontakt blieb bis zum Tod des Pastors 1910 bestehen. So gehörte Friedrich von Bodelschwingh bereits 1888 zu den Gründungsmitgliedern des unter dem Protektorat der Prinzessin stehenden »Evangelischen Kirchenhilfsvereins«.

Ihrem Wunsch entsprechend, sich auf sozialem Gebiet zu engagieren, richtete Auguste Victoria am 11. Februar 1884 einen Brief an Kaiser Wilhelm I. als Familienoberhaupt. Darin bat sie um die Genehmigung, Protektorate über das Elisabeth Kinder-Hospital[4] und das Pfingsthaus[5] zu übernehmen. Beide Einrichtungen gingen auf die Stiftungen der 1873 verstorbenen Königin Elisabeth von Preußen zurück. Dazu kam der 1882 gegründete Krippen-Verein, der »für kleine Kinder armer Arbeiter sorgt«. Alle Einrichtungen befanden sich in Potsdam, dem Wohnort der Prinzessin. Die Zustimmung des Monarchen erfolgte umgehend durch Fürsprache der Kaiserin Augusta.[6] Der vergleichsweise bescheidene Rahmen ihres sozialen Engagements in den ersten Jahren nach ihrer Eheschließung ist vor allem dadurch begründet, dass sowohl Kaiserin Augusta als auch Kronprinzessin Victoria als erste und zweite Damen des Staates Inhaberinnen aller bestehenden Protektorate und Ehrenmitgliedschaften waren.

Die Gründung des Evangelischen Kirchenhilfsvereins

In Berlin lebten 1871, dem Jahr der Gründung des Deutschen Kaiserreiches, 950.000 Menschen. Bis zum Jahr 1910 stieg die Bevölkerung auf mehr als dreieinhalb Millionen an. In der zweiten Hälfte des 19. Jahrhunderts nahmen die Gottesdienstbesuche und das Gemeindeleben allerdings ab. Evangelische Kirchenvertreter beklagten, dass Berlin »die kirchenärmste Stadt der christlichen Welt« sei. In den zurückliegenden Jahrzehnten hatte es keine Anpassung an die massenhaften Bevölkerungszuwächse gegeben, weder durch Ausbau der Gemeindestrukturen noch durch den Bau neuer Kirchen.[7] Bemerkenswerterweise nahmen Kirchen bis zum Jahr 1890 unter den Monumentalbauten Berlins keine wichtige Rolle ein. Die Stadtsilhouette war dagegen geprägt von »Gasometern, gewaltigen Bahnhofshallen und Fabrikschloten«[8].

Wenn heute von Auguste Victoria die Rede ist, dann verbindet man mit ihrem Namen in erster Linie ihr ausgeprägtes kirchliches Engagement. Ihren tiefen Glauben praktizierte sie in Form von täglichen Andachten und sonntäglichen Gottesdiensten. Die Kaiserin »gehörte zu den Menschen, die nur von der Frömmigkeit aus zu verstehen sind«[9]. Ihre strenge protestantische Ausrichtung und die Glaubenspraxis wurden als konservativ und bigott empfunden und brachten der Monarchin den Namen »Kirchenjuste«[10] ein.

Im November 1887, also noch vor der Thronbesteigung Wilhelms II., fand im Generalstabsgebäude in der Dienstwohnung des Generalquartiermeisters Graf Alfred von Waldersee ein Treffen von etwa 40 Vertretern konservativer Gesinnung aus höchsten kirchlichen und höfischen Kreisen statt. Thronfolger Prinz Wilhelm hatte die sogenannte Waldersee-Versammlung einberufen, um Gelder für die Berliner Stadtmission zu sammeln. Sein Plan war es, »die der Kirche entfremdeten Massen zum Christentum und zur Kirche zurückzuführen. […] Er beabsichtigte nicht nur in Berlin, sondern auch in allen großen Städten Stadtmissionen zu schaffen.«[11] Die Teilnahme Wilhelms und Auguste Victorias an der Zusammenkunft löste eine schwere Krise zwischen dem Prinzenpaar und Otto von Bismarck aus, die später nicht mehr zu beheben war. Bismarck, der das Konzept der Stadtmissionen und der christlich-sozialen Bewegung für grundlegend falsch hielt, wollte auch den gesellschaftlichen Einfluss der Kirchen nicht fördern. Der Konflikt lag auch darin begründet, dass es unumgängliche politische Meinungsverschiedenheiten zwischen Waldersee und Bismarck gab. Wilhelm und Dona waren aber weiterhin von der sozialpolitischen Notwendigkeit der Unterstützung christlich-sozialer Arbeit der Kirchen überzeugt. Wilhelm unterbreitete während des Waldersee-Treffens den Vorschlag zur Gründung des »Evangelischen-Kirchen Hülfsverein« und übertrug das Patronat seiner Ehefrau.[12] Auguste Victoria, seit dem 9. März 1888 Kronprinzessin, richtete an ihren an Kehlkopfkrebs erkrankten Schwiegervater Kaiser Friedrich III. im Mai 1888 die Bitte um Gründung des Kirchenhilfsvereins sowie die Genehmigung zur Übernahme des Protektorats. Die Zustimmung des todkranken Monarchen erfolgte umgehend. Die konstituierende Versammlung des Evangelischen Kirchenhilfsvereins fand am 28. Mai 1888 im Sitzungssaal des Reichstages statt. Die etwa 300 Personen ver-

Einweihung der Erlöserkirche in Jerusalem, Oktober 1898
Höhepunkt der Reise des Kaiserpaares ins Heilige Land war die Einweihung der Erlöserkirche in Jerusalem für die in Palästina lebenden protestantischen Christen. Bereits Wilhelm I. hatte für den Bau einer Kirche in Jerusalem Gelder sammeln lassen, nachdem sein Sohn Kronprinz Friedrich Wilhelm 1869 das Ruinengrundstück der Kirche Santa Maria Latina für Preußen erwerben konnte. Erst Wilhelm II. verwirklichte das lange geplante Kirchenbauprojekt südlich der Grabeskirche inmitten der Jerusalemer Altstadt.

Kaiserin Auguste Victoria bei einem Gottesdienst in der Spandauer Garnisonkirche, 1914–18
Der Bau der Kirche ging auf das Programm des Evangelischen Kirchenbauvereins zurück. Die Kaiserin, die an der Einweihung der Kirche 1890 persönlich teilgenommen hatte, besuchte die Kirche während des Ersten Weltkrieges noch einmal. Das Gebäude, das während des Zweiten Weltkrieges schwere Schäden erlitt, wurde 1950 abgetragen.

abschiedeten das Statut, demzufolge der Verein die Aufgabe hatte, »die Bestrebungen zur Bekämpfung der religiös-sittlichen Notstände von Berlin und anderen großen Städten zu unterstützen«. Weiter hatte es sich der Verein zum Ziel gemacht, finanzielle Mittel zu sammeln, um zunächst die Stadtmissionen zu unterstützen und die Ausbildung von Mitarbeitern zu fördern. Mit Auguste Victoria konnte keine geeignetere Persönlichkeit als Protektorin des Vereins gefunden werden. Zum einen war sie als künftige Kaiserin die höchste Repräsentantin des Staates, zum anderen zeichneten sie ihre Volkstümlichkeit und Frömmigkeit aus. Darüber hinaus galt sie als Hüterin der gesellschaftlichen Moral.[13] Bereits nach der Waldersee-Versammlung hatte die Prinzessin wiederholt geäußert, dass ihr »für Berlin Kirchenbauten, die Begründung kleiner Gemeinden und eine ausgedehnte Thätigkeit der Diakonissen am meisten am Herzen läge«[14]. Besonders in Berlin sollte die Kirchennot durch eine Vielzahl von Neubauten behoben werden. In erster Linie mussten hierfür jedoch zunächst die finanziellen Mittel bereitgestellt werden. Nachdem der Versuch gescheitert war, acht Millionen Mark vom Preußischen Landtag zu erhalten, nahm sich Auguste Victoria dieses Problems an und bat ihren Oberhofmeister Ernst von Mirbach darum, eine Lösung zu finden.[15] Zum Vorsitzenden des Kirchenbauvereins wurde der Minister des königlichen Hauses Wilhelm Graf von Wedel (1837–1915) gewählt; die treibende Kraft war aber Ernst von Mirbach. Er vertrat die Kaiserin in den wichtigsten unter ihrer Schirmherrschaft stehenden Vereine. Er avancierte bald zu ihrem kirchlichen Ratgeber und verstand es, mit Diplomatie und Geschick das Kirchenbauwesen zu koordinieren.

Die Tätigkeiten waren nicht auf Berlin beschränkt, in allen preußischen Provinzen wurden Zweigvereine gegründet. Interessanterweise stand der Kirchenbau zunächst nicht auf der Agenda des Hilfsvereins. Die beiden ersten Kirchen im Großraum von Berlin, die Erlöserkirche in Rummelsburg und die Himmelfahrtskirche in der Elisabeth-Gemeinde am Gesundbrunnen, wurden nur zum geringen Teil durch den Verein finanziert. In erster Linie waren es Spenden von Berliner Bürgern, die die Bauten möglich machten. Da Rummelsburg zu den ärmeren Gemeinden gehörte, hatte der Hilfsverein entschieden, dort das erste Gotteshaus errichten zu lassen. Gleichzeitig forderte die Kaiserin wohlhabende Berliner Kirchengemeinden zu weiteren Spenden auf. Beide Kirchenbauten waren ermöglicht worden, da Auguste Victoria im Dezember 1889 eine offizielle Bitte an Wilhelm II. gerichtet hatte, in der sie um staatliche Unterstützung aus dem Allerhöchsten Dispositionsfonds bat. Daraufhin leitete das Geheime Zivilkabinett als persönliches Büro des Kaisers die Bitte mit einer Empfehlung an das zuständige Ressort für Kultur und Finanzen weiter. Im Januar 1890 wies der Kaiser 100.000 Mark aus dem Allerhöchsten Dispositionsfonds für den Bau einer dritten Kirche an, die seiner kurz zuvor verstorbenen Großmutter Kaiserin Augusta gewidmet wurde. Die Grundsteinlegungen für die ersten Kirchen der Kaiserin erfolgten im Mai und Juni 1890. Als Schirmherrin des Kirchenbauvereins nahm Auguste Victoria an den meisten Grundsteinlegungen und Einweihungen teil.

Ihre ursprüngliche Frage, was sie als junge Thronfolgerin mit ihren Mitteln gegen die Not tun könne, entwickelte sich innerhalb weniger Jahre zu einem bedeutenden Vorhaben. Kein Entwurf wurde ohne ihr Wissen und ohne ihre Zustimmung ausgewählt, kein Antrag ohne ihre Befürwortung unterstützt.[16] Zu den Kirchen zählte auch die Errichtung von Gemeindezentren mit dazu gehörenden Gemeindehäusern, Altenheimen, Kinderkrippen und Schulen. Die Gründung des Kirchenhilfsvereins wurde mit der zunehmenden Entkirchlichung und dem Desinteresse der Bevölkerung am Kirchenleben begründet. Dies war aus Sicht des Kaiserhauses eine Tendenz, die durch den gleichzeitigen Zuwachs der Sozialdemokratie als staatsgefährdend angesehen wurde und der demnach unbedingt Einhalt geboten werden musste.[17] Mit der Gründung des Vereins hatte man sich eine Initialzündung erhofft, um die eigentlich zuständigen Stellen vonseiten der Stadt und des Staates zur Behebung der Kirchennot anzuspornen. In seinem Jahresbericht des Kirchenbauvereins von 1895 sprach Mirbach davon, dass mit der Weihe der drei ersten Kirchen der Kaiserin »ein gewisser Abschluss in unserer Arbeit«[18] erfolgt sei.

Zwei Jahre später wurde im Jahresbericht festgestellt, dass im »großen und ganzen leider keine Ruhepause eingetreten ist«. Im Jahr 1903 konnte von der Fertigstellung von 53 Kirchen in Berlin und seiner direkten Umgebung berichtet werden. Anfang des 20. Jahrhunderts hatten sich die Aktivitäten über die Grenzen Berlins hinaus verlagert. Der Bau der Erlöserkirche in Gerolstein in der Eifel und der Ausbau der Erlöserkirche in Homburg nahmen die meiste Kraft in Anspruch. Zudem wurden Projekte im Ausland unterstützt: Das letzte Großprojekt des Kirchenbauvereins, die 1903 gegründete »Kaiserin-Auguste-Victoria-Stiftung auf dem Ölberg bei Jerusalem«, war ein Komplex aus Erholungsheim, Hospiz, Versammlungsräumen und einer Kirche, dessen Bau vom Kaiserpaar während seiner Palästinareise bereits 1898 beschlossen worden war.[19] Höhepunkt der damaligen Reise ins Heilige Land war die Einweihung der Erlöserkirche in Jerusalem für die in Palästina lebenden protestantischen Christen.

Bereits Wilhelm I. hatte für den Bau einer Kirche in Jerusalem Gelder sammeln lassen, nachdem sein Sohn Kronprinz Friedrich Wilhelm 1869 auf der Durchreise zur Eröffnung des Suezkanals ein Grundstück am nördlichen Rand der Ruine der Kirche Santa Maria Latina für Preußen erwerben konnte. Erst Wilhelm II. verwirklichte das lange geplante Projekt des Baus einer evangelischen Kirche, die inmitten der Jerusalemer Altstadt südlich der Grabeskirche liegt. Der Kaiser beauftragte den Architekten Friedrich Adler (1827–1908), der bereits die Schlosskirche in Wittenberg im neugotischen Stil als »Denkmal der Reformation« umgebaut hatte, mit Planung und dem Bau des Jerusalemer Projekts. Mit der Errichtung der Kirche sah sich Wilhelm II. in einer Reihe mit Konstantin dem Großen (272 n. Chr.–337 n. Chr.), der die benachbarte Grabeskirche 1.500 Jahre zuvor hatte errichten lassen. Die

Die Kaiserin Auguste Victoria-Stiftung auf dem Ölberg in Jerusalem, um 1905
Die 1903 gegründete Stiftung war ein Ensemble aus Erholungsheim, Hospiz, Versammlungsräumen und einer Kirche, dessen Bau vom Kaiserpaar bereits während seiner Palästinareise 1898 beschlossen worden war.

üblicherweise nach Osten ausgerichtete Kirche wurde im neuromanischen Stil erbaut. Ihr Glockenturm bildet einen dominierenden Teil der Silhouette der Altstadt. Im Rahmen seiner Palästinareise am Reformationstag 1898 wurde die Kirche durch Wilhelm und Auguste Victoria eingeweiht. Das Kaiserpaar war mit großem Pomp in Jerusalem eingezogen.[20]

Die meisten der in der Hauptstadt des Deutschen Kaiserreiches errichteten Kirchen waren geprägt von Höhe und Weiträumigkeit. Ihre Bauzeit lag in der Regel unter fünf Jahren. Die für den Kirchenbau zuständige Kommission hatte sich bei fast allen Bauten für den neugotischen Stil entschieden. Sie war damit einer Empfehlung des 1861 verabschiedeten Eisenacher Regulativs[21] gefolgt, das rote Backsteinkirchen in Anlehnung an die Gotik vorsah. In den Jahren von 1888 bis 1914 entstanden in Berlin 66 neue Kirchen, ab 1920 in Groß-Berlin waren es sogar 112 wilhelminische Kirchen.[22] Die zahlreichen Kirchenbauten verbesserten zwar die Versorgungsmöglichkeiten, sie verringerten aber keinesfalls die Kirchenferne der Menschen im gewünschten Ausmaß. Durch Gruppenarbeit und Bibelkreise versuchten Gemeindepfarrer, persönliche Kontakte zu fördern.

Die neuen Kirchenbauten sorgten aber nicht überall für Beifall und Zufriedenheit. Zahlreiche Gemeindemitglieder sahen in den aufwendigen Bauten eine prunkvolle Kulisse für die Selbstdarstellung der Monarchie. Günther Dehn (1882–1970), der als Gemeindepfarrer in der Reformationskirche in Moabit Dienst tat, befand: »Und nun stand mitten unter diesem Volk die Reformationskirche. Sie war kein schöner Bau, ganz aus verstaubter kirchenbaulicher Tradition heraus in einer Art Neugotik errichtet, ohne Einfühlung in die lebendige Situation eines Arbeitsquartiers […].« Er vermisste helle Räume für Kinderpflege und die Jugendarbeit. »Stattdessen hatte die Kirche einen gewaltigen Turm und bot 1.300 Sitzplätze. Alle Nebenräume waren zu eng geraten. Der für die Bibelstunden und Versammlungen gedachte Saal war völlig verbaut. Aber wir hatten nun eine ›schöne‹ Kirche.«[23]

In diesem Zusammenhang soll auf die »Evangelische Frauenhilfe« eingegangen werden, die 1899 eigens auf Anregung der Kaiserin entstand. Auguste Victoria rief in einem Schreiben an den Evangelischen Kirchenhilfsverein alle evangelischen Frauen auf, sich in ihren Gemeinden sozial zu engagieren. So entstand in kürzester Zeit ein praktischer sozialer Einsatz bei der Hilfe der häuslichen Krankenpflege und Beaufsichtigung von Kindern.

Ansonsten hielt die Frauenhilfe an der religiös-moralisch sanktionierten Priorität der Familie und Mutterrolle fest und lehnte öffentlich-politische Aktivitäten von Frauen ab. Im Jahr 1912 bestanden bereits 2.407 Vereine der Frauenhilfe mit 249.000 Mitgliedern.[24] Für die Geschäftsstelle der Frauenhilfe erwarb der Evangelische Kirchenhilfsverein ein Doppelhaus in der Potsdamer Mirbachstraße 2/3 (heute Leistikowstraße 2/3). Während des Ersten Weltkrieges entwickelte sich die Frauenhilfe zu einer unverzichtbaren Säule des Kirchenhilfsvereins. Die finanziellen Mittel, die der Hilfsverein für sogenannte »Liebesgaben« in Form von Geschenkpaketen für Soldaten mit Bekleidung und Lebensmitteln einsammelte, war enorm. Mit dem Ende der Monarchie 1918 kam auch die Arbeit des Kirchenbauvereins zum Erliegen und er wurde schließlich 1930 aufgelöst.

Der karitative Einsatz der Kaiserin

Die Kaiserin war durch ihre hohe gesellschaftliche Stellung eine gefragte Schirmherrin für zahlreiche karitative Einrichtungen im gesamten Kaiserreich: Sie übernahm im Laufe der 30-jährigen Regierungszeit ihres Mannes mehr als 140 Protektorate sozialer und kirchlicher Projekte.[25]

Die Übernahme oder Absage der Schirmherrschaft gehörte zu den zentralen Aufgaben des Kabinetts der Kaiserin. Der Kabinettsrat Karl von Behr-Pinnow und sein Amtsnachfolger Hugo von Spitzemberg legten Auguste Victoria mit einem entsprechenden Votum die Gesuche vor, das letzte Wort hatte die Monarchin.

Das Kaiserin Auguste Victoria-Haus – »Reichsanstalt zur Bekämpfung der Säuglingssterblichkeit«

Im Volk wurde die Kaiserin als »Landesmutter« betrachtet.[26] Diesen Namen hatte man ihr gegeben, da sie es verstand, ihre ehrliche und persönliche Anteilnahme zu zeigen. Dem einfachen Volk brachte sie Verständnis entgegen und setzte sich in besonderem Maße für die Nöte von Müttern und Kindern ein. Da an dieser Stelle nicht auf alle sozialen Einrichtungen eingegangen werden kann, die von Auguste Victoria gefördert wurden, soll an dieser Stelle das Kaiserin Auguste Victoria-Haus in Berlin-Charlottenburg stellvertretend für andere Organisationen näher vorgestellt werden.

Ein ganz besonderes Interesse brachte die Kaiserin der Säuglingspflege entgegen. Die Säuglingssterblichkeit im Kaiserreich war generell hoch. In den 1880er Jahren starben in Berlin von 100 Neugeborenen 30 Babys vor Vollendung des ersten Lebensjahres.[27] Während der zunehmenden Industrialisierung war die Gefährdung der Säuglinge, deren Mütter in Fabriken arbeiteten und bald nach der Entbindung schnellstmöglich wieder erwerbstätig sein mussten, besonders hoch. 1901 hatte Auguste Victoria von ihrer verstorbenen Schwiegermutter Kaiserin Friedrich das Protektorat über den Berliner Krippenverein übernommen. Bis zu diesem Zeitpunkt waren vier Krippen gegründet worden. Bereits 1893 war es in der Potsdamer Moltkestraße zur Gründung der Auguste Victoria-Krippe gekommen. Den Bauplatz hatte die Stadt Potsdam unentgeltlich zur Verfügung gestellt.[28] Nach der Übernahme der Schirmherrschaft durch die Kaiserin konnten in den Jahren 1902 und 1903 drei weitere dieser Einrichtungen in Berlin eröffnet werden. Anlässlich der Silberhochzeit des Kaiserpaares 1906 wurde in der Auguste-Victoria-Krippe in Schöneberg ein »Krippenhaus« eingerichtet. Hier wurden nicht nur Kinder versorgt, sondern ab 1906 auch Säuglingspflegerinnen ausgebildet. In jeder der Krippen konnten etwa 100 Kinder im Alter bis zu drei Jahren betreut

Das Hauptgebäude des Kaiserin Auguste Victoria-Hauses in Charlottenburg, 1909

werden. Führende Vertreter der Ministerialbürokratie wie Ministerialdirektor Friedrich Althoff (1839–1908) und Eduard Dietrich (1860–1947), Vortragender Rat im Ministerium der geistlichen, Unterrichts- und Medizinalangelegenheiten, engagierten sich ebenso im Vorstand wie der Kabinettsrat der Kaiserin, Karl von Behr-Pinnow. Entscheidend für das Gelingen der Arbeit des Krippenvereins waren neben der Fürsprache und Unterstützung des Kaiserhauses vor allem das Engagement Friedrich Althoffs, da er an den Schaltstellen der Gesundheitspolitik unterstützend wirkte.[29]

Im November 1904 hielt die Kaiserin vor dem Vaterländischen Frauenverein eine Rede über die Vorzüge des Stillens und die Notwendigkeit einer Erziehung im Bereich der Kinderpflege. Am 15. November 1904 hatte sich die Kaiserin mit einem »Allerhöchsten Handschreiben« an den Vorstand des Vereins gewandt, in dem sie dazu aufrief, die Bekämpfung der Säuglingssterblichkeit als patriotische Aufgabe in Angriff zu nehmen.[30] Die Initiative dazu war von Eduard Dietrich ausgegangen, der den Vorstand des Vaterländischen Frauenvereins anregte, bei einem Besuch der Kaiserin die Säuglingsfürsorge auf die Tagesordnung zu setzen.[31] Der Münchner Kinderarzt Josef Trumpp (1867–1945) berichtete in Anwesenheit Auguste Victorias über eine Milchküche in München, in der Kinderärzte das Körpergewicht der Säuglinge prüften und ihnen gegebenenfalls Milch zuteilten. Die Kaiserin, die sich sehr für dieses Thema interessierte, beauftragte Eduard Dietrich, ihre Anregungen zu Papier zu bringen. Daraufhin wurde in Berlin eine »Gesellschaft zur Bekämpfung der Säuglingssterblichkeit« gegründet, der Mitglieder aus Politik, Adel und wohlhabendem Bürgertum angehörten. Die Kaiserin, die ihre jüngeren Kinder selbst gestillt hatte, unterstützte in erster Linie das Stillen von Neugeborenen, doch verständigte sich die »Gesellschaft« darauf, besonders für Kinder der einfachen Bevölkerung gute Kuhmilch bereitzustellen. Daraufhin konnten in 170 Ställen in verschiedenen Berliner Stadtteilen hygienische Mindestanforderungen durchgesetzt werden, sodass täglich 25.000 Liter Säuglingsmilch zur Verfügung standen.[32]

Es ist sicher kein Zufall, dass sich die Kaiserin seit Herbst 1904 verstärkt für die Bekämpfung der Säuglingssterblichkeit einsetzte. Im Oktober dieses Jahres hatte Karl von Behr-Pinnow sein Amt als Kabinettsrat der Kaiserin angetreten. Ihm war es gelungen, die Kaiserin für dieses Thema zu interessieren. Aus eigener schmerzhafter Erfahrung hatte sich von Behr-Pinnow mit diesem Thema befassen müssen, da seine vier Geschwister im Säuglingsalter gestorben waren. Im Oktober 1905 unterbreitete der Kabinettsrat »einer Reihe von Persönlichkeiten den Wunsch Ihrer Majestät«[33], eine zentrale Musteranstalt in Groß-Berlin aufzubauen. Karl von Behr-Pinnow hatte in seinem Schreiben betont, dass es sich keinesfalls um eine lokale Einrichtung handeln sollte, die Forschungsergebnisse seien vielmehr »Gemeingut der Nation«. Ziel war es unter anderem, alle Irrtümer und Einwände gegen das Stillen aufzuklären und zu bekämpfen. Die aufzunehmenden Schwangeren und die Neugeborenen seien Objekte des Studiums. Die Zahl der Ärzte sollte so groß sein, dass ihnen genügend Muße zu eingehender wissenschaftlicher Arbeit blieb.[34] Zu den prominenten Unterstützern gehörten u.a. der Vizepräsident des Reichstags Hermann Paasche (1851–1925), Kultusminister Conrad von Studt (1838–1921), Polizeipräsident Georg von Borries jr. (1857–1922), Oberbürgermeister Martin Kirschner (1841–1912), der Verleger Rudolf Mosse (1843–1920) sowie weitere Staatsminister und Oberpräsidenten verschiedener Provinzen. Das Ergebnis des Spendenaufrufs war erwartungsgemäß sehr hoch. Die Kaiserin selbst hatte eine Summe von 25.000 Mark gespendet. Bis zu Beginn des Jahres 1907 war eine Summe von 950.000 Mark zusammengekommen, zu der das Deutsche Reich 500.000 Mark und Preußen 200.000 Mark beigetragen hatten. Anlässlich der Silberhochzeit des Kaiserpaares im Februar 1906 übergab die Stadt Charlottenburg für den Bau des Hauses ein großzügiges Grundstück, das direkt an den Schlosspark grenzt. Der Gebäudekomplex entstand nach Entwürfen der Architekten Ludwig Hofmann (1852–1932) und Alfred Messel (1853–1909) in den Jahren von 1907 bis 1909.

Zum Hauptgebäude gehörten zwei mit einer Pergola verbundene Nebengebäude. Im Mittelbau waren Direktions- und Sprechzimmer, Verwaltungsräume sowie ein großer Versammlungssaal mit einem Ausstellungsraum zur Säuglingspflege untergebracht. Schwestern erhielten hier ihre Ausbildung, zudem konnten in der angeschlossenen Fürsorgestelle Kleinkinder behandelt werden. Das war für damalige Verhältnisse ein Novum. Ebenso lagen im Hauptgebäude ein großer Labortrakt und die Milchküche mit den dazugehörenden Kühlräumen. Im östlichen Flügelbau befanden sich die Entbindungsstationen mit den Wohnungen der Schwestern, im westlichen Bau war das Mütter- und Säuglingsheim eingerichtet. Hierbei handelte es sich um die erste Säuglingsklinik in Deutschland. Einzigartig war ein Musterstall zur Milchgewinnung. Dazu war ein Stallgebäude errichtet worden.[35] Im Kaiserin Auguste Victoria-Haus arbeiteten 82 Personen, inklusive des Pflege- und Hauswirtschaftspersonals. Im Durchschnitt konnten 1910 pro Tag 60 Kinder betreut werden. 1912 war die Zahl bereits auf 100 angestiegen. Die jährliche Zahl der Entbindungen erhöhte sich von 166 im ersten Jahr nach der Eröffnung auf 242 im Jahr 1911.[36] Der Unterhalt in Höhe von 200.000 Mark jährlich wurde nur zu einem kleinen Teil in Höhe von 40.000 Mark vom Staat finanziert. Die Deckungslücke konnte durch die in den Regierungsbezirken gegründeten Komitees und private Spender geschlossen werden.

Mit der Gründung des Kaiserin Auguste Victoria-Hauses hatten es sich Ministerialbeamte, Ärzte und Oberpräsidenten zur Aufgabe gemacht, die hohe Säuglingssterblichkeit im Reich zu erforschen und mit modernen Methoden zu bekämpfen. Mithilfe der Kaiserin war es gelungen, auch den Adel und Industrielle dafür zu gewinnen, sich an der Finanzierung der Reichsanstalt zu beteiligen. Schließlich wurde darin eine nationale und patriotische Aufgabe gesehen, die das Überleben der Kleinkinder und der damit verbundenen nächsten Generation zu sichern.[37]

Weltkrieg und Abdankung

Kaiserin Auguste Victoria während des Ersten Weltkrieges

Galt Auguste Victoria in den Jahren nach der Thronbesteigung ihres Mannes noch als unsicher und überreizt, gab sie ihrem Gemahl während des Krieges den Halt und die Geborgenheit in seiner zunehmend ausweglosen Situation. In der Julikrise des Jahres 1914, nach der Ermordung des österreichisch-ungarischen Thronfolgers Franz Ferdinand, benötigte der Kaiser die moralische Unterstützung seiner Frau. Sie mahnte ihren Mann zur Entschlossenheit und schaffte es, ihn aufzurichten. Besonders ihr einfaches, von einem fürstlichen Eigeninteresse geleitetes Denken gab ihr mehr Kraft, als der Kaiser sie besaß.[1] Mit zunehmender Dauer des Krieges ließ Wilhelm II. seine Frau regelmäßig ins Große Hauptquartier kommen. Seiner militärischen Umgebung waren diese Besuche ausgesprochen lästig, da sie durch die Anwesenheit der Monarchin gezwungen waren, auf Vorschriften der Etikette und der Hofhaltung zu achten. Gleichzeitig wussten sie aber, dass der Kaiser die Besuche seiner Frau zur Beruhigung seiner Nerven brauchte. Der Chef des Militärkabinetts Moriz Freiherr von Lyncker (1853–1932) schrieb dazu in einem Brief: »Die Kaiserin bleibt länger – nicht zu unserer Freude. Diese höfischen Bedrängnisse sollten uns doch in dieser Zeit erspart bleiben. Aber er braucht in seiner Schwäche eine Anlehnung an die bessere und zugleich stärkere Hälfte seines Daseins.«[2] War der Aufenthalt im Hauptquartier für die Militärs ohnehin schon nicht einfach, wurde er durch die Anwesenheit der Kaiserin nahezu unerträglich. Auguste Victoria hielt sich bei diesen Aufenthalten nicht zurück, sie hielt Hof und mischte sich in alles ein. »Leider ist die Kaiserin noch immer hier, und spielt natürlich bei all diesen ernsten Geschäften keine schöne Rolle, da sie es gar nicht versteht, sich angemessen zurückzuhalten«[3], musste Moriz von Lyncker feststellen. Im Mai 1917 schrieb er an seine Frau: »Gestern befahl mich die Kaiserin [...] zu einer 1½ stündigen Audienz, und redete ziemlich viel unverständiges Zeug über unsere inneren Verhältnisse. Sie versteht Nichts davon, und es ist schwer, sie anzuhören und zu widerlegen, weil es ihr an allen grundlegenden Kenntnissen natürlich fehlt.«[4] Völlig fassungslos war Hofmarschall Hugo von Reischach, als der Kaiser zum bevorstehenden Besuch der Kaiserin im Hauptquartier im französischen Charleville-Mézières befahl, ein Ehebett aus einem der preußischen Schlösser zu besorgen, damit die Majestäten in einem Bett schlafen konnten.[5] Dann wiederum kam es vor, dass Auguste Victoria gegen Kriegsminister Erich von Falkenhayn (1861–1922) intrigierte. In einem Brief an ihren Mann forderte sie seine Entlassung und die Einsetzung Paul von Hindenburgs. Der Kaiser reagierte wütend, er schlug mit der Faust auf den Tisch und rief sehr erregt: »Was, jetzt mischen sich auch noch die Frauenzimmer in diese Sache!«[6] Anschließend war Wilhelm II. aber wieder niedergeschlagen, sodass er nachts nicht schlafen konnte, und bedauerte es, seine Frau so gemaßregelt zu haben.[7] Als es 1916 um die Absetzung des Reichskanzlers Theo-

Allegorie der Kaiserin als Landesmutter, Farbdruck von Franz Stassen, 1914–18
Die Kaiserin reicht einer Mutter die Hand. Diese Geste symbolisiert die enge Verbundenheit zwischen der Monarchin und dem Volk während des Ersten Weltkrieges. Der ihr zu Füßen kniende geflügelte Genius der Barmherzigkeit hält einen Korb mit Brot, Äpfeln und Rosen. Er deutet auf die Mildtätigkeit der Kaiserin als Landesmutter hin. Kronprinzessin Cecilie in einem weißen Kleid wird als Familienmitglied der nächsten Generation in die Komposition eingebunden, die das karitative Werk ihrer Schwiegermutter einmal weiterführen sollte.

Die Kaiserin als Landesmutter, Farbdruck nach einem Gemälde von Arthur Fischer, 1915

Der kaiserliche Hof gab die idealisierte Darstellung Auguste Victorias als treusorgende Landesmutter in Auftrag. Mit einer theatralischen Geste überreichte die Kaiserin einem verwundeten Soldaten einen Strauß Rosen. Die Kaiserin hoffte, mit den persönlichen Begegnungen in den Lazaretten die Moral der Verwundeten zu stärken. Fischer stellt die Szene im Lazarett in der Potsdamer Orangerie von Sanssouci dar, da dieses unter dem Protektorat der Kaiserin stand.

Mit Rosen der Kaiserin in den Krieg, Fotografie von Selle & Kuntze, 7. August 1914
Auf dem Exerzierplatz vor dem Potsdamer Stadtschloss fand der Feldgottesdienst des 1. Garde Regiments zu Fuß statt. Zuvor hatte Wilhelm II. am 1. August 1914 die Mobilmachung unterzeichnet und das Deutsche Reich damit in den Kriegszustand versetzt. Bevor mehr als 8.000 Soldaten nach dem Gottesdienst in den Krieg zogen, überreichte die Kaiserin den Offizieren zum Abschied Rosen.

bald von Bethmann Hollweg (1856–1921) ging, sagte die Kaiserin zu ihrem Mann: »›Nur nicht wieder einen Philosophen nehmen.‹ Bethmann sei ein tüchtiger, ehrenhafter Mann, aber er überlege zu viel, habe tausend Bedenken, wolle es immer noch besser machen und habe dadurch oft nicht genug Initiative. Falkenhayn wäre ein kalter Streber, der über Leichen ginge. Bei dem Gedanken er könne Reichskanzler werden, empörte sich die Kaiserin und erklärte, sie sei ja nur ›ein arm gefesseltes Weib‹.«[8]

Sobald Wilhelm II. vom Hauptquartier in die heimatlichen Schlösser zurückkehrte, gab sie Anweisungen, dass er reichlich essen möge, und wies die Hofküche trotz der dramatisch schlechten Versorgungslage an, für den Kaiser die besten Mahlzeiten zuzubereiten. Die von den Entente-Staaten durchgesetzte Seeblockade hatte eine Verschlechterung der Lebensmittelversorgung in Deutschland zur Folge, sodass ab Herbst 1915 die Nahrungsmittel rationiert werden mussten. Eine Verordnung legte die Einschränkung des Fleischverbrauchs fest; es wurden fleisch- und wurstlose Tage eingeführt.[9] Prinz Adalbert, der dritte Sohn des Kaisers, erzählte, so Gabriele von Alvensleben, »er könnte sich noch nicht recht mit den fleischlosen Tagen abfinden. Man habe nachher so ein ›luftiges‹ Gefühl, als ob man nichts im Magen hätte. Bei seiner Mutter [der Kaiserin] würden die Tage strikt eingehalten, nur wenn der Kaiser da sei, mache man eine Ausnahme, weil er etwas herausgefüttert werden müsse.«[10] Als Kartoffeln und Brot seit Frühjahr 1916 für die Bevölkerung rationiert werden mussten und die vorhandenen Lebensmittel nur zu überhöhten Preisen angeboten wurden, war an der Tafel des Kaiserpaares davon nichts zu spüren. Gabriele von Alvensleben, Oberhofmeisterin der Kronprinzessin Cecilie, notierte: »Man unterhielt sich sehr angeregt von der Lebensmittelnot, von der man weder an unserer Tafel[11] noch im Feld viel merkt. Es gab herrlichen Spargel, Trauben, schöne große Erdbeeren. Man sei besonders üppig, wenn der Kaiser da wäre.«[12] Während im November 1916 die Arbeiter in den Munitionsfabriken im

Besuch der Kaiserin im Großen Hauptquartier, Fotografie von Gustav Berger, Sommer 1915
Die Aufenthalte Auguste Victorias im Hauptquartier empfand die militärische Umgebung des Kaisers als unerträglich, da sich die Kaiserin in Dinge einmischte, von denen sie nach Meinung der Militärs wenig Ahnung hatte. Mit zunehmender Dauer des Krieges ließ Wilhelm II. seine Ehefrau jedoch immer öfter in die Kommandozentrale kommen, da sie ihm inneren Halt und Geborgenheit gab.

Westen Berlins streikten, da sie nichts zu essen hatten,[13] ließ es sich die Kronprinzessin bei Sekt und Brüsseler Austern im Marmorpalais gut gehen.[14] Nachdem Cecilie Anfang Januar 1917 das Berliner Kronprinzenpalais als ihren Winterwohnsitz bezogen hatte, inspizierte sie die Lebensmittelvorräte in der Schlossküche. Dort lagerten »unzählige Würste und Speckseiten, Berge von Konserven und große Kisten mit Eiern. […] Der Koch lobte sehr den hiesigen Magistrat, der sehr entgegenkommend sei und alles liefere was man brauche, während der Potsdamer viel demokratischer wäre und sich auf den Standpunkt stelle, keine Ausnahmen machen zu wollen.«[15] Nur zwei Wochen später konstatierte die Oberhofmeisterin: »Die ärmere Berliner Bevölkerung lebt diese Woche hauptsächlich von Kohlrüben, es ist schrecklich und ich esse mit solch schlechtem Gewissen all unsere guten Speisen.« Einen Teil ihrer Lebensmittel bezogen die Hohenzollern mit einer List. So hatte die Hofküche Eier bei Hans Jaspar von Maltzahn (1869–1929), dem Landrat des Landkreises Rügen, geordert. Maltzahn lieferte daraufhin alle Eier der Insel Rügen, da ihm mitgeteilt worden war, sie würden für die Soldaten in den Lazaretten benötigt.[16]

Dennoch hatte der kaiserliche Hof bei Beginn des Krieges auf die veränderte Versorgung mit Lebensmitteln reagiert und die Menüfolgen reduziert: Seit 1914 bestanden sie nicht mehr aus sechs, sondern nur noch aus drei Gängen. Der kronprinzliche Hof tat allerdings so, als gäbe es keine Lebensmittelnot. Im November 1915 etwa notierte die Oberhofmeisterin: »Es war fleischloser Tag und es gab nur Kaviar, Karpfen und Apfelküchle, was dem Kronprinzen sehr ungewohnt war.«[17]

Die karitativen Aufgaben

Als der Wagen der Kaiserin am 20. August 1914 vor der Volksspeisehalle in Berlin-Moabit vorgefahren war, weigerte sich Auguste Victoria auszusteigen. In erregtem und energischem Ton sagte sie zu dem Leiter des Berliner Roten Kreuzes Richard Witting (1856–1923), der sie empfangen wollte: »Ich steige keinesfalls aus.«[18] Die Kaiserin hatte eine Filmkamera entdeckt, die im Auftrag der Wochenschau Aufnahmen vom Besuch der Monarchin machen wollte. Auguste Victoria lehnte die öffentliche Zurschaustellung ab, da sie ihren sozialen Einsatz während des Krieges als patriotische Selbstverständlichkeit empfand. In ihrer Funktion als Schirmherrin des Roten Kreuzes und des Vaterländischen Frauenvereins besuchte die Monarchin während des Krieges unzählige Lazarette, Volksküchen, Soldatenheime und Lazarettzüge.

Bereits am 3. August 1914, also nur wenige Tage nach Beginn des Ersten Weltkrieges, nahm sie an der ersten Kriegssitzung des Zentralkomitees der Deutschen Vereine vom Roten Kreuz teil. Hier erfuhr sie, dass schon mehrere Lazarettzüge eingerichtet und eine Anzahl von Vereinslazaretten fertiggestellt waren. Am Ende der Sitzung gab die Monarchin bekannt, dass die Schlösser in Wiesbaden, Königsberg, Koblenz und Schwedt/Oder sowie der Kaiserpalast in Straßburg als Lazarette zur

Die Kaiserin im Gespräch mit Schwestern des Roten Kreuzes, Fotografie von Alfred Grohs, 26. November 1914
Auguste Victoria verabschiedete auf dem Güterbahnhof in Neukölln Rotkreuzschwestern, die sich mit dem bereitstehenden Lazarettzug zum Kriegsschauplatz begaben. Von dort wurden verwundete Soldaten mit dem als Lazarett ausgestatteten Zug in die Heimat zurückgebracht.

Die Kaiserin mit der Kronprinzessin im ostpreußischen Allenstein, Juli 1915
Auguste Victoria besuchte mit Kronprinzessin Cecilie ein Lazarett in der Burg Allenstein (heute Olsztyn, Polen). Die Reise der Kaiserin und ihrer Schwiegertochter nach Ostpreußen galt dem Besuch der großen Kriegslazarette. Darüber hinaus wollte sich die Kaiserin ein Bild von dem Gebiet machen, das durch die Winterschlacht an den Masurischen Seen im Februar 1915 durch russische Truppe verwüstet worden war.

Die Kaiserin beim Besuch des Soldatenheims im Kroll'schen Garten in Berlin, o. D.
Neben den Visiten in Lazaretten galt das Interesse der Kaiserin der Wiederherstellung der Arbeitsfähigkeit von Soldaten. In sogenannten Soldatenheimen konnten sich die Verwundeten außerhalb des Lazaretts der Freizeitgestaltung widmen. Im Sommergarten der Krolloper im Tiergarten war im Herbst 1914 ein »Nachmittagsheim für verwundete Krieger« eingerichtet worden.

Verfügung gestellt werden sollten.[19] Die Kaiserin selbst übernahm die Schirmherrschaft über das in der westlichen Pflanzenhalle der Orangerie im Park Sanssouci in Potsdam eingerichtete Lazarett. Die Ausstattung mit 40 Betten hatte der Vaterländische Frauenverein organisiert.

In den vier Kriegsjahren besuchte Auguste Victoria das Orangerielazarett mehr als 50 Mal.[20] Im Sommer 1915, als der Glaube an einen schnellen Sieg noch bestand und die Truppen durch Not und Hunger noch nicht demoralisiert waren, lud die Kaiserin leicht verwundete Soldaten des Orangerielazaretts in ihren Rosengarten ein. In dem am Neuen Palais gelegenen Privatgarten wurden sie mit Kaffee und Kuchen bewirtet. Mit zunehmender Kriegsnot sah der Hof allerdings von Einladungen dieser Art ab.

In den Jahren bis 1918 besuchte Auguste Victoria mit der für sie typischen Pflichterfüllung Hunderte Lazarette und soziale Einrichtungen im gesamten Deutschen Reich. Sie reiste in alle preußischen Provinzen, um kriegswichtige Einrichtungen kennenzulernen. Wie keine ihrer Vorgängerinnen hatte die Kaiserin bereits vor Beginn des Krieges die Nähe zur Bevölkerung gesucht. Der Rundgang im Lazarett begann meist mit einem kurzen Gespräch beim Chefarzt und der Oberin, um sich somit über die allgemeine Situation vor Ort zu informieren. Sie ließ sich die Höhe der Belegung mitteilen, fragte nach der Anzahl der dort tätigen Schwestern, informierte sich nach der Schwere und den Folgen der Verwundungen und den Heilungsaussichten. Bei ihren Rundgängen von Bett zu Bett kam sie mit den Soldaten ins Gespräch. Sie fragte nach Art der Verwundung und versuchte zu trösten. Sie erkundigte sich nach dem Heimatort und den Angehörigen. Jedem überreichte sie ein Lorbeersträußchen mit einer schwarz-weiß-roten Schleife.[21]

Mit den persönlichen Begegnungen in den Lazaretten hoffte sie, die Moral der Verwundeten zu stärken, denn sie wusste um ihre symbolische Wirkung als im Volk populäre Landesmutter. Doch nicht immer war ihr

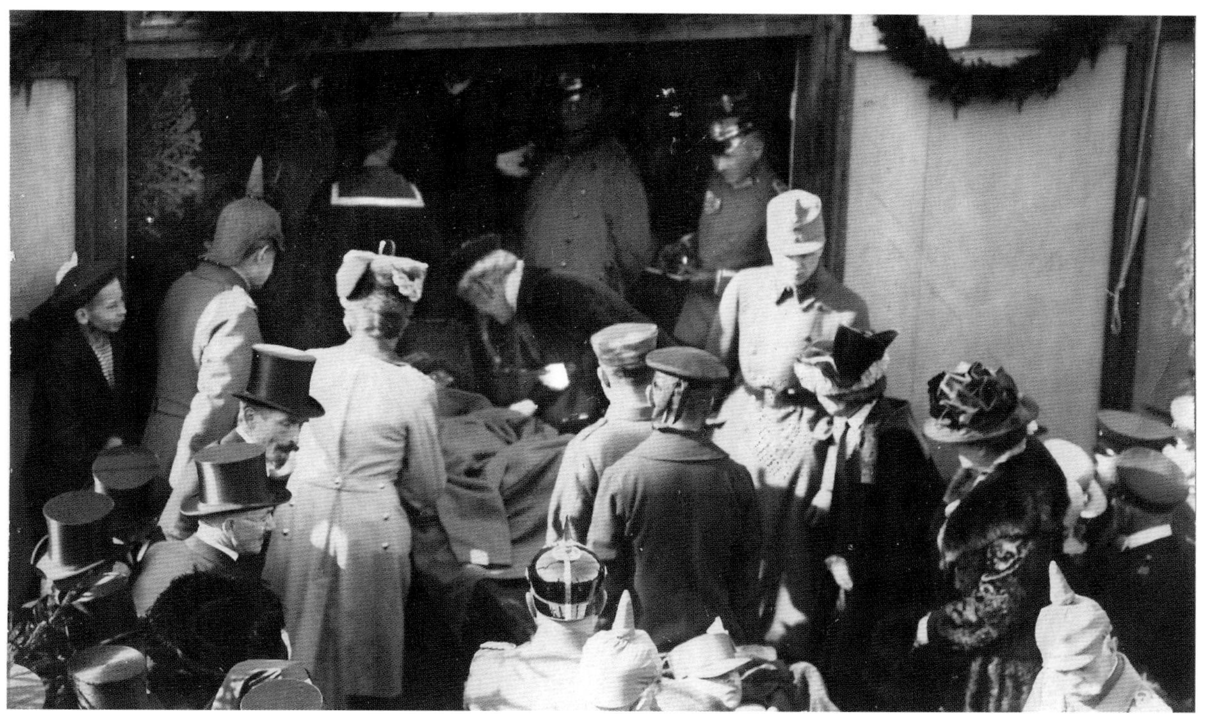

»Verwundetenaustausch« in Saßnitz, Fotografie vom Max Dreblow, 17. April 1916
Die Kaiserin beugt sich zu einem verletzten Soldaten herunter, der mit dem schwedischen Lazarettschiff »Aeolus« in Saßnitz eingetroffen war. Mehrere Hundert deutsche und österreichische »Austauschverwundete« waren aus Russland über Schweden in ihre Heimat zurückgebracht worden.

Besuch mit Erfolg verbunden. Als die Kaiserin im Sommer 1915 einen Soldaten, dem beide Beine amputiert werden mussten, fragte, ob sie ihm einen besonderen Wunsch erfüllen könne, antwortete dieser verbittert: »Ich habe nur einen Wunsch: dass einer Ihrer Söhne auch so daliegen würde wie ich!« Auguste Victoria, die mit dieser direkten Antwort nicht gerechnet hatte, war so überrascht, dass sie »Herzzustände«[22] bekam.

Als die Kaiserin im Juni 1917 mit Bertha Krupp von Bohlen und Halbach (1886–1957) in Essen zusammentraf, besichtigten sie gemeinsam mehrere Lazarette, die auf dem »Hügel«, dem Familiensitz der Familie Krupp, entstanden waren. Hier konnten seit Beginn des Krieges mehr als 2.500 Soldaten gepflegt werden. Nach der Teilnahme an einem Vortrag in der Villa Hügel über die neueste Entwicklung der Krupp'schen Rüstungswerke fuhr die Kaiserin weiter nach Düsseldorf, um sich über die chirurgische Behandlung von Kieferverletzungen unterrichten zu lassen. In der Spezialklinik von Professor Christian Bruhn (1868–1942) konnte sie sich über

Prinzessin Alexandra Victoria verteilt Postkarten mit ihrem Bildnis an Soldaten im Kreiskrankenhaus Britz, Fotografie der Gebrüder Haeckel, Herbst 1914
Mit großem Eifer besuchte die Frau des Prinzen August Wilhelm verwundete Soldaten in den Lazaretten. Der Kaiserin gefiel dies nicht immer. Auguste Victoria befürchtete, dass ihre Schwiegertochter durch die zahlreichen Besuche populärer als sie selbst werden könnte.

Links: Das Kaiserpaar auf der Rosenterrasse des Schlosses Homburg, Fotografie des Ateliers Thomas Heinrich Voigt, August 1916
Die Aufnahme entstand während des einwöchigen Sommeraufenthaltes Wilhelms II. in Bad Homburg. Schloss Homburg, das dem Kaiserpaar bisher nur für kurze Aufenthalte im Frühjahr als Wohnsitz gedient hatte, erhielt ab Januar 1917 eine neue Bedeutung. Damals wurde das Große Hauptquartier ins nahe gelegene Bad Kreuznach verlegt. Das Homburger Schloss blieb bis März 1918 der Hauptwohnsitz des Kaisers.

Rechts: Die Kaiserin in der Spezialklinik für Gesichtschirurgie in Düsseldorf, 21. Juni 1917
Auguste Victoria im Gespräch mit einem verletzten Soldaten. In der Spezialklinik von Professor Christian Bruhn informierte sich die Kaiserin über die Fortschritte der Gesichtschirurgie. Die verletzten Soldaten konnten in den Sommermonaten im Garten der Klinik gepflegt werden, da nach medizinischer Einschätzung das Sonnenlicht die beste Heilwirkung für offene Gesichtswunden bot.

die Fortschritte der Gesichtschirurgie informieren. Der über die Stadtgrenzen hinaus bekannte Zahnmediziner hatte seine Praxishäuser als Privatlazarett zur Verfügung gestellt. Er veranlasste, in den Sommermonaten die Verletzten im Garten zu pflegen, da nach seiner medizinischen Einschätzung das Sonnenlicht die beste Heilwirkung für die offenen Gesichtswunden bot.[23]

Neben den Visiten in Lazaretten galt das Interesse der Kaiserin der Wiederherstellung der Arbeitsfähigkeit der Soldaten. Sie besuchte mehrfach die Ausstellung der Arbeiterwohlfahrt in Charlottenburg, die sich mit den orthopädischen Möglichkeiten von Arm- und Beinprothesen beschäftigte. Die Einrichtung von Soldatenheimen, in denen sich genesende Soldaten außerhalb des Lazaretts der Freizeitgestaltung widmen konnten, fand ebenfalls ihre Aufmerksamkeit. In Potsdam eröffneten mehrere dieser Genesungsheime. So war Käthe Pietschker (1861–1949), die Tochter von Werner von Siemens, die Initiatorin des Soldatenheims im Gebäude der Loge Teutonia in der Kurfürstenstraße. Der Bankier Carl Hagen (1856–1938) überließ für diesen Zweck seinen Sommersitz, die Villa Carlshagen am Templiner See.[24] Ein weiterer Bereich der Kriegsfürsorge war die Einrichtung von Lazarettzügen, deren Zweck es war, verwundete Soldaten aus den Kriegsgebieten in die Lazarette zu befördern. Die Züge waren mit Operationszimmern, Aufenthaltsräumen für Ärzte und Schwestern, Schlafräumen, Speisewagen sowie einer Küche ausgestattet. Einen Teil der Summe von 120.000 Mark, die Auguste Victoria zu wohltätigen Zwecken von dem Verein der Lokomotivführer Deutschlands erhalten hatte, bestimmte sie für den Verwundetenzug »G 3 Kaiserin«, der im Januar 1915 in Betrieb genommen werden konnte.[25]

Mit Beginn des Krieges hatte die Kaiserin ihren Schwiegertöchtern die Betreuung der verwundeten Soldaten in Potsdam und Berlin übertragen. Allerdings beklagte sich Auguste Victoria bald, dass sich die Ehefrauen ihrer Söhne um die Lazarettbesuche drücken würden und sie diese daher allein absolvieren müsse. Für Kronprinzessin Cecilie existiere »der Krieg nicht

Kaiserin Auguste Victoria mit Bertha Krupp von Bohlen und Halbach auf der Margarethenhöhe in Essen, 20. Juni 1917
Die Kaiserin besuchte gemeinsam mit Bertha Krupp eines der Lazarette, das auf dem »Hügel«, dem Familiensitz der Firma Krupp, entstanden war. Anschließend besichtigte Auguste Victoria die Werkstätten der Gussstahlfabrik und dabei insbesondere jene Bereiche, in denen Arbeiterinnen beschäftigt waren.

wirklich. Sie lebe in einer ganz anderen Welt«, vertraute Oberhofmeisterin Gabriele von Alvensleben ihrem Tagebuch an.[26] Vier Monate später klagte die Kaiserin, »es gebe so viel zu tun und all ihre Schwiegertöchter versagten!«[27] Bereits im Herbst 1914 »zerrissen sich die Leute die Mäuler darüber, dass die Kronprinzessin so lange nach Westpreußen ›in die Sommerfrische‹ gegangen wäre und die arme Kaiserin ohne Unterstützung gelassen habe«[28].

Die Hofdame der Kronprinzessin Cécile Gräfin von Keyserlingk (1891–1975) bedauerte das mangelnde Pflichtgefühl der Thronfolgerin, »die nur gepresst [unter Druck] Lazarette besuche«[29]. Im Sommer 1915 beklagte sich die Kronprinzessin, »sie habe sich in Berlin mit Lazarettbesuchen übermüdet«. Resignierend schrieb Gabriele von Alvensleben: »[...] als ob 2 Lazarette, die sie [Cecilie] nur besucht, ihr geschadet hätten! Sie tobt den ganzen Tag zu ihrem Vergnügen herum, aber um ihre Pflichten drückt sie sich.«[30] Die Oberhofmeisterin fand aber auch gegenüber der Kronprinzessin selbst deutliche Worte, der sie in einem Brief schrieb: »IKH [Ihre Kaiserliche Hoheit] müsse ihren Pflichtenkreis so gut wie jeder andere in dieser ernsten Zeit auszufüllen versuchen und nicht hinter der Kaiserin und den anderen Prinzessinnen zurückbleiben.«[31] Allerdings änderte das wenig: »Sie schweigt sich aus und scheint pikiert. Ich kann's nicht ändern!«[32], schrieb sie über Cecilies Reaktion.

Die »Kriegsmüdigkeit« der kaiserlichen Schwiegertöchter nahm im Laufe der Jahre zu. Nach einem Telefongespräch mit der Kaiserin im Januar 1917 vertraute Gabriele von Alvensleben ihrem Tagebuch erneut an: »Die Arme klagte leise, es gebe so viel zu tun und all ihre Schwiegertöchter versagten! – Es ist wirklich schlimm, dass auch IKH sich diesen Winter schonen wird und alles an der Kaiserin hängen bleibt.«[33] Mit feinem Gespür und realistischem Weitblick sagt die Oberhofmeisterin schon im März 1917 voraus: »Ich fürchte, unser Herrscherhaus geht mit sehr gemindertem Ansehen aus dem Krieg hervor, denn das Volk hat ein feines, ganz gerechtes Empfinden für Fleiß und Pflichterfüllung und beides fehlt an den höchsten Stellen, leider, leider.«[34]

Anders hingegen verhielt sich Prinzessin Alexandra Victoria, die Ehefrau des Prinzen August Wilhelm. Auf die Besuche ihrer Schwiegertochter in den Lazaretten schien die Monarchin geradezu eifersüchtig zu sein. Auguste Victoria befürchtete, dass die Prinzessin durch ihre zahlreichen Besuche populärer als sie selbst werden könnte, weshalb sie ihr verbieten wollte, so viele Verwundete zu besuchen. Die Prinzessin dachte aber nicht daran, dieses Ansinnen zu befolgen, und soll schnippisch aus dem Auto heraus gerufen haben: »Ich tu's doch!«[35]

Unerhört fand die Kaiserin, dass Alexandra Victoria die Besuche ohne Begleitung ihrer Hofdame absolvierte und sich zudem sehr auffällig kleidete. Sie sehe dann aus wie eine Theaterschauspielerin »oder noch was Schlimmeres«. Kürzlich sei sie an das Bett eines Offiziers getreten, den seine Ehefrau gerade besuchte. Das Paar soll einen Schrecken bekommen haben, da es den kaiserlichen Gast nicht erkannte und der unschuldige Mann »in einen schlimmen Verdacht« geriet.[36]

Die Besuche in den Lazaretten und Kriegseinrichtungen und die damit verbundenen seelischen Anspannungen im Laufe der Jahre gingen nicht spurlos an der Kaiserin vorüber. Mit ihrer gesundheitlichen Konstitution stand es schon seit Jahren nicht zum Besten. Das Laufen bereitete ihr Probleme. Dr. Ernst Zunker, der Leibarzt der Kaiserin, klagte bereits 1914, sie mute sich zu viel zu. So habe sie erst kürzlich bereits bei der zweiten Treppenstufe über extreme Atemnot geklagt, sodass sie glaubte, gleich ersticken zu müssen.[37] Als sie im März 1916 mit Wilhelm II. im Park von Schloss Bellevue spazieren ging, sei sie anschließend so erschöpft gewesen, dass sie später, als der Kaiser weggefahren sei, keinen Schritt mehr gehen konnte.[38] Die Kaiserin versuchte, ihren schlechten Gesundheitszustand vor ihrem Mann zu verbergen. Im letzten Kriegsjahr entgegnete sie dem Adjutanten Sigurd von Ilsemann (1884–1952): »Der Kaiser darf nicht merken, wie ich leide, er hat schon so viel zu ertragen.«[39]

Familienzwist im Kaiserhaus

Einen unverstellten Blick auf das Innenleben des Kaiserhauses am Vorabend des Ersten Weltkrieges vermitteln die Tagebuchaufzeichnungen der Gabriele von Alvensleben. Als Oberhofmeisterin der Kronprinzessin Cecilie gehörte sie in den Jahren von 1913 bis 1919 zu den ranghöchsten Mitgliedern des Hofstaates und hatte somit uneingeschränkten Zugang zur kaiserlichen Familie. Kritisch beobachtete sie die Geschehnisse am Hohenzollernhof. Sie genoss das Vertrauen der Kronprinzessin und war zugleich ihre schärfste Kritikerin.[40] Der Hof veröffentlichte Postkarten von Besuchen der Kaiserin und der Kronprinzessin in den Lazaretten, sodass der Öffentlichkeit ein vorbildhaft-pflichtbewusstes Kaiserhaus vermittelt wurde. Tatsächlich versetzte das Verhalten ihrer Kinder und Schwiegerkinder die Kaiserin während der Jahre des Ersten Weltkrieges immer wieder in neue Aufregung.

Schon lange hatte sich der fünfte Kaisersohn Prinz Oskar in Gräfin Ina Marie von Bassewitz verliebt. Allerdings entstammte sie, die als Ehrendame dem Hofstaat der Kaiserin angehörte, einer Familie, die nach den Regeln des hohenzollerischen Hausgesetzes als nicht ebenbürtig galt.[41] Wilhelm II. stimmte nach jahrelangem Zögern dem Ehewunsch seines Sohnes zu, allerdings unter den härtesten Bedingungen. Die Braut erhielt am Tag der Trauung nicht den Titel Prinzessin von Preußen, sondern den einer Gräfin von Ruppin. Auch die aus dieser Verbindung hervorgehenden Kinder sollten nur diesen Namen tragen. Als Oskar dem Kronprinzen im Mai 1914 seine Verlobung mitteilte, amüsierte es diesen, dass »die Stütze des Throns« oder der »Musterknabe«, wie Prinz Oskar genannt wurde, nun auch mal aus der Rolle falle. Als das Ereignis in der Familie bekannt gegeben wurde, sollen die anderen Brüder und die Schwägerinnen »ziemlich außer sich gewesen sein. Prinzess Eitel Friedrich weinte die ganze Nacht.«[42] Ohnehin hatte das Zustandekommen der Verlobung die Kräfte der Kaiserin mehr als beansprucht. Die Kronprinzessin behauptete, Oskar habe seine Mutter terrorisiert und sie gezwungen, ihm hinter dem Rücken des Kaisers zu helfen. So vermittelte Auguste Victoria heimliche Treffen von Oskar und Mieze, so der Kosename Ina Maries. Gabriele von Alvensleben wusste zu berichten: »Sie opferte sich ganz und hat bei diesen Kämpfen und dem für sie doppelt schmerzlichen Konflikt zwischen Vater und Sohn sicher den größten Teil ihrer Gesundheit eingebüßt.«[43] Durch die Aufregung der letzten Wochen litt die Kaiserin an starken Schmerzen, die vom Herzen bis in die Fingerspitzen der linken Hand ausstrahlten. »Sie wird mit der Zeit einfach aufgerieben werden zwischen dem Kaiser, der keine Rücksicht auf sie nimmt und den Kindern. […] Nach außen ist alles glänzend. Deutsche Kaiserin, glückliche Gattin und Mutter. Aber wer hinter die Kulissen sieht, erkennt auch die Dornen.«[44]

Das Verhältnis zwischen der Kaiserin und ihrer einzigen Tochter Victoria Luise muss als äußerst ambivalent bezeichnet werden. Nach ihrer Eheschließung mit dem Herzog zu Braunschweig im Mai 1913 lebte die Kaisertochter in Braunschweig. Jedoch besuchte Sissy, wie sie im Familienkreis genannt wurde, während des Ersten Weltkrieges regelmäßig ihre Eltern in Berlin und Potsdam. Nicht immer gefiel dies der Kaiserin. Als der Herzog zu Braunschweig in den ersten Monaten nach Beginn des Krieges im Feld war, litt die Herzogin sehr unter der Trennung von ihrem Mann. Seitdem erschien sie »verbittert und reizbar, besonders auch gegen die arme Mutter, die sie gar nicht nett behandelt«[45]. Die Kronprinzessin wunderte dies überhaupt nicht, da Victoria Luise von ihren Eltern »schrecklich verwöhnt [worden] sei«[46]. Die erste Kriegsweihnacht 1914 verbrachte die Herzogin im Kreis ihrer Familie im Schloss Bellevue. Victoria Luise war nicht in bester Laune, nachdem sie erfahren hatte, dass auf Wunsch ihrer Mutter das Gefolge den Heiligen Abend gemeinsam mit der kaiserlichen Familie verbringen würde. Die Stimmung kippte gänzlich, als die Kaiserin erst an diesem Abend erfuhr, dass ihre Tochter wieder schwanger war. Dies hatte Sissy zwar der Kronprinzessin erzählt, es aber ihrer Mutter bisher verheimlicht. Victoria Luise erklärte der Kaiserin, sie wünsche nicht, dass diese bei der Entbindung persönlich anwesend sei. Sie hatte es überhaupt nicht geschätzt, dass die Kaiserin anlässlich der Geburt des ersten Sohnes im März 1914 eigens nach Braunschweig gereist war, um der Entbindung beizuwohnen. Die Kaiserin war vom Verhalten ihrer Tochter mehr als enttäuscht, als diese äußerte, »sie würde am liebsten mit der Hebamme in den Wald verschwinden und es dort abmachen (sic)«[47]. Die Kronprinzessin, die am nächsten Morgen an der Frühstückstafel teilnahm, war erstaunt über die »Gefräßigkeit der Prinzess Sissy, die 16 gebackene Austern gegessen hatte und sich für den Abend« im Kronprinzenpalais wieder »ein gutes Essen« bestellte.[48] Vor der Entbindung ihres dritten Kindes ging die Kaisertochter noch weiter; sie ließ ihre Mutter in dem Glauben, der Geburtstermin liege im Mai 1917, da sie ihre Ruhe haben wollte. »Es macht sie nervös, wenn sie immer so besorgt um sie wäre.« Tatsächlich erblickte ihre Tochter Friederike (1917–1981)[49] bereits am 17. April das Licht der Welt. Am folgenden Tag telefonierte die Kaiserin mit ihrer Schwiegertochter Cecilie, die erschrocken

Kaiserin Auguste Victoria, Rötelzeichnung von Max Arenz, 1916
Diese Porträtstudie war das letzte Bildnis, für das die Kaiserin Porträt saß. Dem in Potsdam lebenden Maler Max Arenz gewährte Auguste Victoria zwei Sitzungen, die im Januar 1916 im Neuen Palais stattfanden. Diese zarte Rötelzeichnung entstand vermutlich für den persönlichen Gebrauch der Kaiserin. Veröffentlicht wurde das Porträt erst aus Anlass ihres Todes 1921.

Kaiserin Auguste Victoria mit ihren Kindern und Schwiegerkindern, Foto von Oskar Streich, um 1912
Die Kaiserin galt als Idealbild der deutschen Mutter, die ein vorbildliches Familienleben führte. Doch versetzte das Verhalten ihrer Kinder und Schwiegerkinder die Monarchin immer wieder in große Aufregung. Das Familienbild entstand anlässlich einer Parforcejagd. V. l.: Prinz Eitel Friedrich mit Ehefrau Sophie Charlotte, das Kronprinzenpaar Cecilie und Wilhelm, die Kaiserin, die Prinzessinnen Alexandra Victoria und Victoria Luise, dahinter Prinz August Wilhelm.

war über ihre »unglückliche, erlöschende Stimme«. Die Kronprinzessin hatte zuerst geglaubt, einer ihrer Schwäger sei gefallen. Sie fuhr sofort nach Bellevue, um ihre Schwiegermutter zu trösten. Auguste Victoria sagte ihr: »Du bist, obwohl Du nicht mein eigenes Kind bist, immer viel netter mit mir wie [sic] Sissy.«[50] Als die Kaiserin ihre Tochter unmittelbar nach diesem Disput im Namen des Kaisers aufforderte, ihrem Mann mitzuteilen, er möge doch wieder einmal nach seinen Truppen sehen, habe Victoria Luise »tief pikiert bis auf weiteres den Verkehr mit der Mutter abgebrochen«. Die Oberhofmeisterin schlussfolgerte: »Die kaiserlichen Kinder sind sehr grausam mit ihrer Mutter und quälen sie viel. Kein Wunder, dass ihr Herz das nicht aushält.«[51] Im Oktober 1915 entschloss sich der Kaiser, zum Geburtstag seiner Frau aus dem Großen Hauptquartier im oberschlesischen Schloss Pleß nach Potsdam zu reisen. Der Besuch tat der Kaiserin sichtlich gut und entschädigte sie für die »Rücksichtslosigkeit ihrer Kinder«. Sie war so selig, ihn wieder zu sehen, dass sie ihn den ganzen Tag für sich allein haben wollte, niemand habe es gewagt, »in die Nähe des Neuen Palais zu gehen!«[52] Der Kaiser litt an Schlaflosigkeit, sodass die Kaiserin ihm die ganze Nacht vorlesen musste. »Er nimmt zu wenig Rücksicht auf sie«, schlussfolgerte die Kronprinzessin. »Nur hin und wieder kriegt er Angst und jammert dann: ›Was soll aus mir werden wenn ich Dich verliere?‹«[53] Als die Gesundheit der Kaiserin sich im Laufe des Krieges weiter verschlechterte, vertraute sie sich der Kronprinzessin an, sie möge, »wenn sie einmal nicht mehr da wäre, sich des ›armen Papas‹ annehmen, der dann so schrecklich allein sein würde«. Sehr bewegt fragte Cecilie die Kaiserin, ob der Kaiser überhaupt Vertrauen zu ihr habe. Auguste Victoria bejahte diese Frage: »Er hält sehr viel von Dir und keine der anderen Schwiegertöchter steht ihm so nahe. Mit Lotta [Frau des Prinzen Eitel Friedrich] verträgt er sich nicht, Aly [Frau des Prinzen August Wilhelm] ist so anders und Adi [Frau des Prinzen Adalbert] einfach, ein bisschen Geheimratsgöre.«[54] Die Kronprinzessin solle zwischen dem Kaiser und dem

Kaiserin Auguste Victoria mit der Familie ihrer Tochter Victoria Luise im Schloss Bellevue, Fotografie von Ernst Sandau, September 1916

Das Verhältnis zwischen Auguste Victoria und ihrer Tochter Victoria Luise muss als ambivalent bezeichnet werden. Die seit 1913 nach Braunschweig verheiratete Kaisertochter hielt sich während des Ersten Weltkrieges regelmäßig am kaiserlichen Hof in Berlin und Potsdam auf. Hier kam es immer wieder zu Konflikten zwischen Mutter und Tochter.

Kronprinzen vermitteln, Wilhelm II. ärgere es so, dass sein Sohn so viel über Reichskanzler Bethmann Hollweg schimpfte. Die Kaiserin klagte zudem, der Kaiser habe niemanden in seiner Umgebung, wobei sie sehr schlecht auf die Kabinettchefs und den »elenden kleinen Jagow« zu sprechen war. Gottlieb von Jagow (1863–1935), Staatssekretär im Auswärtigen Amt, hatte sich gegen die Pläne von Alfred von Tirpitz (1849–1930) ausgesprochen, einen uneingeschränkten U-Boot-Krieg zu führen, da dies den Eintritt der USA in den Krieg aufseiten der Entente bedeuten würde. Daraufhin wurde Jagow seines Amtes enthoben. Die Kronprinzessin jedenfalls war sehr erfüllt von dieser Mission und beschloss, den Kronprinzen zu beeinflussen, dass er sich die nächste Zeit über ganz still verhalten solle.[55] Als der Kaiser bei einem Abendessen im Neuen Palais Tirpitz stark angriff und sogar seinen Verdienst um die Marine beschneiden wollte, wagte keiner der Anwesenden mit Ausnahme seiner Frau, ihm zu widersprechen. »Die Kaiserin saß mit einem hochrotem Kopf, sehr aufgeregt da, die Herzogin Sissy warf kleine, aufreizende, naseweise Bemerkungen dazwischen«, sodass die Kronprinzessin behauptete, »in der Ecke wäre es furchtbar zugegangen, denn sie habe gehört wie die Kaiserin zu ihrer Tochter sagte: ›Du vergisst wohl mit wem Du sprichst?‹«[56] Überhaupt war die Kronprinzessin, als sie 1905 in die Hohenzollernfamilie eingeheiratete hatte, entsetzt »über den fabelhaft respektlosen Ton der Söhne gegen ihre Mutter. Sie selbst war gewöhnt vor ihrer Mutter zu zittern, die es verstanden hatte, trotz ihres deplorablen [bedauernswerten][57] Lebenswandels ihre Kinder in grenzenlosem Respekt« zu erziehen.[58] Das Verhältnis zwischen der Kaiserin und ihrer Tochter sollte sich auch in den nächsten Monaten nicht bessern. Auguste Victoria, die selig über die Anwesenheit des Kaisers in Potsdam war, zeigte sich eifersüchtig auf ihre Tochter und sehnte den Tag ihrer Abreise herbei, »um ihn ganz alleine zu haben. Die Arme wacht jeden Morgen um 4 Uhr auf, liegt aber ohne sich zu rühren im Bett, aus Angst den Kaiser zu stören.«[59] Als Victoria Luise drei Monate später erneut ihren Besuch ankündigte, er-

klärte die Kaiserin, sie nicht im Neuen Palais haben zu wollen. Gekränkt stieg sie mit ihrer Familie stattdessen im Hotel Adlon in Berlin ab.[60]

In dieser Zeit quälten zudem zwei andere Ehedramen die Kaiserin außerordentlich. Schon lange war die Ehe ihres vierten Sohnes August Wilhelm in Schieflage geraten. 1908 hatte der homosexuelle Kaisersohn seine Cousine Alexandra Victoria zu Schleswig-Holstein geheiratet. Aly, wie sie genannt wurde, war die Tochter von Donas Lieblingsschwester Calma. Eine von der Prinzessin gewünschte Scheidung lehnte Wilhelm II. aus religiösen und gesellschaftlichen Gründen ab. Da jedoch über die Homosexualität August Wilhelms im Kaiserhaus nicht gesprochen wurde, machte der Hof die »triebhafte« Prinzessin mit »ihrem verschlagenen Charakter« für das Ehedesaster verantwortlich. Die Oberhofmeisterin der Kronprinzessin hatte eine deutliche Meinung: »Die Prinzessin ist einfach mannstoll und hat nur Verachtung für ihren schwächlichen Mann.«[61] Fast noch größere Sorgen bereitete der Kaiserin die Ehe ihres jüngsten Sohnes Joachim. Er hatte 1916 die erst 18-jährige Prinzessin Marie Auguste von Anhalt geheiratet. Die Braut war nicht seine erste Wahl gewesen, doch die Kaiserin hatte zwei Heiratskandidatinnen ihres Sohnes[62] aus konfessionellen Gründen abgelehnt. Joachim hatte mit schweren psychischen Problemen zu kämpfen. Seine Ehefrau, die von ihm »öfters geschlagen«[63] wurde, lebte in ständiger Angst. Nach einem erneuten Wutanfall Joachims sei Marie Auguste im April 1918 zu ihrer Schwägerin Ina Marie in die Villa Quandt geflohen. Dort habe es eine Aussprache beider Eheleute gegeben, bei der die Prinzessin erzählte, »dass er sie schon zu Boden geschlagen und gewürgt habe«. Obwohl Victoria Luise ihren Bruder bat, der Kaiserin von diesem neuen Ehedrama kein Wort zu sagen, da sie die neuen

Die Kaiserin mit ihrer Schwiegertochter Kronprinzessin Cecilie, Fotografie des Ateliers Thomas Heinrich Voigt, Juni 1915
Mit ihrer ältesten Schwiegertochter Cecilie war die Kaiserin eng verbunden. Dieses vertrauensvolle Verhältnis wurde allerdings immer dann getrübt, wenn sich Cecilie von karitativen Pflichten fernhielt und diese Aufgaben stattdessen von der Kaiserin übernommen werden mussten.

Links: Prinz August Wilhelm mit seiner Ehefrau Alexandra Victoria, Fotografie von Rudolf Dürkoop, 1918
Auwi und Aly, so die Kosenamen der beiden, führten nur eine Kulissenehe. Als sich Alexandra Victoria von ihrem homosexuellen Mann scheiden lassen wollte, machte der Hof die angeblich »triebhafte« Prinzessin mit »ihrem verschlagenen Charakter« für das Ehedesaster allein verantwortlich.

Rechts: Die Kaiserin mit ihrem jüngsten Sohn Joachim, Fotografie von Ernst Sandau, 1916
Immer wieder versetzte Joachim die Kaiserin mit seinen Problemen in größte Sorge. Seine Ehe verlief alles andere als glücklich. Eine Mitschuld dafür gab er seiner Mutter. Der Kaiserin warf er vor, sein Lebensglück zerstört zu haben, da sie eine Eheschließung mit der Frau seiner Wahl aus konfessionellen Gründen abgelehnt hatte.

Aufregungen »töten« könnten, telegrafierte Joachim ihr, um sie von den Eheproblemen in Kenntnis zu setzen. Immer wieder wurde die Kaiserin mit derartigen Sorgen konfrontiert. Im Gespräch mit der Kronprinzessin verlor Auguste Victoria die Fassung und »weinte bitterlich, weil ihre Kinder, besonders die beiden Jüngsten so wenig nett zu ihr sind«[64]. Schließlich wurde vereinbart, dass Joachim in eine »Kaltwasserheilanstalt« eingewiesen und von seiner Ehefrau mindestens ein Jahr lang getrennt leben sollte.[65] Wilhelm II. beauftragte daraufhin den namhaften Psychiater Robert Gaupp (1870–1953), ein ärztliches Gutachten seines Sohnes anzufertigen. Der Mediziner stellte fest, dass sich der Prinz »im Sprechen überstürze, zeige blitzartige Zuckungen im Gesicht, sei seelisch und sexuell enorm erregbar, neige zu heftigen lawinenhaft anwachsenden Zornesausbrüchen, in denen er offenbar die Selbstbeherrschung ganz verloren«[66] habe. Der Zusammenbruch der Monarchie 1918 warf Joachim völlig aus der Bahn. Die ihm noch verbliebenen zwei Lebensjahre versuchte er, das aus seiner Sicht geschehene Unrecht an seinem Vater zu tilgen. Marie Auguste hatte sich von ihrem Ehemann getrennt. Allein bewirtschaftete er das Gut Bornim in der Nähe von Potsdam, wo »er in Uniform mit Orden selbst einen Mistwagen aufs Feld«[67] fuhr. Die Zeiten hatten sich geändert. Als die Ehefrau des Prinzen im Frühjahr 1919 das Schloss Sanssouci besichtigen wollte, wurde sie vom Kastellan, der gerade amerikanische Gäste durch das Haus führte, kaum beachtet. Die Amerikaner waren mit Autos aus dem ehemaligen kaiserlichen Fuhrpark vorgefahren. Ein Chauffeur, der früher auch die Prinzessin des Öfteren gefahren hatte, »stand vor ihr, die Hände in den Taschen und sagte: ›Jetzt müssen Sie laufen und wir fahren!‹«[68] Im Mai 1920 trennte sich Marie Auguste endgültig auch räumlich von ihrem Ehemann und »unter keinen Umständen wolle sie zu ihm zurückkehren, ihr einziger Wunsch an ihn sei, dass sie ihre Freiheit wieder haben wolle«[69]. Immer wieder hatte der Prinz seiner Mutter vorgeworfen, ihm die Ehe mit Fürstin Elisabeth von Urach verweigert und damit sein Lebensglück zerstört zu haben. Obwohl er noch verheiratet war, reiste Joachim zum Herzog von Urach (1864–1924) und hielt um die Hand seiner alten Liebe Elisabeth an. Als der Herzog den Prinzen aus seinem Haus warf, verlor Joachim endgültig jeden Lebensmut. In den frühen Morgenstunden des 17. Juli 1920 wurde der Prinz mit einer Schusswunde in der Herzgegend in das Potsdamer St. Josefs-Krankenhaus gebracht. Am folgenden Tag starb er an den schweren Verletzungen, die er sich mit seinem Armeerevolver zugefügt hatte.

All diese privaten Katastrophen innerhalb der Hohenzollernfamilie traten bis zum Zusammenbruch der Monarchie nicht an die Öffentlichkeit. Denn eine Sichtbarmachung des Auseinanderfallens hätte dem ohnehin geschwächten Ansehen des Kaiserhauses zusätzlich geschadet. Das Erfolgsgeheimnis für die Akzeptanz der Monarchie beim Volk lag hauptsächlich darin begründet, dass das Innenleben des Kaiserhauses nicht nach außen drang. Zu einer der wichtigsten Aufgaben des Oberhofmarschallamts gehörte es, das Haus Hohenzollern möglichst skandalfrei nach außen zu präsentieren. Dies gelang nicht immer.[70]

Die letzten Wochen vor der Revolution

Die familiären Probleme, verbunden mit den kräfteraubenden Visiten in den Lazaretten, Soldatenheimen und Volksküchen, setzten der körperlichen und seelischen Konstitution der Kaiserin immer mehr zu. Hinzu kam die aussichtsloser werdende Situation Deutschlands im vierten Kriegsjahr. Durch einen Angriff alliierter Truppen am 8. August 1918 an der Westfront kam es endgültig zu einem Umschwung der Kriegslage. Generalquartiermeister Erich Ludendorff (1865–1937) musste dem Kaiser zwei Tage später mitteilen, dass das Heer eine schwere Niederlage erlitten hatte. Im Ergebnis dieser Ereignisse erlitt Auguste Victoria während ihres Sommeraufenthaltes in Schloss Wilhelmshöhe einen Schlaganfall. Die Öffentlichkeit erfuhr von dem Zusammenbruch der Kaiserin nichts. In der Presse erschien lediglich ein kurzes Bulletin, in dem von »Herzbeschwerden«[71] die Rede war. Auch innerhalb der Hohenzollernfamilie wurde der tatsächliche Gesundheitszustand geheim gehalten. Gräfin Keller, die in Wilhelmshöhe anwesend war, erinnerte sich, wie die Kaiserin am Abend des 10. August plötzlich über eine »fatale Migräne« klagte und ihr zuflüsterte, sie »sehe alles doppelt«.[72] Gabriele von Alvensleben war »sehr besorgt«, denn: »Man weiß ja, wie rücksichtslos die Familie sie in jeder Beziehung aussaugt.«[73] Einzelheiten über den tatsächlichen Zustand der Monarchin blieben auch ihr verborgen. Erst nach dem Zusammenbruch der Monarchie äußerte sich der Leibarzt der Kaiserin Dr. Alfred Haehner (1880–1949): »Das sogenannte Unwohlsein der Kaiserin im Sommer 18 in Wilhelmshöhe sei ein richtiger Schlaganfall mit Lähmung der linken Gesichtshälfte gewesen, und des linken Armes.« Diese Tatsache sei aber verheimlicht worden.[74] Nach 14-tägiger Bettruhe hatte sich die Kaiserin im Spätsommer 1918 soweit erholt, dass sie das Zimmer verlassen und wenig später sogar wieder kurze Spaziergänge machen konnte. Ende September informierte Generaladjutant Hans von Gontard (1861–1931) die Kaiserin über den Rücktritt des Reichskanzlers Georg von Hertling (1843–1919) und von der Umwandlung der konstitutionellen Monarchie in eine parlamentarische Staatsform. Nach Beobachtung der Gräfin Keller habe die Kaiserin diese Nachricht »tieftraurig, vollständig klar über den Ernst der Lage, aber ohne Jammern und Klagen«[75] aufgefasst. Die Kaiserin lehnte die Einführung der neuen Staatsform ab, da mit ihr die Einschränkung der kaiserlichen Gewalt verbunden war. Ihre innere Haltung, unangenehme Dinge beiseite zu schieben, mit dem Ziel, von allen Problemen abzulenken, hatte auch bei Auguste Victoria Illusionen von der wahren Kriegslage entstehen lassen. So wirkte die Nachricht, dass die Oberste Heeresleitung um Waffenstillstand gebeten hatte, geradezu schockierend auf sie.[76] Da sich der Kaiser am 1. Oktober 1918 vom Großen Hauptquartier im belgischen Spa auf den Weg nach Potsdam machte, verließ Auguste Victoria Wilhelmshöhe, um mit ihrem Mann im Neuen Palais zusammenzutref-

Erste Aufnahme der Kaiserin nach ihrem Schlaganfall in Wilhelmshöhe, Oktober 1918
Die familiären Probleme in Verbindung mit den kräfteraubenden Visiten in den Lazaretten und den Kriegsereignissen hatten der körperlichen und seelischen Konstitution der Kaiserin zugesetzt. Nachdem sich Auguste Victoria im Juli 1918 zu ihrem traditionellen Sommeraufenthalt nach Wilhelmshöhe begeben hatte, erlitt sie hier einen Schlaganfall. Die Öffentlichkeit erfuhr nichts über den Zusammenbruch der Kaiserin. In der Presse war nur ein kurzes Bulletin veröffentlich worden, in dem von »Herzbeschwerden« die Rede war.

fen. Der Einfluss, den Auguste Victoria im Sommer und Herbst 1918 auf ihren Mann ausübte, war keinesfalls zu unterschätzen. Mit ihrem reaktionär-konservativen Denken, das voller Hass auf die Feinde der Hohenzollerndynastie war, setzte die Kaiserin alles daran, ihren Mann vor schlechten Nachrichten abzuschirmen, um ihn nicht weiter zu deprimieren. Den Thron wollte sie unter allen Umständen bewahren.[77]

In dieser Endzeitstimmung der deutschen Monarchie beschloss die militärische Umgebung des Kaisers, dass der labile Monarch Deutschland verlassen müsse. Wilhelm II. spürte den wachsenden Druck des neuen Reichskanzlers Max von Baden (1867–1929), der seine Abdankung erreichen wollte. Dabei hatte der Vetter des Kaisers erst am 3. Oktober das Amt des Reichskanzlers übernommen und ihm heilig versprochen, alles daranzusetzen, den Kaiserthron zu erhalten. Erst dieses Versprechen hatte ihn überhaupt in das hohe Staatsamt gebracht.[78] Als US-Präsident Woodrow Wilson (1856–1924) am 23. Oktober 1918 die Wirksamkeit der Verfassungsreform in Deutschland bezweifelte und die Aufgabe der bisherigen Staatsform forderte, löste diese Drohung bei Auguste Victoria Empörung aus. Schließlich war damit das Ende Wilhelms II. als Deutscher Kaiser und preußischer König besiegelt. Sozialistische und linksliberale Zeitungen forderten die Abdankung des Kaisers. Max von Baden sah sich allerdings außerstande, dem Kaiser diese Botschaft persönlich zu übermitteln. Er könne »dies als Verwandter und Freund nicht tun«[79]. Schließlich verließ Wilhelm II. am 29. Oktober 1918 Deutschland für immer. Auguste Victoria hatte ihren Mann zum Bahnhof Wildpark (heute Potsdam Park Sanssouci) gebracht, von wo aus er in das Große Hauptquartier nach Spa abreiste.[80] »Mit Tränen in den Augen nahm sie ihn fest in ihren Arm und drückte ihm still eine Rose in die Hand, wie der kaiserliche Adjutant Sigurd von Ilsemann beobachtete.«[81] Spätestens am 31. Oktober war Max von Baden ganz sicher, dass Wilhelm II. abdanken müsse. Der Kaiserin war dieses brisante Ansinnen nicht verborgen geblieben. Sie wollte

Letzte Aufnahme der Kaiserin vor der Revolution, Fotografie von Wilhelm Niederastroth, 1918

unter allen Umständen die Monarchie bewahren, da sie durch den Thronverzicht ihres Mannes ihre eigene Zukunft und die ihrer Kinder in Gefahr sah. So griff sie am 1. November zum Telefonhörer, um aus dem Neuen Palais einen Anruf in die Reichskanzlei nach Berlin zu tätigen, »schäumend vor Wut über das, was der badische Verwandte ihrem Gatten gerade antat«. Die Kaiserin scheint während des Telefonats mit Max von Baden die Contenance verloren zu haben, offenbar stellte sie ihn mit wüsten Beschimpfungen und massiven Vorwürfen zur Rede. Der Adjutant des Reichskanzlers Eduard von Racknitz (1871–1944) berichtete, dass Max von Baden anschließend »total zusammengeklappt« sei, sodass er ärztliche Hilfe in Anspruch nehmen musste. Nachdem der Reichskanzler einen Nervenzusammenbruch erlitten hatte, verabreichte ihm der Berliner Nervenarzt Wilhelm Zinn (1869–1943) zunächst ein Beruhigungs- und Schlafmittel. Da dieses nicht anschlug, verordneten die Ärzte »Pantopon«, ein Opiumvollpräparat. Der Reichskanzler befand sich daraufhin über 36 Stunden in einem komatösen Zustand. Noch am 4. November, also fünf Tage vor der Novemberrevolution, berichteten Beamte aus dem Berliner Regierungsviertel, dass der Regierungschef »mit nervöser Erschöpfung zu Bett«[82] liege. Da es in den ersten Novembertagen bereits zu Unruhen und Demonstrationen kam, begab sich Prinz August Wilhelm mit seiner Ehefrau aus Sicherheitsgründen in das Neue Palais. Es war der Tag, an dem in Kiel die Revolution ausbrach. Da die Unruhen immer bedrohlicher wurden, bat Prinz Eitel Friedrich am 7. November seine Schwägerin Kronprinzessin Cecilie, sie möge sich ebenfalls ins Neue Palais begeben, was diese jedoch ablehnte. Die Potsdamer Behörden erklärten der Ehefrau des Thronfolgers, sie könnten nicht beide Wohnsitze – das Neue Palais und das Schloss Cecilienhof – verteidigen.[83] Erst als Wilhelm II. alle in Potsdam wohnenden Familienmitglieder aufforderte, sich zur Kaiserin ins Neue Palais zu begeben, siedelte die Kronprinzessin mit ihren sechs Kindern am 8. November dorthin über. Am selben Tag gingen auch Eitel Friedrich mit Frau sowie Oskar mit Familie dorthin. Unterdessen war das weiträumige Areal um das Neue Palais abgeriegelt und streng bewacht. Am späten Vormittag des 9. November 1918 verkündete Reichskanzler Max von Baden unautorisiert die Abdankung des Kaisers, ohne dass diese tatsächlich schon erfolgt war. Der Reichskanzler hatte dem Führer der Sozialdemokraten Friedrich Ebert (1871–1925) die Regierungsgeschäfte übertragen. Der SPD-Vorsitzende Philipp Scheidemann (1865–1939) verkündete aus einem Fenster des Reichstagsgebäudes das Ende des Kaiserreichs und die Gründung der »deutschen Republik«. Kurz darauf rief der kommunistische Politiker Karl Liebknecht (1871–1919) vom Portal IV des Berliner Schlosses die »freie sozialistische Republik Deutschland« aus.[84] Nachdem der Reichskanzler die Abdankung verkündet hatte, schrieb Wilhelm II. an seine Frau: »Max hat seinen Verrat voll durchgeführt, den er seit Wochen mit Scheidemann gesponnen hat. Ohne mich zu fragen und ohne einen

Schritt von mir zu erwarten, hat er mich abgesetzt. Ebert haust in Bismarcks Zimmer, vielleicht bald im Schloss.«[85] Im Laufe des Nachmittags konnte die Oberste Heeresleitung Wilhelm II. überzeugen, ins Exil in die Niederlande zu gehen. Am Morgen des 10. November reiste der Kaiser mit dem Hofzug bis Lüttich. Hier endete die Fahrt, da die Stadt von Aufständischen besetzt war und man befürchtete, nicht durchgelassen zu werden.[86] Von dort stieg die Reisegesellschaft in zwei Automobile um und fuhr bis zur niederländischen Grenze. Am Grenzbahnhof von Eijsden wurde ausgestiegen und auf dem Bahnsteig gewartet. Von allen Seiten kamen Menschen, die den Kaiser beschimpften. Diese Erniedrigungen endeten erst, als der Zug einfuhr. Den ganzen Tag verbrachte Wilhelm II. im Speisewagen. Werner von Grünau (1874–1956), Legationsrat des Auswärtigen Amtes, nahm Verbindung mit Den Haag auf, um anzufragen, ob der Kaiser in den Niederlanden als »Privatperson« aufgenommen werde.[87] Am Nachmittag kam die Nachricht, dass Königin Wilhemina (1880–1962) über die traurige Lage Wilhelms II., ihres Taufpaten, gerührt sei, aber für den Beschluss, ob der Kaiser einreisen dürfe, müsse erst der Ministerrat zusammengerufen werden. Kurz nach Mitternacht traf die Nachricht ein, dass der Ministerrat beschlossen hatte, Wilhelm II. aufzunehmen, sodass der Hofzug am Morgen des 11. November seine Fahrt in Richtung Maarn aufnehmen konnte. Auf der gesamten Strecke standen Menschen zu Tausenden. Überall drohten sie mit Fäusten oder machten Gesten des Gurgelabschneidens. In Maarn empfing den ehemaligen Kaiser Graf Godard van Bentinck (1857–1940), der ihn in seinem Schloss Amerongen aufnahm. Erst am Tag zuvor hatte Graf Bentinck die Anfrage der niederländischen Regierung erhalten, ob er den ehemaligen Deutschen Kaiser aufnehmen könne. Alex Graf van Lynden (1873–1932), der Gouverneur der Provinz Utrecht, hatte sich telefonisch bei ihm mit dem Hinweis gemeldet, in einer äußerst schwierigen Lage zu sein, da die Regierung das Schloss Amerongen als geeigneten Aufenthaltsort betrachtete. Das Schloss war von einem Wassergraben umgeben und das Areal von hohen Mauern eingefasst.

Spottkarte auf Auguste Victoria, die sich im Gegensatz zur hungernden Bevölkerung mit großen Lebensmittelvorräten versorgt, 1919

So entschloss sich der völlig überraschte Graf Bentinck Wilhelm II. in seinem Haus zu beherbergen. Sein ältester Sohn Carlos sagte: »Bentincks nahmen den Kaiser in seinen Glanztagen auf; jetzt, wo er gestürzt ist, können wir uns nicht weigern, ihm Obdach zu gewähren!«[88] Wilhelm II. und Auguste Victoria waren 1909 schon einmal Gäste des Grafen Bentinck gewesen. Damals war das Kaiserpaar auf Schloss Middachten, dem Besitz eines Bruders des Grafen, empfangen worden.[89]

Die Kaiserin erfuhr von der Reise ihres Mannes in die Niederlande erst am Vormittag des 11. November. Am Morgen des 10. November war Oberhofprediger Ernst von Dryander auf Bitten der entthronten Monarchin nach Potsdam gekommen. Der Schlosspfarrer gab Auguste Victoria in dieser für sie trostlosen Zeit seelischen Halt.[90] Ihrer Schwester Calma schrieb sie an diesem Tag: »Ein Lebenszeichen, noch geht es uns hier gut körperlich, aber was man mit dem Herzen durchmacht in Leid und Kummer, das lässt sich nicht sagen.«[91]

Durch das Engagement adeliger Offiziere, die sich den Hohenzollern persönlich verpflichtet fühlten, blieben die Verhältnisse am Neuen Palais stabil. Die abgeschiedene Lage trug sicher dazu bei, dass das Schloss von Plünderungen verschont blieb. Anders sah es im Berliner Schloss aus. Matrosen und Soldaten des Arbeiter- und Soldatenrates waren in die privaten Wohnräume des Kaiserpaares und der Hofdamen eingedrungen und hatten diese geplündert. Bogdan Krieger, der Bibliothekar des Kaiserpaars, konnte sich am 18. November ein persönliches Bild vom Zustand der Räume machen. Beim Betreten der Marmortreppe, die zur Wohnung der Gräfin Brockdorff führte, »die sonst mit schweren Teppichen belegt [war], deren Seitenwände mit Hohenzollernporträts geschmückt sind, war unbeschreiblich schmutzig und von den benagelten Soldatenstiefeln arg mitgenommen«. In den Garderobenräumen der Kaiserin waren die Schränke aufgebrochen. »In wirrem Durcheinander lagen Staatskleider, Teile von Reit- und Jagdkostümen, Unterkleider, Uniformstücke, Hüte, Schuhe und Stiefel, vielfach unpaarig, auf dem Fußboden oder hingen in den durchwühlten, offenstehenden Schränken. Vieles war gestohlen. Darunter aus zwei großen Schränken Kleider für Hoffestlichkeiten mit reicher Silber- und Goldstickerei, Trauerkleider, Jagdkleider mit sämtlichen Zutaten, Pelerienmäntel und Umhänge. [...] In den Wohnräumen der Kaiserin waren alle Schubladen der Kommoden, die Fächer des Schreibtisches erbrochen und herausgerissen. Auf einem kleinen Zierschrank standen schmutzige Soldatenstiefel, die einer der Plünderer zurückgelassen hatte. Die Vitrinen waren zerschlagen oder gewaltsam geöffnet, zum Teil ihres Inhalts beraubt. Kopenhagener und Berliner Porzellan, Wedgwoodvasen, kleine Standuhren, Stehbilder, die in den Kommoden verpackt gewesen waren, waren gestohlen.«[92] Doch von diesen Plünderungen hatte die Kaiserin zunächst nichts erfahren. Sie war damit beschäftigt, Reisepläne vorzubereiten, um so schnell wie möglich ihrem Mann ins Exil zu folgen. Aufgrund der erlebten Anfeindungen und innenpolitischen Unruhen in den Niederlanden bat Wilhelm II. seine Frau am 13. November telegrafisch, unter keinen Umständen nach Holland zu kommen,[93] sodass die Kaiserin zunächst weiterhin in Potsdam blieb. Da die Wachen des Neuen Palais darauf drängten, von ihren Verpflichtungen entbunden zu werden, war der Aufenthalt hier jedoch nicht länger möglich. Prinz Eitel Friedrich nahm seine Mutter zu sich in die Villa Ingenheim. Bevor Auguste Victoria das Neue Palais verließ, besuchte sie an jenem 21. November noch einmal das Mausoleum an der Friedenskirche, um dort am Todestag ihrer Schwiegermutter Victoria einen Kranz niederzulegen. Nach ihrer Rückkehr »beschäftigte sich Ihre Majestät mit Packen«[94]. Anschließend ging sie in den Marstall hinüber und ließ sich ihre Reitpferde herausführen, um von ihnen Abschied zu nehmen. Bevor die Kaiserin das Palais endgültig verließ, ging sie noch einmal allein durch ihre Wohnung, durch die Zimmer des Kaisers und schließlich hinunter in das Sterbezimmer Friedrichs III. Anschließend nahm Auguste Victoria den Tee und verabschiedete sich in ihrer Wohnung von ihrem Gefolge. Im Vestibül »war das gesamte Personal versammelt, alle umdrängten sie weinend und schluchzend«[95], wie Gräfin Keller beobachtete. Bereits am nächsten Tag erschienen zwei Abgesandte des Arbeiter- und Soldatenrates in der Villa Ingenheim und forderten von der Kaiserin die Herausgabe der Korrespondenz ihres Mannes. Auguste Victoria entgegnete: »Die Privatkorrespondenz wollen Sie? Die existiert nicht mehr.«[96] Nach übereinstimmenden Aussagen von Zeugen hatte Auguste Victoria die Briefe im Herbst 1918 verbrannt.[97] Allerdings war es Hofmarschall Oskar von Platen gelungen, nach dem 15. November unbemerkt »sehr wichtige und kompromittierende Briefe aus dem Schreibtisch des Kaisers und Schmuck aus der Schatulle der Kaiserin« zu retten. Graf Wolff-Metternich (1887–1956), der in den Novembertagen die Matrosen im Berliner Schloss befehligte, hatte ihm den Zugang in die privaten Wohnräume des Kaiserpaares ermöglicht.[98]

Am 22. November sprachen sich Königin Wilhelmina und die niederländische Regierung dafür aus, dass Auguste Victoria in die Niederlande kommen könne. Am Abend des 27. November war es dann soweit. Auf der ehemaligen Hofstation Wildpark konnte die frühere Kaiserin einen Hofzug besteigen, den ihr die neue Regierung zur Verfügung gestellt hatte. Drei Schlafwagen und zwei mit persönlichen Dingen voll beladene Gepäckwagen sollten sie unter dem Schutz einer sechsköpfigen Wache ins Exil bringen. Der neue Regierungschef Friedrich Ebert hatte ihr mit dem SPD-Politiker Hermann Molkenbuhr (1851–1927) einen altbewährten Parteigenossen mitgeschickt, der sie als Sicherheitsgarant bis an die niederländische Grenze begleiten sollte. »Sie war sehr unglücklich während dieser Reise.« Er versuchte, sie damit zu trösten, dass er ihr erzählte, wie er durch das Sozialistengesetz das Land hatte verlassen müssen. »Die Exkaiserin hatte von all dem keine Ahnung«[99], erinnerte sich Molkenbuhr später. Aufgrund der umsichtigen Vorbereitungen, die beispielsweise keinen Aufenthalt auf großen Stationen, Lokomotivwechsel nur auf Verschiebebahnhöfen und eine rote Fahne an der Lok beinhalteten, verlief die streng geheime Nachtfahrt vollkommen reibungslos. Der ehemalige Hofzug erreichte die niederländische Grenze am Morgen des 28. November 1918.[100]

Krankheit und Tod

Die Exiljahre in Amerongen und Doorn

Graf Bentinck empfing die Kaiserin auf der Bahnstation Maarn in der Provinz Utrecht. Gemeinsam fuhren sie in das nahe gelegene Amerongen. Als das Auto in den Hof einfuhr, stand Wilhelm II. allein vor dem Schloss, um seine Ehefrau zu empfangen. Die Kaiserin »in Schwarz gekleidet, mit einem großen Federhut, äußerlich vollkommen beherrscht«, beide umarmten sich – »ein erschütternder Anblick«, wie Gräfin Keller notierte.[1] In den ersten Tagen nach ihrer Ankunft im Exil war die Stimmung gedrückt. Das bisherige Leben der Kaiserin war zerbrochen. In den zurückliegenden drei Jahrzehnten war sie als erste Dame des Kaiserreichs mit allen Privilegien der monarchischen Staatsform ausgestattet gewesen. Die höfische Welt, für die sie lebte, existierte nicht mehr. Und sie haderte mit ihrem Schicksal. Getrennt von Heimat und Familie schmerzte sie der Verlust ihrer führenden gesellschaftlichen Stellung zutiefst. Doch nahm sie sich zurück und war einzig und allein besorgt um das Schicksal ihres Mannes, dem aus ihrer Sicht so viel Unrechtes geschehen war. Für ihn musste sie stark sein »und doch so dankbar muss ich sein, dass es ihm gut geht«[2], wie Auguste Victoria an ihre ehemalige Oberhofmeisterin Gräfin Brockdorff schrieb. Mit Unverständnis und Bitterkeit reagierte sie auf den Verlust des Throns und der machtpolitischen Stellung der Hohenzollerndynastie. Nach ihrem Verständnis hatte sie mit dem Engagement auf karitativ-sozialem Gebiet das Möglichste bis zu ihrer körperlichen Erschöpfung geleistet. Doch war das Volk nach vier entbehrungsreichen Kriegsjahren durch Hunger und Elend am Ende seiner Kräfte. Auguste Victoria aber klammerte sich an die »Ergebenheitsadressen« von kaisertreuen Verbänden aus Deutschland. Bis zu ihrem Tod erhielt die frühere Kaiserin zahlreiche Briefe von karitativen Verbänden, denen sie bis 1918 als Protektorin vorgestanden hatte. In allen Schreiben beschworen die Vorsitzenden weiterhin ihre Treue und Anhänglichkeit an das ehemalige Kaiserhaus.[3]

Die Ankunft der Kaiserin in Amerongen fiel auf jenen Tag, an dem Wilhelm II. seine Abdankungsurkunde unterzeichnete. Der abgesetzte Monarch beriet sich »einige Stunden gemeinsam mit der Kaiserin«, bevor er seine Unterschrift unter dieses wichtige staatspolitische Dokument setzte. Er hatte sich zunächst geweigert, erklärte sich aber dann bereit, diesen Schritt zu tun, nachdem ihm die neue Staatsregierung zugesichert hatte, sein Privatvermögen, das am 13. November beschlagnahmt worden war, wieder freizugeben.[4] Mit dieser Forderung legte Wilhelm II. den Grundstein für den Abtransport der kaiserlichen Einrichtungen aus den preußischen Schlössern. Graf Godard van Bentinck hatte das Kaiserpaar in seinem Schloss zunächst – wie es hieß – für drei Tage aufgenommen. Schließlich wurden daraus 18 Monate. Die Ehefrau des Ameronger Hausherrn war 1916 gestorben, daher bewohnte der Witwer das Schloss gemeinsam mit seiner Tochter Elizabeth (1892–1971). Die Wohnräume Wilhelms II. und Auguste Victorias lagen im ersten Obergeschoss, wo eine ehemalige Gästewohnung für den Exilkaiser eingerichtet worden war. Sie

Auguste Victoria vor Schloss Amerongen, 1919
Die Trennung von ihren Kindern und Enkeln schmerzte die Kaiserin während ihres Aufenthaltes in Amerongen am meisten. Noch größere Sorgen bereiteten ihr aber die von den Siegermächten geforderte Auslieferung Wilhelms II. und seine geplante Verurteilung als Kriegsverbrecher.

Der erste Exilsitz – Schloss Amerongen
Wilhelm II. und Auguste Victoria wohnten von November 1918 bis Mai 1920 als Gäste des Grafen Godard van Bentinck auf Schloss Amerongen.

bestand aus einem gemeinsamen Schlafzimmer sowie aus je einem Arbeitszimmer für Kaiser und Kaiserin. Da die Raumkapazität des Wasserschlosses begrenzt war, musste sich die Kaiserin auf ein Minimum ihres Gefolges beschränken. Neben der Hofstaatsdame Gräfin von Keller, die im Wechsel mit Gräfin zu Rantzau Dienst tat, gehörten zu ihrem Hofstaat nur noch ihre beiden Garderobefrauen Johanna Scheffler und Martha Kuntze, ihr Kammerdiener Bernhard Thielemann sowie ihre Kammerjungfer Marie Weferling. Das Anwesen war abgeriegelt und wurde von Posten bewacht. Der Zugang war nur mit gesonderten Einlasskarten möglich.[5]

Was die ehemalige Kaiserin in den ersten Wochen nach ihrem Fortgang aus Potsdam am meisten schmerzte, war die Trennung von ihren Kindern. Ihnen galt der erste Brief nach ihrer Ankunft in den Niederlanden: »Ich weiß, Ihr meine lieben Kinder u. Schwiegerkinder werdet Euch mit Gottes Hilfe brav durchschlagen, möge Euch dermaleinst mal wieder die Sonne scheinen. […] Ich bleibe bei Papa bis zuletzt, wenn man mich lässt, dann ist es weniger schwer. Unsere gegenseitige heiße Liebe und unser Gottvertrauen geht übers Grab. Grüßt die Heimath, die jetzt so bethört ist.«[6] Der Tag begann gegen neun Uhr mit einer morgendlichen Andacht. Anschließend nahm das Kaiserpaar sein Frühstück wie zumeist auch das Mittagessen allein in seinem Appartement ein. Von 10 bis 13 Uhr beschäftigte sich Wilhelm II. im Garten mit dem Sägen von Bäumen. Bereits im Frühjahr 1919 war der 2.000. Baum gefällt.[7] Die körperliche Tätigkeit tat ihm gut: »Da kommt der ganze Dreck raus, der nicht in den Körper gehört«, wie Wilhelm II. selbst einmal sagte. »Die Kaiserin kommt gegen 12 Uhr in den Garten, geht allein spazieren, liest oder schreibt auf einer Bank in der Sonne.« Nach dem Mittagessen ruhte der Kaiser, anschließend arbeitete er an seinem Schreibtisch. »Die Kaiserin leistet ihm Gesellschaft, liest entweder auf dem Sofa liegend oder schreibt an ihrem Schreibtisch, der hinter dem des Kaisers steht«, wie sich der Adjutant Sigurd von Ilsemann erinnerte. Gegen 17 Uhr wurde der Tee eingenommen, anschlie-

Schreib- und Wohnzimmer Auguste Victorias im Schloss Amerongen, 1919/20
Die Wohnung des ehemaligen Kaiserpaares bestand neben einem gemeinsamen Schlafzimmer aus je einem Schreib- und Wohnzimmer. Alle Einrichtungsgegenstände waren aus dem Besitz des Grafen Bentinck. Lediglich die gerahmten Fotografien auf dem Schreibtisch (Wilhelm II.) sowie auf dem Tisch neben dem Kamin (Wilhelm und Cecilie) waren persönliches Eigentum Auguste Victorias.

ßend berichtete der stellvertretende Hausminister Friedrich von Berg (1866–1939) von Neuigkeiten aus deutschen Zeitungen. Erst während des Abendessens, das im Speisezimmer der unteren Etage eingenommen wurde, traf das Kaiserpaar mit dem Grafen Bentinck und seiner Tochter zusammen. Gäste wurden nur selten erwartet. Nach dem Diner gab es ein lockeres Zusammensein, bei dem sich die Herren für eine halbe Stunde von den Damen trennten, um eine Zigarette zu rauchen. Die Kaiserin ging kurz nach 22 Uhr, der Kaiser eine Stunde später zu Bett.[8]

Die erste Jahreshälfte 1919 war gekennzeichnet von der drohenden Auslieferung des Kaisers. Die Siegermächte lasteten ihm die Hauptschuld des Krieges an. Er, der das neutrale Belgien überfallen, gewissenlos Giftgas eingesetzt und einen entsetzlichen U-Boot-Krieg geführt hatte war zu einem Hassobjekt geworden. Der Kaiser blieb zwar ruhig und gefasst, zu seinem Adjutanten sagte er jedoch: »Die arme Kaiserin ist total herunter. Diese Schweine bei der Entente, wenn sie wüssten, wie grausam sie die arme Frau quälen.«[9] Letzten Endes wurde der Kaiser nicht ausgeliefert. Die Niederlande weigerten sich, da sie als neutraler Staat nicht an den Versailler Vertrag gebunden waren.

Ende Mai 1919 ging der größte Wunsch der Kaiserin in Erfüllung: ein Treffen mit ihrem ältesten Sohn. Der Kronprinz lebte als Verbannter auf der niederländischen Insel Wieringen. Nun genehmigte die niederländische Regierung eine Begegnung mit der Kaiserin. Als neutraler Ort wurde die Villa des Generals Wrangel in der Nähe von Amersfoort ausgewählt. Das erste Wiedersehen seit dem Zusammenbruch des Kaiserreiches war für beide sehr emotional.[10] Auguste Victoria hatte ihre Kinder sehr verwöhnt. Alfred Haehner, der im September 1919 seinen Dienst als Leibarzt der Kaiserin angetreten hatte, notierte als kritischer Beobachter die Geschehnisse in Amerongen und später in Doorn. Seine Erfahrungen und Erlebnisse hielt er in mehreren Tagebüchern fest.[11] Nach seiner Einschätzung bestand zwischen dem Vater und den Söhnen ein sehr kühles Verhältnis, sie

Besuch Auguste Victorias auf dem Holzplatz, 31. Mai 1919
Täglich nach dem Frühstück arbeitete Wilhelm II. mit seinem Adjutanten Sigurd von Ilsemann (im Hintergrund) auf dem Holzplatz. Die körperliche Arbeit bot dem ehemaligen Kaiser Abwechslung, da er den Park von Amerongen nicht verlassen durfte. Der 2.000. Baum war bereits im Frühjahr 1919 gefallen.

sahen in ihm auch jetzt noch in erster Linie den Kaiser: »Daran trüge allerdings die Kaiserin viel Schuld, die die eigene Unterwürfigkeit unter den Kaiser auch den Kindern beigebracht hätte. […] Es kämen beim Kaiser hin und wieder Zeiten völligen nervösen Zusammenbruchs vor, dann lege er sich einfach ins Bett und sei für nichts zugänglich. In solchen Zeiten sei die Kaiserin, die sonst eine rein ›Weibchen-Natur‹ sei, groß, dann sei sie die Starke und wüchse über den Kaiser hinaus«, wie Alfred Haehner seinem Tagebuch anvertraute.[12]

Im Laufe des Jahres 1919 verschlechterte sich der Gesundheitszustand der Kaiserin weiter. Das Gehen bereitete ihr Probleme, zudem klagte sie über Schmerzen in der Herzgegend und über Atemnot. Auguste Victoria war keine einfache Patientin, sie widersetzte sich häufig den Anordnungen ihres Arztes. Die Medikamente schmeckten alle »unangenehm«, Umschläge »verträgt sie nicht«, Inhalieren sei »so lästig«. Schon vor dem Krieg hatte sie ärztliche Ratschläge kaum angenommen. Immer wieder wurde sie gebeten, sich körperlich zu schonen, doch es fiel ihr schwer, Ruhephasen einzuhalten. Immer wollte sie alle offiziellen Termine wahrnehmen, wobei sie von ihren Hofdamen, die keine Rücksicht nahmen, oftmals gehetzt wurde. Niemals habe die Kaiserin ihre Zeit selber einteilen können.[13] Im Dezember 1919 vertraute sich die Kaiserin in einem persönlichen Gespräch ihrem Arzt an und gab der aktuellen politischen Situation, besonders der noch immer nicht geklärten Auslieferungsfrage des Kaisers durch die Siegermächte, eine Mitschuld an ihrem schlechten Gesundheitszustand. Dann »fing sie auf einmal an zu weinen. Was ihnen doch alles aufgebürdet sei, wie die Menschen sich gegen sie benommen hätten, wo man doch immer sein Bestes habe tun wollen.« Schließlich schlussfolgerte Haehner: »Tiefstes Mitleid muss man mit der Frau empfinden, die dabei immer noch eine solche Stärke an den Tag legt, dass sie vor allem ihre ganzen Sorgen vor dem Kaiser zu verbergen bestrebt ist.«[14]

Seit dem Einzug in Amerongen war Wilhelm II. auf der Suche nach einem eigenen Wohnsitz. Schließlich konnte er die Gastfreundschaft des Grafen Bentinck nicht länger beanspruchen. Im Sommer 1919 konnte mit Huis Doorn ein geeignetes Anwesen erworben werden. Es lag nur etwa zehn Kilometer östlich von Amerongen. Zum Landsitz gehörte neben einem herrschaftlichen Schlösschen und verschiedenen Nebengebäuden auch ein etwa 60 Hektar großer Park. Die Zahlung der Ankaufssumme in Höhe von 1,3 Millionen Gulden war möglich geworden, da der preußische Staat das Privatvermögen des Kaisers freigegeben und mehrere Geldtransaktionen in Millionenhöhe getätigt hatte. August zu Eulenburg, der bis zu seinem Tod 1921 das ehemalige Hausministerium leitete, war es gelungen, mit dem preußischen Finanzminister Albert Südekum (1871–1944) zu verhandeln, dass die finanziellen Mittel zum Ankauf von Huis Doorn freigegeben wurden.[15]

Der Besuch ihrer Kinder brachte für die Kaiserin in den ersten Monaten ihres Exils die gewünschte Abwechslung. Die kaiserliche Umgebung, zu der neben Alfred Haehner auch Sigurd von Ilsemann gehörte, schätzte den Prinzen Adalbert am wenigsten. Er sei zwar gegenüber seiner Mutter in größter Fürsorge, doch »alle anderen stößt er durch sein kaltes abweisendes Wesen zurück«. Er empfinde anscheinend nicht, gegenüber der Familie Bentinck und dem Hofstaat des Kaisers, in gewissem Grade dankbar zu sein. Nach Beobachtung Haehners fühlte sich Adalbert »ganz wie früher auf einer hohen Warte, von der aus er die Menschen, die mit ihm zusammenkommen, fast wie Schachfiguren hin und herschieben kann«[16]. Aus ganz anderem Holz war Prinz August Wilhelm geschnitzt, der ein sehr inniges und liebevolles Verhältnis zu seiner Mutter unterhielt und sich zuvorkommend gegenüber dem Gastgeber zeigte. Im Januar 1920 kam er mit schlechten Nachrichten im Gepäck nach Amerongen, denn er musste mit seinen Eltern über seine bevorstehende Scheidung sprechen. Die Kaiserin überstand die Nachricht gesundheitlich besser als befürchtet. »Der Prinz machte keinen besonders erfreulichen Eindruck [...].« Für Alfred Haehner sah er »fast aus wie ein fein gemachter Friseur oder Ladenschwengel. Sehr wenig Männlichkeit im ganzen Wesen, dagegen recht weibisch mit viel Schmuck behangen. [...] Dass seine Art, sein ganzes Wesen seiner stark nach Männlichkeit lüsternen Frau nicht genügen vermag, ist mir bei dem Eindruck, den er auf mich machte, vollkommen klar. Der Kaiser mag diesen Sohn anscheinend sehr wenig.«[17]

Das heimliche Pressefoto, Oktober 1919
Auguste Victoria überreichte Wilhelm II. bei einem Spaziergang mit seinem Adjutanten Wilhelm von Dommes ein Telegramm mit der Nachricht vom Tod seiner Schwester, der Herzogin von Sachsen-Meiningen. Das Foto entstand von einem jenseits der Parkmauer von Amerongen vorbeifahrenden Heuwagen, auf dem sich ein als Landwirt verkleideter Fotograf der Zeitschrift »Het Leven« befand.

Zu Beginn des Jahres 1920 erhielt das ehemalige Kaiserpaar Besuch von Johannes Benedictus Kan (1873–1947), dem Beauftragten der niederländischen Regierung. Der Minister kam aus Den Haag, um im Namen der Regierung die Nachricht zu überbringen, dass sich die Niederlande weigern würden, den Kaiser an die Entente auszuliefern. Ilsemann war Zeuge, wie die Kaiserin ihrem Wilhelm schluchzend in die Arme fiel, als sie die amtliche Entscheidung hörte.[18]

Nicht nur der Arzt machte sich um den Gesundheitszustand der Kaiserin Sorgen. Auch Sigurd von Ilsemann, der sie fast täglich sah, beobachtete zu Beginn des Jahres 1920, wie ermattet und kraftlos sie war. Sie musste viel liegen, hörte aber nicht auf die Anordnung

Hofstaatsdame Mathilde Gräfin von Keller in Amerongen, 1919
Mathilde von Keller gehörte von 1881 bis 1921 dem Hofstaat der Kaiserin an. Sie war ihrer Herrin treu ergeben und hatte es mit Diplomatie und Geschick verstanden, über mehr als drei Jahrzehnte ein unverzichtbarer Bestandteil ihres Hofstaates zu bleiben. Als Anerkennung für ihre Dienste erhielt sie vom Haus Hohenzollern nach dem Tod Auguste Victorias eine großzügige Wohnung im Damenhaus des Potsdamer Neuen Gartens.

des Arztes und schonte sich nicht. Wilhelm II. wollte offenbar nicht merken, wie schlecht es um sie stand. Immer war Auguste Victoria bestrebt, in seiner Nähe zu sein. Wenn er im Garten spazieren ging, erschien sie und musste mitwandern. Nur eine Zeitlang hielt sie das Tempo ihres Gatten durch, dann aber wurde der Atem immer kürzer. Plötzlich blieb sie stehen und stieß keuchend aus: »Aber Wilhelm, jetzt kann ich wirklich nicht mehr!« Er gab ihr den Rat, sich auf eine Bank zu setzen, und wanderte weiter.[19]

Als im Mai 1920 der Einzug in Huis Doorn bevorstand, konnte die Kaiserin es kaum erwarten, Amerongen zu verlassen: »Sie klagte, dass sie sich in immer dem gleichen Zimmer wie eine Gefangene vorkäme, sie könne die gleiche Umgebung um sie herum in ihrem Wohnzimmer, die sie nun schon 1½ Jahre um sich sähe, nicht mehr ertragen.« Andererseits hatte Auguste Victoria große Bedenken, in das eigene Heim zu ziehen. Bisher fühlte sie sich wie auf Besuch. Die Renovierung des Herrenhauses, der Einbau einer Heizung und eines Fahrstuhls, der Umbau der Orangerie zu Gästewohnungen sowie die Errichtung eines großzügigen Torhauses, dessen Bau als Unterkunft für die Angestellten der Hofverwaltung notwendig war, zogen sich länger hin als ursprünglich geplant. Nun aber würde sie in Doorn von ihren eigenen Möbeln, Gemälden, Porzellanen und Erinnerungsstücken aus den preußischen Schlössern umgeben sein, die sie an eine glanzvollere Zeit erinnerten.

Bereits eine Woche nach dem Einzug in Doorn, der am 15. Mai erfolgt war, erlitt die Kaiserin einen leichten Schlaganfall, durch den sie zeitweise ihre Sprache und ihre Bewegungsfähigkeit verlor. Wochenlang war Auguste Victoria ans Bett gefesselt, sodass mit dem Schlimmsten gerechnet werden musste.[20] Sie erholte sich nur langsam. Im Juni erhielt sie Besuch von ihrem jüngsten Sohn Joachim. Es war das erste Mal seit dem Ende des Krieges, dass sich beide wiedersahen. Im Mai hatte sich seine Frau von ihm getrennt, nun wollte er sich bei seiner Mutter Rat holen, um die Ehe noch zu retten. Der Aufenthalt verlief, nach der Einschätzung von Alfred Haehner, »über Erwarten gut, wenigstens soweit es die Kaiserin betraf. Mit seinem Vater soll er furchtbar aneinander geraten sein, [...] Joachim habe »einen direkten Tobsuchtsanfall bekommen.«[21] Aus Doorn kehrte der Prinz nach Potsdam zurück, vermeintlich voller Zukunftspläne. Dann traf die Nachricht von seinem Selbstmord ein – »wie ein Donnerschlag!« Der Kaiser überbrachte seiner Frau die Botschaft persönlich. Als er ihr sagte, dass Joachim ein Unglück passiert sei, entgegnete die Kaiserin sofort: »Er hat sich erschossen.« Dennoch wurde die Nachricht in Doorn als Unglücksfall dargestellt, auch um die Kaiserin nicht weiter zu deprimieren. Einen Freitod wollte sie auch aus religiösen Gründen nicht wahrhaben. Die Herzogin zu Braunschweig, die ihre Eltern damals in Doorn besuchte, schien wenig beeindruckt von dieser Tragödie. Der Kaiser war wütend: »Dass der Bengel uns und besonders seine Mutter auch das noch angetan hat.«[22] Stets habe er seiner armen Frau nur Kummer bereitet. Mit niemandem konnte sie über den schmerzlichen Verlust ihres Jüngsten sprechen. Zum Kaiser wollte sie mit ihren Sorgen nicht gehen, da

Der zweite Exilsitz – Huis Doorn, Fotografie von Alfred Grohs, 1921
Im Mai 1920 konnte das frühere Kaiserpaar ihren Wohnsitz Huis Doorn beziehen. Das Landhaus wurde mit Möbeln, Gemälden, Silber und Porzellan aus den preußischen Schlössern eingerichtet. Allzu lange konnte sich Auguste Victoria nicht mit den Erinnerungen aus Berlin und Potsdam umgeben. Elf Monate nach ihrem Einzug starb sie hier im Alter von 62 Jahren.

er »doch so viel schweres zu ertragen hätte«. So musste sie den Schmerz mit sich allein ausmachen. Besonders die Nächte vom Samstag auf den Sonntag hätten ihr Seelenqualen bereitet, da der Tod Joachims in einer solchen Nacht erfolgt war.[23]

Zwei Monate nach der Tragödie erhielt Auguste Victoria Besuch vom vierjährigen Sohn des Prinzen Joachim. Der kleine Franz Joseph war in Begleitung von Prinz August Wilhelm nach Doorn gereist und sollte seiner Großmutter etwas Freude bringen. Beide fuhren im Ponywagen der Kaiserin durch den Doorner Schlosspark, auch sonst verschaffte der Enkel seiner Großmutter eine gewisse Abwechslung. Gleichwohl war er, wie sich herausstellte, recht ungezogen und im Wesen seinem Vater sehr ähnlich. Alfred Haehner hatte Gelegenheit, Zeuge eines Tobsuchtsanfalls des Vierjährigen im Zimmer der Kaiserin zu sein. Als Auguste Victoria ihren Enkel in den Garten schicken wollte, wehrte er sich, warf sich auf den Boden und schlug umher. Als er auch nicht dazu zu bewegen war, das Zimmer zu verlassen, weiter schrie und mit den Füßen auf den Boden stampfte, packte ihn August Wilhelm und setzte ihn vor die Tür. Auguste Victoria hingegen ließ sich trotz ihres beklagenswerten Zustands von ihrem Enkel in maßloser Weise tyrannisieren. Niemand hörte aus dem Mund der Kaiserin ein Wort der Klage für die Ungezogenheiten, immer war sie in ängstlicher Fürsorge. Jeden Abend ließ sie sich in das Zimmer ihres Enkels heruntertragen, um mit ihm das Nachtgebet zu sprechen. Die Anwesenheit seiner Großmutter wurde vom Prinzen »wenig liebenswürdig abgelehnt«. Nur mit Bitten und liebenswürdigem Zuspruch wurde der Wunsch Auguste Victorias gewährt.[24]

Am 22. Oktober 1920 feierte Auguste Victoria ihren 62. Geburtstag. Beim Frühstück erlitt die Kaiserin einen Schwächeanfall. Als Alfred Haehner ihr am Morgen seine Glückwünsche übermitteln wollte, fand er »sie absolut ermattet, erschreckend blass, in halber Ohnmacht auf ihrer Chaiselongue liegend, aber fertig angekleidet mit dem Hut auf dem Kopf«. Das Bitten des Mediziners,

Auguste Victoria mit ihrem Enkel Franz Joseph von Preußen, Fotografie von August Wilhelm Prinz von Preußen, September 1920
Da Auguste Victoria das Gehen bereits Probleme bereitete, unternahm sie kleinere Ausfahrten durch den Doorner Schlosspark mit dem Ponywagen. Nach dem Selbstmord ihres Sohnes Joachim hatte Auguste Victoria ihren Enkel für einen kurzen Besuch nach Doorn kommen lassen.

sie möge sich zur Wiederherstellung ihrer Gesundheit ins Bett legen, ließ sie nicht gelten. Auguste Victoria wollte unter allen Umständen an der Morgenandacht des Kaisers in der Halle teilnehmen. Das Einzige, was Alfred Haehner »nach einigen Kämpfen« erreichte, war, dass sie sich im Tragstuhl herunterbringen ließ. Auch dies hatte sie zuerst abgelehnt, besonders wegen des anwesenden Personals. »Es war ein recht trauriges Bild, als die schwerkranke Frau blass wie ein Leintuch die Treppe herunter in die Halle getragen wurde. Mit Mühe hielt sie sich aufrecht, aber in voller Wahrung ihrer Haltung. Sofort nach der Andacht ließ sie sich wieder nach oben tragen, winkte nur von ihrem Tragstuhl allen noch einmal zu. Es war das letzte Mal, dass die Kaiserin das Erdgeschoss in Huis Doorn sah.

Mit Unverständnis und Bitterkeit blickte Auguste Victoria in den Tagen vor dem zweiten Jahrestag der Novemberrevolution auf dieses für sie tragische Ereignis zurück. Aus ihrer Sicht war es ein großes Unglück, dass General Alfred von Loewenfeld (1848–1927) während der revolutionären Unruhen nicht mehr kommandierender General der Gardekorps in Berlin gewesen war. Sein Nachfolger Alexander von Linsingen (1850–1935) »sei furchtbar schlapp gewesen. Sie hätte mehrmals nach ihm geschickt, aber kaum eine Antwort erhalten.« Die Kaiserin, die zu Bett lag, richtete sich auf und sagte mit erhobener Stimme: »[…] in solchen Momenten möchte man ein Mann sein.« Gnadenlos wäre sie gegen die Aufständischen vorgegangen, auch mit Waffengewalt. »Das Schiessverbot sei ihr unbegreiflich gewesen. Wie anders wäre alles gekommen, wenn man damals mit allen zur Verfügung stehenden Mitteln Berlin gehalten hätte, dann wären wir jetzt nicht in Holland.«[25]

Seit ihrem Geburtstag war die Kaiserin ans Bett gefesselt. In ihrem Kopf war eine Ader geplatzt, wodurch ihr klares Denken stark eingeschränkt war. Gepflegt wurde sie von ihren beiden Garderobefrauen. Außer diesen gingen nur die Ärzte, Hofdamen und der Kaiser zur Patientin. Mitte November 1920 bat Wilhelm II. den niederländischen Arzt Albert Abraham Hijmans um ein zweites medizinisches Gutachten zum Gesundheitszustand seiner Frau. Nach eingehender Untersuchung der Kaiserin stellte Professor Hijmans die Lage als sehr ernst dar, da die Kranke hochgradig geschwächt sei, und teilte dem Kaiser mit, dass seine Frau nicht mehr lange zu leben habe. Sogleich sprach Wilhelm II. das Thema der Beisetzung an. Die Kaiserin habe gewünscht, in Deutschland zur Ruhe gebettet zu werden. Der Umbau des Antikentempels am Neuen Palais zum Mausoleum sei bereits 1918 beauftragt worden, doch die neue Regierung habe den Weiterbau untersagt.[26]

Aufgrund des besorgniserregenden Gesundheitszustandes der Kaiserin begann nun eine Zeit, in der ihre Kinder im Wechsel in Doorn eintrafen, um für einige Tage in der Nähe der sterbenden Mutter sein zu können. Alfred Haehner beobachtete die Reaktionen der Kinder und sparte in seinen Aufzeichnungen nicht mit deutlichen Kommentaren. Der Kronprinz traf als erster ein. Allerdings wurde er nicht zu seiner Mutter vorgelassen, da man befürchtete, dass sein Besuch sie zu sehr aufregen würde. Da er nicht warten wollte – »er wisse doch nicht, was er hier tun solle« –, reiste er wieder zurück auf die Insel Wieringen. Auch der Einwand des Arztes, dass er dann seine Mutter eventuell nicht mehr lebend antreffen werde, konnte ihn nicht umstimmen. Tatsächlich ging es ihm nicht um den persönlichen Besuch bei seiner Mutter. Vielmehr hatte er die Absicht, die Leiche seiner Mutter nach Deutschland zu begleiten, um bei diesem Anlass wieder in seine Heimat zurückkehren zu können. Sein Adjutant Louis Müldner von Mülnheim (1876–1945) war diesbezüglich bereits mit den Behörden in Verbindung getreten, um das Visum für die Einreise zu beantragen.[27] Anschließend trafen Prinz Oskar und dessen Ehefrau Ina Marie in Doorn ein. Als Oskar ins Zimmer kam, fand die Kaiserin dies ganz normal. Sie wäre nicht auf den Gedanken gekommen, dass der Prinz wegen ihres schlechten Gesundheitszustandes plötzlich in Doorn erschienen sei.[28] Als Victoria Luise das ersten Mal das Krankenzimmer betrat und die verwirrten Reden ihrer Mutter hörte, »stürzte sie ganz fassungslos wieder heraus, hielt sich den Kopf und rief: ›das ist ja nicht zum

Das letzte Foto der Kaiserin, Fotografie von August Wilhelm Prinz von Preußen, September 1920
August Wilhelm von Preußen hat dieses Motiv seiner im Rollstuhl sitzenden Mutter bewusst inszeniert. Aus seiner Sicht spiegelt die von ihm aufgenommene Fotografie die Tragik der einstigen deutschen Landesmutter wider, die nun gesundheitlich geschwächt im niederländischen Exil leben muss. Die Fotografie wurde in Deutschland noch vor dem Tod Auguste Victorias in einer hohen Auflage als Postkarte vertrieben.

Aushalten‹. Bald darauf war Victoria Luise aber wieder ganz von dem Bilde abgelenkt und lachte über irgendeine Bemerkung ganz vergnügt.«[29] Am Nachmittag des 29. November war der Zustand dramatisch. Da der Puls nicht mehr fühlbar war, nahm die Familie von der Kaiserin Abschied. Wilhelm II. war sehr ergriffen und weinte. Der Kaiser saß gemeinsam mit seinem Sohn Adalbert am Krankenbett, »Victoria Luise hielt sich im Hintergrund, ohne recht zu wissen, was sie tun sollte«, notierte Haehner. Weiter schrieb er, sie »führte keinerlei Handreichungen aus, als Krankenpflegerin war sie nicht zu gebrauchen. Prinz Oskar trat überhaupt nicht ins Zimmer, blieb immer nur an der Tür stehen. Herzensgut, aber immer überängstlich und auf Befehle wartend.« Die Kaiserin erhielt auf Wunsch ein wenig Sekt. Adalbert

Die Kaiserin mit ihrem Sohn Adalbert und dessen Frau Prinzessin Adelheid von Sachsen-Meiningen, Fotografie von Wilhelm Niederastroth, 1915
Adalbert, der dritte Sohn Auguste Victorias, war von allen Kindern der Kaiserin am häufigsten im niederländischen Exil, um seine Mutter während ihrer langen Krankheitsphase »zu pflegen« und ihr Gesellschaft zu leisten. Nicht immer gefiel dies seinen Geschwistern.

wollte der Zofe das Glas abnehmen, um seiner Mutter immer nur ganz kleine Schlückchen zu trinken zu geben, schließlich entschied er: »Mutter dürfe nun nicht mehr haben.« Daraufhin nahm ihm der Kaiser das Glas aus der Hand und fuhr ihn in heftigem Ton an: »Weiter trinken lassen. Als Adalbert, es nicht zulassen wollte, stieß sein Vater dessen Hand brüsk fort.« Adelheid, die Ehefrau des Prinzen war, nach Einschätzung Haehners, beim Kaiser wenig beliebt, der sie als »ein exaltiertes nervöses Frauenzimmer« bezeichnete. Auch bei den Geschwistern erfreute sich das Paar keiner Beliebtheit.[30] Für den lebensbedrohlichen Zustand seiner Frau waren nach Ansicht Wilhelms II. die Regierungschefs der Entente-Staaten verantwortlich. Er mochte »den Kerls, die das verschuldet haben, einmal gönnen, dass sie nur eine viertel Stunde am Krankenlager dieser Frau stünden und dort die Seelenqualen durchmachten«[31]. Als Oskar abreisen wollte, versuchte ihn seine Schwester zu überreden, noch länger zu bleiben oder erst am Abend zu fahren. Er blieb aber bei der Nachtfahrt, da er dann dritter Klasse fahren konnte, wodurch er Geld sparte. Als Haehner Victoria Luise mit dem Hinweis trösten wollte, ihr Bruder August Wilhelm komme ja schon am nächsten Tag, entgegnete sie, »das sei gar kein Trost, Auwi klappe doch so leicht zusammen«[32]. Victoria Luise und ihr Bruder blieben bis kurz vor Weihnachten in Doorn. Das anschließende Resümee Alfred Haehners fiel vernichtend aus. Beide waren im Bewusstsein abgereist, »gepflegt« zu haben. »Was die Herzogin darunter versteht, ist ganz merkwürdig. Handreichungen leistete sie überhaupt nicht. Sie kommt ins Vorzimmer, fragt, wie es geht, und rennt jedes Mal wie erleichtert wieder weg, wenn sie hört: die Kaiserin schläft. Dann will sie auch gar nicht gern bald wieder geholt werden.«[33] Auwi blieb etwas länger am Bett seiner Mutter sitzen und sprach ruhig mit ihr, auf diese Weise konnte er ihr etwas die trostlosen Tage vertreiben.

Doch die Kaiserin konnte auch in den nächsten Wochen keine Ruhe finden. Das Weihnachtsfest 1920 zog an Auguste Victorias Bewusstsein klanglos vorüber.

Das Sterbebett Auguste Victorias, Fotografie von Oscar Tellgmann, 1933
In diesem Messingbett aus einem der ehemaligen preußischen Schlösser starb Auguste Victoria am Morgen des 11. April 1921. Noch mehr als ein Jahrzehnt nach ihrem Tod blieb ihr Sterbebett mit Palmenzweigen und einem Lorbeerkranz als Erinnerungsort inszeniert. Das Gemälde über dem Bett »Der Sarazenenturm in der Bucht von Rapallo« schuf Albert Hertel, ein von Wilhelm II. seit seiner Jugendzeit geschätzter Künstler.

Am Nachmittag des Heiligabends quälte sie sich wieder mit Atemnot und »Herzbeklemmungen«. Während Wilhelm II. am Krankenbett saß, »weinte und jammerte sie sehr viel, nahm immer wieder Abschied vom Kaiser, legte ihm die Kinder ans Herz, klagte, wie schwer ihr der Abschied würde, sie wäre gern noch bei ihm geblieben«. Wie man sich denken kann, war die Stimmung in Doorn »gedrückt und traurig«. Keines der Kinder war am Heiligabend anwesend, Wilhelm saß allein am Bett seiner kranken Frau. Victoria Luise und August Wilhelm hatten zwar einen kleinen Weihnachtsbaum ins Schlafzimmer der Mutter gestellt. Doch das war das Einzige, was an das Fest erinnerte.[34]

In den folgenden vier Wochen stabilisierte sich der Zustand der Kaiserin. Sie klagte zwar viel, stöhnte und weinte. Sehr oft sagte sie zu ihrem Mann: »Ich muss leben, weil ich dich noch nicht allein lassen darf.« In diesen Worten lag wohl die Erklärung dafür, warum sie überhaupt noch lebte. Seitdem sie in den Niederlanden war, dachte sie an kaum etwas anderes als daran, den verbannten Kaiser nicht allein zu lassen.[35] Wilhelm II. sprach mit dem Arzt über die zunehmende Schwäche seiner Frau. Dabei erwähnte er, dass »die Kaiserin niemals in ihrem ganzen Leben – und das sei ihr Hauptfehler gewesen – eine Tageseinteilung gekannt hätte. Immerfort hätte sie Empfänge abgehalten, jeder hätte zu jeder Zeit zu ihr kommen können. Die Hofdamen hätten immerfort hereinlaufen können, die Kaiserin hätte sich dauernd für irgendeinen x-beliebigen Pastor sprechen lassen.«[36] Adalbert, der nach Neujahr in Doorn ankam, blieb mehrere Wochen am Krankenlager seiner Mutter, um sie zu pflegen. Nach Einschätzung Haehners verstand der Kaisersohn die einzelnen Handgriffe zwar gut, »aber übertrieb in allem und wollte vor allem alles selber tun.« Der Prinz besitze eine gewisse Überheblichkeit, die darin zum Ausdruck komme, »dass er auch in medizinischen Dingen alles besser wissen wollte, so dass ich mit ihm verschiedentlich ernstlich aneinander geriet«.[37] Inzwischen hatte sich das Aussehen der Kranken verändert. Sie sah »stark verfallen, sehr blass [aus],

Aufbahrung des Sarges in Huis Doorn, 17. April 1921
In dem als Kapelle eingerichteten Speisesaal wurde der Leichnam Auguste Victorias aufgebahrt. Der Sarg war mit der roten Standarte der Königin von Preußen bedeckt. An seinem Fußende lehnte der Kranz Wilhelms II. mit gelben Rosen; davor befand sich das Kissen mit den preußischen Orden Auguste Victorias. Flankiert wurde der Sarg von vier silbernen Kerzenleuchtern aus dem »Städtesilber«. Sie waren Geschenke der preußischen Städte zur Hochzeit 1881 gewesen.

tiefe Schatten um die Augen, starke Abmagerung des Gesichts, besonders [an] der Schläfengegend«[38]. Am 27. Februar 1921 beging das ehemalige Kaiserpaar seinen 40. Hochzeitstag. Von den Kindern waren Wilhelm, Eitel Friedrich und Victoria Luise anwesend. Der Gottesdienst, den Pfarrer Henry Theodor Weiss (1869–1922) am Morgen hielt, thematisierte nach dem Eindruck Victoria Luises »zu stark« das Leiden und den bevorstehenden Tod der Kaiserin. Die Kaisertochter erklärte, »dass sie es kaum noch hätte aushalten können, so hätte es ihr den Hals zugeschnürt«. Während die Kaiserin oben »merkwürdig frisch« wirkte – sie »hatte sich seit langen Wochen erstmalig wieder ihren Schmuck geben lassen« –, war die Stimmung an der großen Festtafel im Speisesaal hingegen gedrückt.[39] Am Ostersonntag, dem 27. März, verschlechterte sich jedoch das Befinden Auguste Victorias, »anscheinend [durch eine] vermehrte Stauung im Gehirn«. Sie phantasierte, halluzinierte und sprach sehr undeutlich. Sichtbar war ein Ödem erst am rechten, später auch am linken oberen Augenlid, das zur Entstellung des Gesichts führte. Prinz Adalbert war dadurch außerordentlich betroffen. Bei ihm, so Alfred Haehner, »hat man immer das Gefühl, er denkt in seinem Prinzendünkel, dass ›eine Kaiserin‹ nicht wie ein gewöhnlicher Mensch leidet, erst recht aber nicht entstellt oder unklaren Gesichts sein dürfe«[40]. Am Morgen des 11. April 1921, um 5 Uhr fand noch eine Umbettung der Sterbenden durch Alfred Haehner und Prinz Adalbert statt. »Als nach dem Umbetten die Kammerfrau [Susanne Chales de Beaulieu] sich über sie beugte und sagte, jetzt wäre es doch sicher wieder ein behagliches und schönes Gefühl, öffnete Auguste Victoria ein wenig die Augen und ein leises Lächeln trat in ihr Gesicht: Plötzlich hörte man ein eigenartiges kurzes, schnappendes Atmen, der Puls war kaum noch zu fühlen.« Auch die Herztöne waren fast verklungen. Als der daraufhin geholte Kaiser ans Bett seiner Frau trat, »waren noch ein paar Herzschläge zu hören gewesen, kurz darauf hatte das Herz zu schlagen aufgehört. Der Tod erfolgte ganz sanft im Schlaf.« Um 6.15 Uhr war Auguste Victoria nach langem und qualvollem Leid erlöst.[41]

Es war der Wunsch der Kaiserin, in ihrer Heimat beigesetzt zu werden. Von ihren Kindern hatte sich Victoria Luise dagegen ausgesprochen. Sie machte besonders den Umstand geltend, dass ihr Vater nie ihre Ruhestätte besuchen könne. Wilhelm II. folgte jedoch dem Wunsch seiner Frau.[42] Nach den Schilderungen des Arztes Haehner und des Adjutanten Ilsemann war das Verhältnis zwischen den Kindern und den Eltern von wenig Herzlichkeit geprägt. Der Kronprinz, der nicht warten wollte, bis er zur Mutter vorgelassen wurde, und lieber wieder auf seine Exilinsel Wieringen reiste; Victoria Luise, die in dem Glauben war, die Kaiserin gepflegt zu haben, obwohl es sie Überwindung gekostet hatte, überhaupt ans Krankenbett zu treten. Selbst das letzte Weihnachtsfest, das die todkranke Kaiserin 1920

Die Geistlichkeit eröffnet den Trauerzug, 19. April 1921
Unter dem Läuten der Glocken der Potsdamer Friedenskirche setzte sich der Trauerzug am Bahnhof Wildpark (heute Park Sanssouci) in Bewegung. Eröffnet wurde der Kondukt durch die Geistlichkeit, angeführt von Oberhofprediger Dr. Ernst von Dryander (Mitte), links von ihm Hofprediger Johannes Vogel.

erlebte, musste sie allein ohne ihre Kinder in Doorn verbringen.

Bis zur Überführung nach Deutschland wurde die Verstorbene im Huis Doorn aufgebahrt. Das Sterbebett war zwischen den Fenstern ihres Schlafzimmers aufgestellt worden. In den Händen hielt sie einen Rhododendronzweig des Kaisers. Auch auf dem Bett waren Rhododendronblüten verstreut worden. Ein schwarzes Samtkissen mit den höchsten preußischen Orden der Kaiserin lag am Fußende. Zu sehen waren der Schwarze Adlerorden mit Kette, der Luisenorden am Band und der Stern des Luisenordens in Brillanten. Am Abend des 13. April erfolgte die Umbettung des Leichnams in den Zinkeinsatz des Sarges. Die Einsargung erfolgte mit Unterstützung der beiden Hofdamen Gräfin von Keller und Gräfin zu Rantzau sowie durch die aus Potsdam angereiste Claire von Gersdorff. Alfred Haehner »fasste am Oberkörper mit an und wollte auch den Kopf stützen, doch fasste hier der Prinz [Adalbert] an«. Der Leiche wurden die beiden Samtarmbänder angelegt, die sie mit Vorliebe getragen hatte, eines mit einem kleinen Eisernen Kreuz aus Brillanten, das andere mit einem Miniaturporträt des Kaisers in einem kleinen Brillantrahmen. Der Trauring wurde nicht abgenommen. Zum Schluss wurde eine Fotografie Wilhelms II. in den Sarg gelegt, die stets auf dem Nachtisch der Kaiserin gestanden hatte. Auch ein Kruzifix legte man ihr mit in den Sarg, es war das letzte Geschenk ihres jüngsten Sohnes Joachim.[43] Nachdem der Zinksarg von Chauffeur Walter Lange (1885–1956) verlötet worden war, verblieb er noch drei Tage im Sterbezimmer. Erst am Morgen des 16. April trugen die Söhne den schweren Zinkeinsatz über die enge Treppe hinunter in den Speisesaal, der zur Trauerkapelle ungestaltet worden war.[44] Der Sarg war mit der roten Königin-Standarte bedeckt. Darauf lag eine Rhododendronblüte, die der Kaiser als »erste Blüte aus dem Rosengarten«[45] für die Kaiserin mitgebracht hatte. Am Fußende befanden sich wieder das Kissen mit den Orden sowie ein Kranz Wilhelms II. mit gelben Rosen, in Erinnerung an die ersten Blumen, die er als Prinz von Preußen seiner Braut geschenkt hatte. Mehr als 60 »Blumenspenden« waren eingetroffen, Königin Victoria von Schweden (1862–1929) hatte ein Kreuz aus weißen Blumen mit einer Schleife in den schwedischen Farben geschickt, Bertha Krupp von Bohlen und Halbach entsandte Orchideen und Königin-Mutter Emma der Niederlande (1858–1934) war mit einem weißen Rosenkreuz vertreten. Am nächsten Abend fand die Trauerfeier statt. Nur eine kleine Trauergesellschaft war geladen, dazu gehörten unter anderem Graf Godard van Bentinck mit seiner Familie, Max Egon Fürst zu Fürstenberg als engster Freund des Kaisers, Alphert Schimmelpenninck (1880–1943) als Bürgermeister von Doorn und Alex Graf van Lynden, der Kommissar der Königin Wilhelmina in der Provinz Utrecht. Kurz vor Beginn der Aussegnung klopfte Hofmarschall Hans von Gontard mit dem Degen fest auf. Ein Zeichen, dass die Trauergesellschaft erscheinen würde. Die Söhne und der Schwiegersohn Wilhelms II. trugen Uniformen der kaiserlichen Armee. Wilhelm erschien in der Uniform der Danziger Leibhusaren, Adalbert in Marineuniform, Oskar als Pasewalker Kürassier und Ernst August als Rathenower Husar. »Ein prachtvolles Bild«, wie Alfred Haehner empfand, »als die vier großen, gutgewachsenen Gestalten ernst und stolz erschienen, die Degen gezogen«. Etwas später kam der ehemalige Kaiser in feldgrauer Uniform des 1. Garde Regiments zu Fuß, er führte seine Tochter in den als Trauerraum ausgestatteten Speisesaal. Während der Liturgie, die etwa eine Stunde dauerte, hielten die Söhne Ehrenwache am Sarg. Oberhofprediger Ernst von Dryander zeichnete den Weg der Verstorbenen anhand ihres Konfirmationsspruchs nach, den sie sich 1875 in der Primkenauer Dorfkirche gewählt hatte: »Sei getreu bis an den Tod, so will ich dir die Krone des Lebens geben.«[46] Nach dem Ende der Andacht kniete der Kaiser an der Seite des Sarges, legte sein Haupt darauf und weilte einige Minuten in stillem Gebet. Auf die Trauergemeinde machte diese Geste einen starken Eindruck, der noch übertroffen wurde, als Wilhelm II. »vom Gebete aufstehend, einen Schritt zum Kopfende des Sarges zutrat und einen langen Kuss auf den Sarg drückte«[47]. Anschließend trugen acht Diener den Sarg ins Freie, wo er auf ein umgebautes Beerdigungsauto gesetzt wurde. Der Leichenwagen fuhr durch den abendlichen Park, dessen Trauerweg nur von brennenden Fackeln beleuchtet war. Der Kaiser begleitete mit seinen Kindern den Trauerzug zum Bahnhof nach Maarn. Auf dem Rangiergleis stand der Hofzug bereit, dessen Gepäckwagen für die Aufnahme des Sarges umgebaut und im Inneren mit Tannen und Taxus dekoriert worden war. Ernst von Dryander hielt vor dem Zug, der außer dem Gepäckwagen aus zwei Personenwagen bestand, eine kurze Ansprache, in der er dem Land dankte, das die Verstorbene aufgenommen hatte.[48] Gegen 22.30 Uhr hoben Diener den Sarg in den Leichenwagen. Daraufhin begab sich Wilhelm II. zu einem kurzen Gebet und einem letzten Abschied in den Wagen.[49]

Die Beisetzung in Potsdam

Die Erfüllung des letzten Wunsches der Kaiserin, in Potsdam beigesetzt zu werden, gestaltete sich als ein kompliziertes Unterfangen. Denn noch immer war der ehemalige Besitz der Hohenzollern von der preußischen Staatsregierung beschlagnahmt und stand unter Verwaltung des Finanzministeriums. Die Verhandlungen konnten erst 1926 mit einem Vergleich abgeschlossen werden. Durch den immer schlechter werdenden Gesundheitszustand Auguste Victorias trat bereits im Dezember 1920 Hofmarschall Oskar von Platen an den Finanzminister Hermann Lüdemann (1880–1959) mit der Bitte heran, den Antikentempel als Ort der Grablege von der Beschlagnahme freizugeben, was dieser im Januar 1921 auch gewährte.[50] Der Staatskommissar für die öffentliche Ordnung Robert Weismann (1896–1942) hatte im Auftrag der Regierung gefordert, die Überführung der Leiche zum Antikentempel müsse aus Sicherheitsgründen in den Nachtstunden erfolgen, da man antimonarchistische Demonstrationen befürchtete. Er bezog sich auf Verkehrsminister Wilhelm Groener (1867–1939), der bei einer Ankunft des Hofzuges am Tage keine Ga-

Die Orden der Kaiserin, 19. April 1921
Oberhofmeister Eugen von Falkenhayn mit dem Ordenskissen wurde von Kammerherr Hans-Karl von Winterfeld (l.) und dem letzten Kabinettsrat der Kaiserin Hugo von Spitzemberg flankiert.

rantie geben konnte, dass Arbeiter und Arbeitslose die Fahrt nicht stören würden.[51] Hierbei wurde besonders die Potsdamer Nachbargemeinde Nowawes durch seine starke Arbeiterbewegung als »unruhiger Ort« hervorgehoben.[52] Letztendlich einigten sich beide Parteien, dass die Überführung des Leichnams in aller Stille erfolgen sollte. Dem Haus Hohenzollern war es dabei wichtig, die Beisetzung ohne großes »Schaugepränge zu bewerkstelligen oder gar diesen traurigen Anlaß zu einer politischen Demonstration zu benützen«[53]. Beide Seiten vereinbarten, dass der Eisenbahnzug in den Abendstunden in Potsdam eintreffen sollte, sodass die Beisetzung am darauffolgenden Vormittag »in feierlicher und würdiger Weise stattfinden«[54] konnte. Nachdem Auguste Victoria am 11. April gestorben war, wurde die Beisetzung in Potsdam für den 16. April geplant. Trauerprogramme und Einlasskarten mit diesem Datum wurden bereits gedruckt. Kurzfristig bat die Staatsregierung jedoch darum, die Überführung um einige Tage zu verschieben, und legte die Beisetzung auf den 19. April fest. Als Grund wurde angeführt, dass infolge der gerade in der Schwebe befindlichen Regierungsumbildung in Preußen eine Störung der Beisetzung zu befürchten war.[55]

Am Abend des 18. April traf der Trauerzug nach zehnstündiger Fahrt aus den Niederlanden auf der ehemaligen Hofstation Wildpark in Potsdam ein. Dort hatten sich die frühere kaiserliche Familie und ehemalige Mitglieder ihres Hofstaates eingefunden. Die Totenwache für die Nacht bis zum nächsten Morgen übernahmen Offiziere der beiden Leibregimenter der Kaiserin, des Kürassier-Regiments »Königin« (Pommersches) Nr. 2 und des Füsilier-Regiments Königin (Schleswig-Holsteinisches) Nr. 86. Die Zahl von karitativ-sozialen Vereinen, deren Gründung auf die Kaiserin zurückging oder deren Protektorat Auguste Victoria bis 1918 inne gehabt hatte und die an der Beisetzung teilnehmen wollten, war enorm. Hinzu kamen Anfragen von Studentenschaften, Frauenvereinen, Offizieren der kaiserlichen Armee, von monarchistischen Jugendvereinen und kirchlichen Einrichtungen aus dem gesamten Deutschen

Der Leichenwagen auf dem Weg zum Antikentempel, 19. April 1921
Dem Träger des Ordenskissens folgte der Leichenwagen. Der Sarg war mit einem violetten Samttuch bedeckt. Als einzigen Schmuck trug die Decke zu beiden Seiten des Sarges das Wappen des Königreichs Preußen. Der Sarg ruhte auf einer Lafette, die von vier Trakehner-Rappen gezogen wurde.

Reich. Alle hatten das Bedürfnis, die Kaiserin auf ihrem letzten Weg zu begleiten. Die preußische Staatsregierung hatte die Beisetzung in Potsdam allerdings nur unter der Maßgabe genehmigt, dass es sich infolge der veränderten politischen Verhältnisse lediglich um eine private Feier handelte. Daher war die Hofverwaltung angehalten, den Trauerzug entsprechend kurz zu halten. Das Haus Hohenzollern legte fest, dass der Leichenwagen nur von Mitgliedern der königlichen Familie, von Fürstlichkeiten der ehemaligen deutschen Bundesstaaten, Geistlichen, Offizieren der beiden Leibregimenter der Kaiserin sowie je vier Vertretern kaisertreuer Vereine begleitet werden durfte; also nur von Trauernden, die der Verstorbenen auf besondere Weise verbunden waren. Die Hofverwaltung konnte den zahlreichen Anfragen nur gerecht werden, indem von jedem Verein, der an dem Trauerzug teilnehmen wollte, nur vier Mitglieder zugelassen wurden.[56] So hatten der Vorstand des Evangelischen Kirchenhilfsvereins und die Evangelische Frauenhilfe – beides Vereine, die der Kaiserin besonders am Herzen gelegen hatten und deren Gründung auf ihr Engagement zurückging – sich an Hofmarschall Oskar von Platen mit der Bitte gewandt, 30 Karten zu erhalten, da ihre Verbände 4.000 Zweigvereine in Preußen zählten.[57] Auch der Johanniterorden wollte mit einer Deputation von 20 Ordensrittern am Trauerzug teilnehmen. Ausnahmen wurden jedoch nicht gewährt; die Organisatoren blieben bei der Zulassung von je vier Vertretern.[58] Um den Anfragen zu entsprechen, erhielten die nicht am Leichenzug teilnehmenden Mitglieder sogenannte Zuschauerkarten für die Trauerstrecke. Da sich die Verstorbene bei der monarchistisch gesinnten Bevölkerung noch immer großer Beliebtheit erfreute, rechnete die Hofverwaltung mit mehreren Zehntausend Teilnehmern, die den relativ kurzen Trauerweg von etwa eineinhalb Kilometern Länge säumen würden. Um die Trauerstrecke zu ordnen, wurden den Vereinen spezielle Plätze zugewiesen, wo sie Aufstellung nehmen konnten. Die Große Avenue, die hinter dem schmiedeeisernen Parktor beginnt und zum Neuen Palais führt,

war in einzelne Bereiche aufgeteilt worden. Hier nahmen Vertreter von monarchistischen Vereinen, wie dem »Aufrechten« oder der »Verein nationalgesinnter Soldaten«, Aufstellung, aber auch Schulklassen hatten hier ihre Plätze erhalten. Für die unter dem ehemaligen Protektorat der Kaiserin stehenden Vereine war die Schlossterrasse vor dem Neuen Palais reserviert worden. Hier hatten Vertreter der Kaiserin Augusta- und der Königin Luise-Stiftungen, des Vaterländischen Frauenvereins, des Zentralkomitees vom Roten Kreuz, des Kirchenbauvereins, des Lettevereins und des Kaiserin Auguste Victoria-Hauses Plätze erhalten, die dem Trauerzug nicht folgen konnten. Die Schlossterrasse war aber auch für Einzelpersonen reserviert, die dem Kaiserhaus besonders nahestanden. Auf den Trauerzug warteten hier Hans von Seeckt, Chef der Heeresleitung der Reichswehr, der frühere Reichskanzler Georg Michaelis, die Familien des Oberhofmeisters Ernst von Mirbach, der Oberhofmeisterin Gräfin Brockdorff und der Hofstaatsdame Claire von Gersdorff. Eingefunden hatten sich auch ehemalige Angestellte, die im persönlichen Dienst Wilhelms II. gestanden hatten, wie der Kunsthistoriker und Direktor des Hohenzollernmuseums im Schloss Monbijou Paul Seidel (1858–1929) und der Hausbibliothekar Bogdan Krieger. Auch Künstler, die jahrzehntelang für das Kaiserhaus tätig gewesen waren, hatten eine Zutrittskarte für die Schlossterrasse erhalten. Zu ihnen gehörten die Marinemaler Carl Saltzmann (1847–1932), Hans Bohrdt (1857–1945) und Willy Stöwer (1864–1931) sowie der Historienmaler Georg Schöbel (1860–1941). Auch Mitglieder der früheren Hofdienerschaft, wie Schlosskastellane, Silberdiener, Salonkammerdiener, Lakaien, Bettfrauen, Köche und Portiere, fanden sich auf der Terrasse ein. Direkt auf dem Podest der Gartenseite des Schlosses standen die Fahnenabordnungen der Studentenverbindungen, ihnen gegenüber nahmen Vertreter von »Krieger-Vereinen« Aufstellung. Für die Offiziere der kaiserlichen Armee war der Weg zwischen dem ehemaligen Privatgarten der Kaiserin und dem Antikentempel reserviert worden. Als

Der Trauerzug am Neuen Palais, 19. April 1921
Wilhelm II. hatte bestimmt, dass die Pferde von Offizieren des Leibregimentes der Kaiserin, des Kürassier-Regiments Königin, geführt und die vier Zipfel des Sargtuches von Rittern des Schwarzen Adlerordens während der Trauerprozession gehalten wurden. Neben dem Wagen gingen die Generaladjutanten, die Generale à la suite und die Flügeladjutanten des ehemaligen Kaisers.

Die Mitglieder des früheren Kaiserhauses im Trauerzug, 19. April 1921
Dem Leichenwagen folgten die Familienangehörigen. Eröffnet wurde der Zug durch die tief verschleierte Kronprinzessin Cecilie und ihren Schwager Eitel Friedrich. In der zweiten Reihe gingen die Kaisersöhne (v.r.) August Wilhelm, Adalbert und Oskar, ihnen folgten ihre Ehefrauen.

besondere Auszeichnung durften die Offiziere der »alten Potsdamer und Berliner Regimenter«, die traditionell dem Kaiserhaus besonders eng verbunden waren, sich direkt vor dem Antikentempel positionieren.[59]

Als sich der Trauerzug an jenem 19. April 1921 gegen 9.30 Uhr an der alten Hofstation Wildpark in Bewegung setzte, begleitete das Läuten der Potsdamer Friedenskirche den Trauerweg. Die Geistlichkeit eröffnete den Trauerzug, angeführt von Oberhofprediger Ernst von Dryander und Hofprediger Johannes Vogel (1873–1933). Ihnen folgten die ehemaligen Offiziere der beiden Leibregimenter der Königin, der Pasewalker Kürassiere und der Königin Füseliere. Hinter ihnen schritten die Träger mit den Insignien. Das Ordenskissen trug Oberhofmeister Eugen von Falkenhayn, flankiert von Kammerherr Hans-Karl von Winterfeld (1872–1941) und Kabinettsrat Hugo von Spitzemberg. Nun folgte der Leichenwagen. Der Sarg war mit einem violetten Samttuch bedeckt. Als einziger Schmuck befand sich auf der Decke zu beiden Seiten des Sarges das Wappen des Königreichs Preußen. Der Sarg ruhte auf einer Lafette, die von vier Trakehner Rappen gezogen wurde. Wilhelm II. hatte bestimmt, dass die Pferde von Offizieren des Kürassier-Regiments Königin geführt[60] und die vier Zipfel des Sargtuches von Rittern des Schwarzen Adlerordens während der Trauerprozession gehalten wurden.[61] Neben dem Wagen gingen die Generaladjutanten, die Generale à la suite und die Flügeladjutanten des ehemaligen Kaisers. Dem Leichenwagen folgten die Angehörigen des preußischen Königshauses. Eröffnet wurde der Zug durch die tief verschleierte Kronprinzessin Cecilie und ihren Schwager Prinz Eitel Friedrich. Er war an die Stelle seines älteren Bruders, des Kronprinzen, getreten, da sich Wilhelm wie sein Vater im niederländischen Exil befand. In der zweiten Reihe gingen die Kaisersöhne Adalbert, August Wilhelm und Oskar, ihnen folgten die Ehefrauen. Victoria Luise begleitete ihre Mutter nicht auf ihrem letzten Weg, sie war bei ihrem Vater in Doorn geblieben. Von den früheren deutschen Bundesfürsten waren König Friedrich August III. von Sachsen, Groß-

Andacht im Antikentempel, Gouache von Felix Schwormstädt, 19. April 1921
Oberhofprediger Ernst von Dryander hielt im Antikentempel eine kurze Andacht für die Verstorbene. Der kleine Rundbau bot nur Platz für die engsten Familienangehörigen, die ehemaligen Bundesfürsten, die Mitglieder des früheren Hofstaates und hohe Militärs. Die vier Söhne Auguste Victorias hielten während der kirchlichen Feier die Ehrenwache am Sarg ihrer Mutter.

herzog Ernst Ludwig von Hessen, Großherzog Friedrich II. von Baden, Großherzog Friedrich Franz IV. von Mecklenburg-Schwerin, Herzog Ernst II. von Sachsen-Altenburg, Fürst Friedrich zu Waldeck und Fürst Adolf II. zu Schaumburg-Lippe nach Potsdam gereist, um der Kaiserin das letzte Geleit zu geben. Die früheren Souveräne von Bayern, Württemberg, Sachsen-Weimar, Sachsen-Coburg und Gotha, Reuß konnten an der Trauerfeier nicht persönlich teilnehmen und wollten einen Vertreter schicken. Diesen Wunsch musste das Haus Hohenzollern ohne Ausnahme ablehnen, da keine entsprechenden Übernachtungsmöglichkeiten für die fürstlichen Gäste vorhanden waren. Selbst als Calma, die Lieblingsschwester der Kaiserin, sich durch ihren Hofchef Graf zu Rantzau vertreten lassen wollte und als Quartier das Schloss Paretz angab, telegrafierte Oskar von Platen an die Herzogin: »Alle Vertretungen dankend abgelehnt. Ausnahmen nicht möglich.«[62] Den Bundesfürsten folgten im Trauerzug die Ritter des Schwarzen Adlerordens, die ehemaligen Hofstaaten Wilhelms II. und die Generalität; darunter befand sich eine Vielzahl von republikfeindlichen Offizieren wie Feldmarschall Paul von Hindenburg, Erich Ludendorff und Alfred von Tirpitz. Den Trauerzug beschlossen Abordnungen ehemaliger Offiziere der Leibregimenter sowie die früheren Beamten der Hofbehörden.

Aus Sicherheitsgründen war die gesamte Trauerstrecke abgesperrt worden. Die Eingänge in den Park wurden von Schutzpolizisten bewacht. Der Zugang war nur mit einer besonderen Zutrittskarte möglich, die von der Hofverwaltung ausgegeben worden war. Erst nach dem Ende der Beisetzung gegen 11 Uhr wurde der Park freigegeben, sodass alle Gäste das Mausoleum von außen besichtigen und einen Blick in den Innenraum werfen konnten. Dem Trauerzug selbst hatten sie fernbleiben müssen.[63]

Vor dem Antikentempel hatten sich die Palastdamen und die Hofdamen der Kaiserin eingefunden, so konnten sie Zeuge sein, wie der Sarg von Offizieren der Leibregimenter in das Innere des kleinen Rundbaus ge-

Blick in den Antikentempel in Sanssouci als Ruhestätte Auguste Victorias, Fotografie von Wilhelm Niederastroth, 19. April 1921
Die Aufstellung des Sarges erfolgte auf einer dreistufigen Estrade. Die Tür zum ehemaligen Münzkabinett war mit dunkelgrünem Stoff dekoriert, auf dem die zeitgenössische Gemäldekopie des italienischen Malers Coreggio »Christus mit der Dornenkrone« platziert wurde. Der Kranz Wilhelms II. aus gelben Rosen und der Blumenschmuck der Kinder der Verstorbenen hatte vor dem Sarg seinen Platz gefunden.

tragen wurde. Die mit grauem schlesischen Marmor verkleideten Wände waren durch Garteninspektor Georg Potente (1876–1945) mit zwölf Kränzen dekoriert worden, von denen schwarzer Trauerflor herabhing. Der Sarg fand seinen Platz auf einer dreistufigen Estrade, die mit schwarzem Stoff bespannt war. Die dahinter befindliche Tür zum historischen Münzkabinett war verschlossen und mit dunkelgrünem Stoff bespannt. In der Mitte befand sich die zeitgenössische Gemäldekopie des italienischen Malers Antonio da Coreggio (1489–1534) »Christus mit der Dornenkrone«. Das Bild wurde traditionell bei vielen kirchlichen Feiern im Hohenzollernhaus verwendet. Während der kurzen Trauerrede Ernst von Dryanders hielten die vier Kaisersöhne am Sarg die Ehrenwache. Der kleine Rundbau bot für die große Trauergemeinde kaum Platz, daher waren nur die Mitglieder des preußischen Königshauses, die früheren Heerführer Paul von Hindenburg und Erich Ludendorff sowie die Damen der Kaiserin zugelassen. Als Thema hatte der Hofprediger die Worte aus Psalm 126 gewählt: »Die mit Tränen säen, werden mit Freuden ernten.« Nach dem Ende der Zeremonie übernahmen ehemalige Offiziere der Leibregimenter die Trauerwache.[64] Die Außenfassade des Antikentempels war mit einer unüberschaubaren Anzahl von Trauerkränzen dekoriert worden. Fürstlichkeiten, die nicht persönlich anwesend sein konnten, hatten auf diese Weise einen letzten Gruß nach Potsdam entsandt. Dazu gehörten Malvine Fürstin von Bismarck, die Schwiegertochter des Reichskanzlers Otto von Bismarck, Mathilde Gräfin von Trani, die Schwester der Kaiserin Elisabeth von Österreich, sowie König Christian X. von Dänemark. Auch in den Wochen nach der Beisetzung trafen weitere Trauerkränze in großer Anzahl von Vereinen und Einzelpersonen am Antikentempel ein, sodass bis zum Juli 1921 mehr als 1.800 Kränze gezählt werden konnten.[65]

Die Anteilnahme der Bevölkerung an der Trauerfeier in Potsdam war enorm. Nach Zählung der verkauften Fahrkarten der Personen, die mit öffentlichen Verkehrsmitteln nach Potsdam gereisten waren, haben

Besuch am Grab der Kaiserin, 22. Oktober 1922
Oskar von Preußen, der fünfte Sohn der Kaiserin, besuchte am Geburtstag seiner verstorbenen Mutter die Grablege im Antikentempel. Begleitet wurde er von seiner Gemahlin Ina Marie (r.), dem ältesten Sohn Oskar jr. sowie der ehemaligen Hofstaatsdame Gräfin Keller. In den 1920er und 1930er Jahren wurde der Antikentempel an den Geburts- und Sterbetagen Auguste Victorias von der monarchistisch gesinnten Bevölkerung besonders stark besucht.

zwischen 230.000 und 250.000 Menschen an der Trauerfeier teilgenommen.[66] In den ersten Monaten nach der Beisetzung blieb das Mausoleum zunächst für die Öffentlichkeit geschlossen, nur Familienangehörigen war der Zutritt gestattet. Der Sarg sollte erst mit einer Marmorummantelung versehen werden.[67] Aber schon im August 1921 meldete die Potsdamer Tageszeitung, dass ein Sarkophag, der nach einem Entwurf Wilhelms II. aus schlesischem Marmor angefertigt worden war, aufgestellt sei.[68] Besonders am Geburts- und Sterbetag der Kaiserin wurde die Grablege künftig stark besucht. In den 1920er und 1930er Jahren war der Blick in das Innere des Mausoleums durch ein Eisengitter möglich.

Die hohe Zahl der Teilnehmer an der Trauerfeier zeigte, welchen wichtigen Platz die verstorbene Kaiserin so kurz nach dem Ende der Monarchie noch im kollektiven Bewusstsein großer Teile der Bevölkerung einnahm. Die Reaktion Auguste Victorias auf den Zusammenbruch der Monarchie wurde als angemessen empfunden. Die Kaiserin hatte sich zurückgezogen, war öffentlich nicht mehr in Erscheinung getreten und starb schließlich – so die allgemeine Deutung – aus Trauer über das Schicksal ihres Landes und Hauses. Aus heutiger Sicht war Auguste Victorias Persönlichkeit von einer rückwärtsgewandten, reaktionären Haltung und Anschauung geprägt. Zudem gilt sie als Verkörperung der bigotten Moralvorstellung am kaiserlichen Hof. Sie verfügte nicht über die Freiheit des Geistes, die Hergebrachtes hinterfragt und Neuem Raum gibt. Ihren Aufgaben als Kaiserin, Ehefrau und Mutter kam sie dem damaligen Rollenbild folgend mit ausgezeichneter Pflichttreue, Disziplin und Sanftmut nach. Was sie aber in besonderem Maße auszeichnete, war ihr großes Engagement für sozial benachteilige Personen und die Förderung zahlreicher kirchlicher Einrichtungen. Diese Aufgaben erfüllte sie aus innerer Überzeugung.

Die Familie der Kaiserin Auguste Victoria
Die Herzöge von Schleswig-Holstein-Sonderburg-Augustenburg

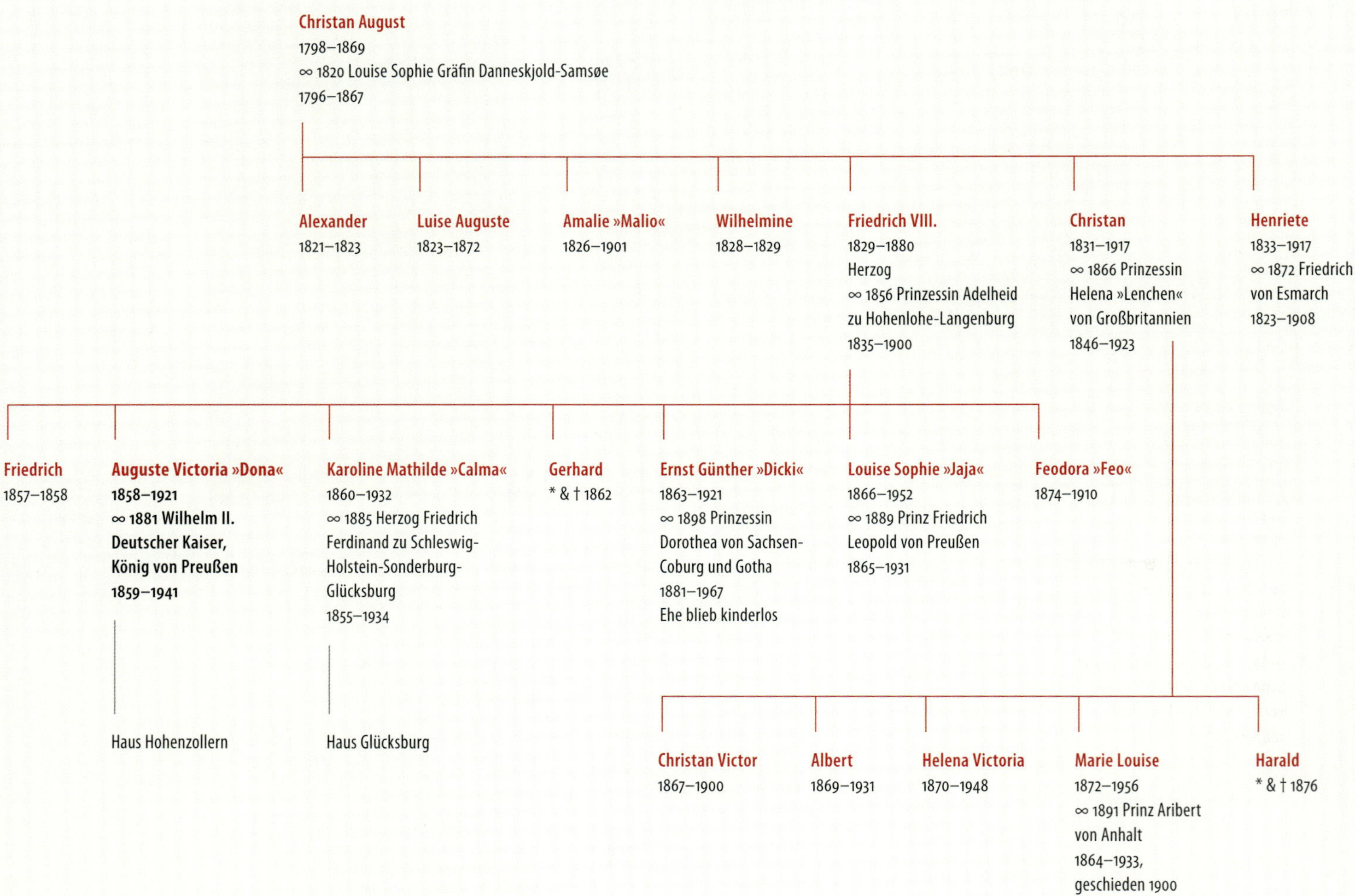

Die Familie Kaiser Wilhelms II.

Die preußischen Könige und deutschen Kaiser (Auswahl)

Wilhelm I.
1797–1888
1861–1871 König von Preußen
1871–1888 Deutscher Kaiser
∞ 1829 Prinzessin Augusta von Sachsen-Weimar-Eisenach
1811–1890

Friedrich III.
1831–1888
1888 Deutscher Kaiser & König von Preußen
∞ 1858 Princes Royal Victoria von Großbritannien und Irland
1840–1901

Luise
1838–1923
∞ 1856
Friedrich I. Großherzog von Baden
1826–1907

Wilhelm II.
1859–1941
König von Preußen, Deutscher Kaiser
1888–1918
∞ 1881 Prinzessin Auguste Victoria zu Schleswig-Holstein-Sonderburg-Augustenburg
1858–1921
∞ 1922 Hermine Prinzessin von Schoenaich-Carolath, verw. Prinzessin Reuß ä.L.
1887–1947

Charlotte
1860–1919
∞ 1878
Bernhard III. Herzog von Sachsen-Meiningen
1851–1928

Heinrich
1862–1929
∞ 1888 Irene Prinzessin von Hessen und bei Rhein
1866–1953

Sigismund
1864–1866

Victoria
1866–1929
∞ 1890 Adolf Prinz zu Schaumburg-Lippe
1859–1916
∞ 1927 Alexander Zoubkof
1901–1936

Waldemar
1868–1879

Sophie
1870–1932
∞ 1889
Konstantin I. König von Griechenland
1868–1923

Margarete
1872–1954
∞ 1893 Friedrich Karl Landgraf von Hessen-Kassel
1868–1940

Wilhelm
1882–1951
Kromprinz von Preußen
1888–1918
∞ 1905 Cecilie Herzogin zu Mecklenburg-Schwerin
1886–1954

Eitel Friedrich
1883–1942
∞ 1906 Sophie Charlotte Herzogin von Oldenburg
1879–1964,
1926 geschieden

Adalbert
1884–1948
∞ 1914 Adelheid Prinzessin von Sachsen-Meiningen
1891–1971

August Wilhelm
1887–1949
∞ 1908 Alexandra Victoria Prinzessin zu Schleswig-Holstein-Sonderburg-Glücksburg
1887–1957,
1920 geschieden

Oskar
1888–1958
∞ 1914 Ina Marie Gräfin von Bassewitz
1888–1973

Joachim
1890–1920
∞ 1916 Marie Auguste Prinzessin von Anhalt
1898–1983

Victoria Luise
1892–1980
∞ 1913 Ernst August Herzog von Braunschweig
1887–1953

Anhang

Anmerkungen

Vorwort

1 Vgl.: Lothar Machtan, Die Abdankung. Wie Deutschlands gekrönte Häupter aus der Geschichte fielen. Propyläen, 2008; Christopher Clark, Wilhelm II.: Die Herrschaft des letzten deutschen Kaisers, DVA 2008; Holger Afflerbach: Kaiser Wilhelm II. als Oberster Kriegsherr im Ersten Weltkrieg: Quellen aus der militärischen Umgebung des Kaisers 1914–1918, Oldenbourg 2005; John C. G. Röhl, Wilhelm II., Bd. 1–3, C.H. Beck 1993–2001; Nicolaus Sombart, Wilhelm II. Sündenbock und Herr der Mitte, Volk & Welt, Berlin 1996.
2 LASA, E 203, Familienarchiv von Alvensleben, Nr. 2., Transkription der 90 Tagebücher der Gabriele von Alvensleben.
3 Althoff, 2016, S. 171–184.
4 GStA PK, BPH, Rep. 53 T Preußen, Bd. I bis IV, 1880–1892 (einzelne Briefe bis 1914). Warum die vor 1892 verfassten Briefe der Vernichtung entgangen sind, konnte nicht geklärt werden.
5 RA Utrecht, (Ex-)keizer Wilhelm II., Nr. 156, S. 55–64. Beglaubigte Abschrift des Testaments der ehemaligen Kaiserin Auguste Victoria vom 11.4.1919 mit Nachtrag vom 24.10.1919.
6 HAStK, Best. 1193A (Haehner, Alfred), A 8, Eintrag vom 24.12.1920, S. 222.
7 Eine biografische Annährung versuchten: Angelika Obert, Kaiserin Auguste Victoria. Wie die Provinzprinzessin zur Kaiserin der Herzen wurde, Wichern 2011; Elizza Erbstößer, Kaiserin Auguste Victoria. Versuch einer Biographie, Erfurt 2008.
8 LASH, Abt. 22, Herzöge von Schleswig-Holstein-Sonderburg-Augustenburg.
9 HZAN, LA 140 Bü 110 und 111.
10 Archiv Stiftung Schloss Glücksburg, ohne Signatur.
11 Ilsemann, Bd. I, 1967; Bd. II 1968.
12 HAStK, Best. 1193A (Haehner, Alfred) A 8 bis A 12.
13 https://www.faz.net/aktuell/gesellschaft/menschen/schatzfund-briefe-von-kaiserin-auguste-victoria-entdeckt-15727287.html, abgerufen am 15.3.2020.

Die Herkunft Auguste Victorias

1 LASA, E 203, Nr. 2 (Alvensleben, Gabriele von), Eintrag vom 28.11.1918, S. 672. Eine Hohenzollerngeneration sollte übersprungen werden, da das Ansehen des Kronprinzen Wilhelm durch seine mangelnde Pflichttreue und Ernsthaftigkeit während des Weltkrieges sehr gelitten hatte. Daher war sein zwölfjähriger Sohn Wilhelm als Erbe vorgesehen.
2 Feuerstein-Prasser, 1997, S. 177.
3 Evers, 1889, S. 4.
4 LASH, Abt. 22, Nr. 1677.
5 LASH, Abt. 22, Nr. 1076. Feodora zu Hohenlohe-Langenburg an Ernst von Baden vom 28.3.1856.
6 LASH, Abt. 22, Nr. 1076. Ernst zu Hohenlohe-Langenburg an Herrn Kalenburg (?) vom 31.5.1856.
7 LASH, Abt. 22, Nr. 1075. Ernst zu Hohenlohe-Langenburg an Adelheid vom 30.12.1852 (Abschrift), o.P.
8 Gollwitzer, 1964, S. 267.
9 LASH, Abt. 22, Nr. 1653 I.
10 LASH, Abt. 22, Nr. 1653 II.
11 So auf dem Grabstein der herzoglichen Grablege in Primkenau (heute: Przemków).
12 Zu den Paten gehörte allerdings nicht der schon erkrankte und daher regierungsunfähige König Friedrich Wilhelm IV. (1795–1861).
13 LASH, Abt. 22, Nr. 1081. Eine weitere Patin war Gräfin Johanna Henriette »Jenny« von Erbach-Schönberg, geborene Prinzessin zu Hohenlohe-Langenburg (1800–1877). Vgl. Haedler, o.J. (1930), S. 5.
14 Nagel, 1992, S. 8.
15 Das Londoner Protokoll war ein 1852 geschlossener völkerrechtlicher Vertrag der europäischen Großmächte und der skandinavischen Mächte. In ihm wurde die Integrität des dänischen Gesamtstaates festgehalten. Demnach waren die drei Herzogtümer Schleswig (als dänisches Reichslehen) sowie Holstein und Lauenburg (als Mitgliedsstaaten des Deutschen Bundes) in Personalunion unter dem dänischen König verbunden. Zu diesem Zweck wurde die Erbfolge in den Herzogtümern geändert, da Friedrich VII. von Dänemark kinderlos geblieben war. Während Dänemark die weibliche Erbfolge kannte, hatte in den deutschen Herzogtümern bisher die rein männliche Erblinie gegolten. Später wurde der Vertrag zum Auslöser für den Deutsch-Dänischen Krieg von 1864.
16 Evers, 1889, S. 13.
17 Viktoria Luise, 1971, S. 28f.; Feuerstein-Prasser, 1997, S. 178f.
18 Der preußische General Eduard Vogel von Falckenstein (1797–1885) erwarb das Rittergut.
19 LASH, Abt. 22, Nr. 1106. Auguste Victoria an Friedrich VIII. vom 26.5.1868, S. 21–26.
20 Evers, 1889, S. 24.
21 Evers, 1889, S. 25f.
22 Bach, 1898, S. 16f.
23 LASH, Abt. 22, Nr. 1106 und 1151. Der Bestand umfasst 58 Briefe.
24 LASH, Abt. 22, Nr. 1106. Auguste Victoria an Friedrich VIII. vom 15.11.1876, S. 47–50.
25 LASH, Abt. 22, Nr. 1106. Auguste Victoria an Friedrich VIII. vom 20.11.1876, S. 51–54.

26 Viktoria Luise, 1971, S. 34.
27 LASH, Abt. 22, Nr. 1106. Auguste Victoria an Friedrich VIII. vom 18.3.1877, S. 71–78.
28 LASH, Abt. 22, Nr. 1106. Auguste Victoria an Friedrich VIII. vom 25.4.1877, S. 79–84.
29 LASH, Abt. 22, Nr. 1106. Auguste Victoria an Friedrich VIII. vom 2.3.1877, S. 63–69.
30 LASH, Abt. 22, Nr. 1106. Auguste Victoria an Friedrich VIII. vom 18.3.1877, S. 71–78.
31 LASH, Abt. 22, Nr. 1106. Auguste Victoria an Friedrich VIII. vom 14.5.1877, S. 85–88
32 LASH, Abt. 22, Nr. 1106, S. Auguste Victoria an Adelheid vom 15.5.1877, S. 103–110.
33 LASH, Abt. 22, Nr. 1106. Auguste Victoria an Friedrich VIII. vom 10.11.1876, S. 43–46.
34 LASH, Abt. 22, Nr. 1151. Auguste Victoria an Adelheid vom 23.8.1877, o. P.
35 Schloss Gravenstein (dänisch: Gråsten Slot) wird heute als Sommerresidenz der dänischen Königsfamilie genutzt.
36 LASH, Abt. 22, Nr. 1106. Auguste Victoria an Friedrich VIII. vom 27.9.1877, S. 137–140.
37 LASH, Abt. 22, Nr. 1106. Auguste Victoria an Friedrich VIII. vom 03.6.1878, S. 155–160.
38 LASH, Abt. 22, Nr. 1106. Auguste Victoria an Friedrich VIII. vom 7.6.1878, S. 163–168.
39 LASH, Abt. 22, Nr. 1106. Auguste Victoria an Friedrich VIII. vom 15.6.1878, S. 175–182 und 21.6.1878, S. 186f.
40 LASH, Abt. 22, Nr. 1106. Auguste Victoria an Friedrich VIII. vom 15.12.1878, S. 209–214.
41 Kronprinzessin Victoria und Großherzogin Alice waren Schwestern.
42 LASH, Abt. 22, Nr. 1106. Auguste Victoria an Friedrich VIII. vom 30.3.1879, S. 247–257.
43 Mühlnikel, 2014, S. 51–67.
44 LASH, Abt. 22, Nr. 1106. Auguste Victoria an Friedrich VIII. vom 3.6.1878, S. 155–160.

Gemahlin des preussischen Thronfolgers

1 Röhl, 1993, S. 346.
2 Zit. nach Röhl, 1993, S. 351.
3 GStA PK, BPH, Rep. 53, Nr. 123. Prinz Wilhelm an Friedrich VIII. vom 13.4.1879, o. P.
4 GStA PK, BPH, Rep. 53, Nr. 123. Prinz Wilhelm an Friedrich VIII. vom 13.6.1879, o. P.
5 GStA PK, BPH, Rep. 53, N1, Nr. 1a. Prinz Wilhelm an Kronprinzessin Victoria vom 28.4.1879, S. 1VS-1RS.
GStA PK, BPH, Rep. 53, N1, Nr. 1a. Prinz Wilhelm an Kronprinzessin Victoria vom 28.4.1879, S. 9–24.
7 Zit. nach Röhl, 1993, S. 353; GStA PK, BPH, Rep. 53, NII, Nr. 1.
8 GStA PK, BPH, Rep. 53 NI, Nr. 1a, S. 9–24. Mémoire vom 30.4.1879; Röhl, 1993, S. 353f.
9 Zit. nach Röhl, 1993, S. 356f.
10 Zit. nach Röhl, 1993, S. 359.
11 Zit. nach Röhl, 1993, S. 360.
12 Zit. nach Röhl, 1993, S. 361, hier: Prinz Wilhelm von Preußen an Herzog Friedrich zu Schleswig-Holstein, 7. Juli 1879.
13 Röhl, 1993, S. 361.
14 Röhl, 1993, S. 361.
15 Zit. nach Weiberg, 2007, S. 30.
16 Weiberg, 2007, S. 32.
17 Zit. nach Röhl, 1993, S. 366.
18 Zit. nach Röhl, 1993, S. 367.
19 Prinzessin Henriette (1833–1917) war eine jüngere Schwester Friedrichs VIII. 1872 heiratete sie in Primkenau den Chirurgen und Augenarzt Professor Friedrich Esmarch. Er gehörte zu den bedeutendsten Chirurgen des 19. Jahrhunderts. 1887 wurde Esmarch durch Wilhelm I. in den preußischen Adelsstand »von Esmarch« erhoben. Seine erste Frau Anna starb 1870 an Tuberkulose. Zwei Jahre später verliebte er sich in seine Patientin Prinzessin Henriette.
20 Zit. nach Röhl, 1993, S. 367.
21 Röhl, 1993, S. 368.
22 GStA PK, BPH, Rep. 53, Nr. 117. Therese zu Eulenburg an Cecilie von Below vom 19.3.1880, o. P.
23 Zit. nach Viktoria Luise, 1971, S. 43.
24 Stenglin, 1913, S. 25.
25 Zit. nach Röhl, 1993, S. 362, hier: Ernst Stockmar an Kronprinz Friedrich Wilhelm vom 24.11.1879, ähnlich Prinzessin Helena zu Schleswig-Holstein an Kronprinzessin Victoria vom 16.9.1879.
26 Röhl, 1993, S. 364.
27 Viktoria Luise, 1971, S. 44f.; Weiberg, 2007, S. 28.
28 Chlodwig Fürst zu Hohenlohe-Schillingsfürst war 1880 Staatssekretär im Auswärtigen Amt.
29 Weiberg, 2007, S. 38.
30 GStA PK, BPH, Rep. 53 T, Preussen, Bd. I; ausführlich in: Weiberg, 2007.
31 GStA PK, I. HA, Rep. 100A, Nr. 2792, o. P.
32 Zit. nach Röhl, 1993, S. 374.
33 GStA PK, I. HA, Rep. 100A, Nr. 2793. Queen Victoria an Kaiser Wilhelm I. vom 14.2.1881 (Abschrift), o. P.
34 GStA PK, I. HA, Rep. 100A, Nr. 2793. Friedrich zu Limburg-Stirum an Wilhelm I. vom 8.2.1881, o. P.
35 GStA PK, I. HA, Rep. 100A, Nr. 2793. Prince of Wales an Kaiser Wilhelm I. vom 9.2.1881, o. P.
36 GStA PK, I. HA, Rep. 100A, Nr. 2793. Duke of Edinburg an Kaiser Wilhelm I. vom 13.2.1881, o. P.
37 GStA PK, I. HA, Rep. 100A, Nr. 2793. Henriette Esmarch an Kaiser Wilhem I. vom 16.2.1881, o. P.
38 GStA PK, I. HA, Rep. 100A, Nr. 2793. Amalie zu Schleswig-Holstein an Kaiser Wilhelm I. vom 15.2.1881, o. P.
39 GStA PK, I. HA, Rep. 100A, Nr. 2793, o. P. Zar Alexander III. entsandte Großfürst Alexis Alexandrowitsch, Kaiser Franz Joseph I. war durch Erzherzog Carl Ludwig, König Umberto I. durch den Herzog von Aosta und König Oskar II. durch Kronprinz Gustav vertreten.
40 HZAN, La 140 Bü 111. Luise von Baden an Leopoldine zu Hohenlohe, 26.2.1881, o. P.
41 GStA PK, III. MdA I, Nr. 12649.
42 GStA PK, BPH, Rep. 113, Nr. 222, S. 180.
43 HZAN, La 140 Bü 111. Friedrich von Baden an Hermann zu Hohenlohe vom 28.2.1881, o. P.

44 Hierbei handelt es sich vermutlich um das Wandbild «Stiftung des Schwarzen Adler Ordens« 3,24 × 3, 83 m, vgl. Geyer, 2010, Bild 236, S. 151.
45 GStA PK, BPH, Rep. 113, Nr. 224, S. 88–97.
46 GStA PK, BPH, Rep. 113, Nr. 224, S. 111.
47 Kirschstein, 2014, S. 112–119.
48 Archiv Stiftung Schloss Glücksburg, Auguste Victoria an Caroline Mathilde vom 12.3.1881 und 16.3.1881, o.P.
49 Archiv Stiftung Schloss Glücksburg, Auguste Victoria an Caroline Mathilde vom 12.3.1881, o.P.
50 Archiv Stiftung Schloss Glücksburg, Auguste Victoria an Caroline Mathilde vom 13.5.1882, o.P.
51 Erst mit der Eheschließung im Jahr 1905 wurde statt des Doppelnamens Friedrich Wilhelm nur der Name Wilhelm verwendet.
52 GStA PK, BPH, Rep. 53 T, Preussen, Bd. I, Auguste Victoria an Wilhelm vom 6.10.1881, S. 302–305.
53 GStA PK, BPH, Rep. 53 T, Preussen, Bd. I, Auguste Victoria an Wilhelm vom 8.10.1881, S. 295–300.
54 GStA PK, BPH, Rep. 53 T, Preussen, Bd. I, Auguste Victoria an Wilhelm vom 7.8.1882, S. 281–284.
55 GStA PK, BPH, Rep. 53 T, Preussen, Bd. I, Auguste Victoria an Wilhelm vom 12.8.1882, S. 272–277.
56 GStA PK, BPH, Rep. 53 T, Preussen, Bd. I, Auguste Victoria an Wilhelm vom 3.9.1882, S. 263.
57 Der Pfingstberg ist mit 76 Metern die höchste Erhebung Potsdams, bekrönt wird er durch das Belvedere.
58 Prinz Alexander von Preußen (1820–1896), war ein Enkel König Friedrich Wilhelms II. Er bewohnte seit Beginn der 1880er Jahre in den Sommermonaten eine im italienischen Stil erbaute Villa des Architekten Ludwig Persius, sie trägt den Namen ihres ersten Besitzers des Zuckersiedefabrikanten L.F. Otto Jacobs. www.villajacobs.de, abgerufen am 21.11.2019.
59 GStA PK, BPH, Rep. 53 T, Preussen, Bd. I, Auguste Victoria an Wilhelm vom 8.9.1882, S. 264–267. Auguste Victoria erwähnt dies explizit, da Friedrich Karl einer der Gegner der Eheschließung zwischen Dona und Wilhelm war.
60 Zit. nach: Weiberg, 2007, S. 111.
61 GStA PK, BPH, Rep. 53 T, Preussen, Bd. I, Auguste Victoria an Wilhelm vom 15.9.1882, S. 247–249.
62 GStA PK, BPH, Rep. 53 T, Preussen, Bd. I, Auguste Victoria an Wilhelm vom 16.9.1882, S. 250–252.
63 König Friedrich II. hatte die Kirche in Sichtbeziehung zum Neuen Palais 1771 bauen lassen. Auf Wunsch des Kronprinzen Friedrich Wilhelm war die Kirche 1881 erweitert worden.
64 Direkt neben dem Marmorpalais war ein Tennisplatz angelegt worden, bereits 1876 hatte Kronprinzessin Victoria einen Lawn-Tennisplatz am Neuen Palais und 1877 für ihre Tochter Charlotte einen Ballspielplatz im Garten der Villa Liegnitz anlegen lassen. Vgl.: Kirschstein, 2017, S. 124f.
65 GStA PK, BPH, Rep. 53 T, Preussen, Bd. I, Auguste Victoria an Wilhelm vom 16.9.1882, S. 253f.
66 GStA PK, BPH, Rep. 53 T, Preussen, Bd. I, Auguste Victoria an Wilhelm vom 15.8.1882, S. 98f.
67 GStA PK, BPH, Rep. 53 T, Preussen, Bd. I, Auguste Victoria an Wilhelm vom 1.10.1882, S. 317–319.
68 Zum ersten Mal seit dem 15. Jahrhundert erhielt wieder ein Mitglied des königlichen Hauses diesen Namen. Namensgeber war Eitel Friedrich II. von Hohenzollern (1452–1512).
69 GStA PK, BPH, Rep. 53 T, Preussen, Bd. II, Auguste Victoria an Kaiserin Augusta vom 4.8.1883, o.P.
70 GStA PK, BPH, Rep. 53 T, Preussen, Bd. II, Auguste Victoria an Wilhelm vom 1.10.1883, S. 5–12.
71 GStA PK, BPH, Rep. 53 T, Preussen, Bd. II, Auguste Victoria an Wilhelm vom 5.10.1883, S. 19–22.
72 GStA PK, BPH, Rep. 53 T, Preussen, Bd. II, Auguste Victoria an Wilhelm vom 8.10.1883, S. 9f.
73 GStA PK, BPH, Rep. 53 T, Preussen, Bd. II, Auguste Victoria an Wilhelm vom 7.10.1883, S. 11–14.
74 GStA PK, BPH, Rep. 53 T, Preussen, Bd. II, Auguste Victoria an Wilhelm vom 8.9.1884, S. 182–185.
75 GStA PK, BPH, Rep. 53 T, Preussen, Bd. II, Auguste Victoria an Wilhelm vom 10.9.1884, S. 178–180.
76 GStA PK, BPH, Rep. 53 T, Preussen, Bd. II, Auguste Victoria an Wilhelm vom 14.9.1884, S. 169–171.
77 GStA PK, BPH, Rep. 53 T, Preussen, Bd. II, Auguste Victoria an Wilhelm vom 18.9.1884, S. 165–168.
78 GStA PK, BPH, Rep. 53 T, Preussen, Bd. II, Auguste Victoria an Wilhelm vom 10.10.1884, S. 131f.
79 Zit. nach Röhl, 1993, S. 402.
80 Zit. nach Röhl, 1993, S. 523.
81 Zit. nach Röhl, 1993, S. 673.
82 Zit. nach Röhl, 1993, S. 675.
83 Zit. nach Röhl, 1993, S. 678.
84 Röhl, 1993, S. 794, hier: Kronprinz Wilhelm an Philipp zu Eulenburg, 29.3.1888.
85 Röhl, 1993, S. 795.
86 Zit. nach Röhl, 1993, S. 802, hier: Queen Victoria an Kaiserin Victoria, 31.3.1888.
87 Die Namensänderung war in Erinnerung an den Bauherren des Neuen Palais König Friedrich II. von Preußen im März 1888 erfolgt. Vgl. Kirschstein, 2017, S. 45.
88 Archiv Stiftung Schloss Glücksburg, Auguste Victoria an Caroline Mathilde vom 19.6.1888, o.P.

Repräsentantin des Kaiserreichs

1 Grundermann, 1995.
2 Die Krone wurde nach einem Entwurf von Emil Doepler d.J. vom Hofjuwelier Hugo Schaper angefertigt und befindet sich seit 1953 auf der Burg Hohenzollern (Baden-Württemberg).
3 Kemper, 2005, S. 218.
4 GStA PK, BPH, Rep. 113, Nr. 61, S. 13. Beschreibung des Wappens der Kaiserin.
5 GStA PK, BPH, Rep. 113, Nr. 61, S. 56f.
6 GStA PK, BPH, Rep. 113, Nr. 61. Ernst von Mirbach an das Oberhofmarschallamt vom 4.9.1889, S. 53f. Eine Erklä-

rung für den Wegfall des Roten Kreuzes wird nicht genannt.
7 GStA PK, I. HA, Rep. 100, Nr. 2792, Kronprinz Friedrich Wilhelm an Alexander von Schleinitz vom 30.5.1880, o. P.
8 GStA PK, I. HA, Rep. 89, Nr. 3085, Ernst von Mirbach an Hermann von Lucanus vom 3.12.1889, S. 106. Diese Meldung erhielt am 7. Dezember 1889 auch das Auswärtige Amt. Vgl. PA AA, R 3485.
9 GStA PK, I. HA, Rep. 100, Nr. 2792, o. P.
10 GStA PK, BPH, Rep. 53 T, Preussen, Bd. III, Auguste Victoria an Wilhelm II. vom 12.10.1888, S. 33 f.
11 GStA PK, BPH, Rep. 53 T, Preussen, Bd. III, Auguste Victoria an Wilhelm II. vom 16.7.1889, S. 69–71.
12 GStA PK, BPH, Rep. 53 T, Preussen, Bd. III, Auguste Victoria an Wilhelm II. vom 12.7.1889, S. 77 f.
13 z. B. Bülow 1930, Bd. I, S. 262 f.
14 Gemeint ist die »Yacht »Hohenzollern«.
15 GStA PK, BPH, Rep. 53 T, Preussen, Bd. III, Auguste Victoria an Wilhelm II. vom 24.7.1889, S. 49–52.
16 Zedlitz-Trützschler, 1923; Bülow, Bde. I bis III, 1930–1931.
17 GStA PK, BPH, Rep. 53 T, Preussen, Bd. III, Auguste Victoria an Wilhelm II. vom 4.8.1889, S. 93 f.
18 GStA PK, BPH, Rep. 53 T, Preussen, Bd. IV, Auguste Victoria an Wilhelm II. vom 5.7.1892, S. 56–58.
19 Das Kurfürstentum Hessen-Kassel ist 1866 von Preußen annektiert worden.
20 Jérome Bonaparte war von 1807 bis 1813 König von Westphalen. Die Schlösser Wilhelmshöhe und Wilhelmsthal dienten ihm als Residenzen.
21 GStA PK, BPH, Rep. 53T, Preussen, Bd. III, Auguste Victoria an Wilhelm II. vom 5.8.1889, S. 95 f.
22 Das Kronprinzenpalais Unter den Linden stand als Witwensitz zur Verfügung.
23 Etwa 260 Briefe und Telegramme aus den Jahren 1880 bis 1892, die Auguste Victoria an Wilhelm II. schrieb, haben sich im GStA PK, BPH, Rep. 53 T, Bde. I bis IV, erhalten. Nach 1892 sind nur noch einzelne Briefe vorhanden.
24 GStA PK, BPH, Rep. 53 T, Preussen, Bd. IV, Auguste Victoria an Wilhelm II. vom 19.7.1892, S. 138–140.
25 GStA PK, BPH, Rep. 53 T, Preussen, Bd. IV, Auguste Victoria an Wilhelm II. vom 2.7.1892, S. 44–51.
26 GStA PK, BPH, Rep. 53 T, Preussen, Bd. IV, Auguste Victoria an Wilhelm II. vom 2.7.1892, S. 44–51.
27 GStA PK, BPH, Rep. 53 T, Preussen, Bd. IV, Auguste Victoria an Wilhelm II. vom 3.7.1890, S. 113–115.
28 GStA PK, BPH, Rep. 53 T, Preussen, Bd. IV, Auguste Victoria an Wilhelm II. vom 3.7.1890, S. 126 f.
29 GStA PK, BPH, Rep. 53 T, Preussen, Bd. IV, Auguste Victoria an Wilhelm II. vom 29.7.1890, S. 80 f.
30 GStA PK, BPH, Rep. 53 T, Preussen, Bd. IV, Auguste Victoria an Wilhelm II. vom 16.7.1891, S. 78 f.
31 Zit. nach Röhl, Bad. II, S. 699, hier: Kaiserin Friedrich an Queen Victoria vom 20.8.1890.
32 Zit. nach Röhl, Bad. II, S. 699, hier: Kaiserin Friedrich an Queen Victoria vom 16.12.1890.
33 Rosner, 1922, S. 3.
34 LASA, E 203, Nr. 2 (Alvensleben, Gabriele von), Eintrag vom 30.3.1915, S. 174.
35 GStA PK, BPH, Rep. 53T, Preussen, Bd. I, Auguste Victoria an Prinz Wilhelm vom 30.9.1882, S. 320 f.
36 LASA, E 203, Nr. 2 (Alvensleben, Gabriele von), Eintrag vom 30.3.1915, S. 174.
37 Rosner, 1922, S. 5 f.
38 GStA PK, BPH, Rep. 53 T, Preussen, Bd. IV, Auguste Victoria an Wilhelm II. vom 26.7.1891, S. 71–75.
39 GStA PK, BPH, Rep. 53 T, Preussen, Bd. IV, Auguste Victoria an Wilhelm II. vom 4.7.1892, S. 46–51.
40 Feldhahn/Schimmel, 2015, S. 19.
41 Bülow, Bd. I, 1930, S. 458–460.
42 Vgl. Prinzessin Louise von Belgien (1858–1924), die durch einen Eheskandal für Aufsehen erregte. Siehe: Erika Bestenreiner: Prinzessin Louise von Belgien, in: Bestenreiner, Erika: Die Frauen aus dem Hause Coburg, München 2008, S. 107–167.
43 Über die Tagebücher heißt es im Testament der Kaiserin vom 11.4.1919, § 3: »Die Tagebücher über unsere Kinder bitte ich ihn [Wilhelm II.] den betreffenden Schwiegertöchtern und unserer Tochter, sofern er das letzte nicht selbst zu behalten wünscht, zu übergeben.« Vgl.: RA Utrecht, (Ex-)keizer Wilhelm II., Nr. 156, S. 55–64.
44 Herzogin Viktoria Luise, 1975, S. 133.
45 Bülow, Bd. I, 1930, S. 262.
46 Bülow, Bd. I, 1930, S. 263.
47 Bülow, Bd. I, 1930, S. 303.
48 Zedlitz-Trützschler, 1923, S. 190 f. Joachim Albrecht heiratete 1919 Maria Sulzer, die jedoch im selben Jahr verstarb.
49 GStA PK, BPH, Rep.62 III, Nr. 49.
50 GStA PK, BPH, Rep.62 III, Nr. 45/1–2. August Wilhelm an Rudolf Presber vom 27.8.1929.
51 Zedlitz-Trützschler, 1923, S. 94 f.
52 Heinrich Fürst zu Fürstenberg/Andreas Wilts (Hrsg.): Max Egon II. zu Fürstenberg. Fürst, Soldat, Mäzen, Ostfildern 2019.
53 Zit. nach Feldhahn, 2019, S. 125.
54 GStA PK, BPH, Rep. 53 T, Preussen, Bd. IV, Auguste Victoria an Wilhelm II. vom 26.7.1891, S. 71–75.
55 Altenstein, 1904, S. 232.
56 Altenstein, 1904, S. 232.
57 Ein Arbeiter verdiente im Jahr 1900 durchschnittlich 834 Mark. http://www.hartwig-w.de/hartwig/ekh/19Jh-Lebenshaltung/1900-leben.htm, abgerufen am 23.1.2020.
58 Altenstein, 1904, S. 238.
59 Altenstein, 1904, S. 235.
60 Kirschstein, 2017, S. 124 f.
61 SPSG, Hist. Inventare, Nr. 721, Neues Palais 1895, S. 187 lfd. 74.; Kirschstein, 2017, S. 73.
62 Zit. nach Röhl, Bd. I, 1993, S. 370.
63 Bülow, Bd. I, 1930, S. 460.
64 Kessler, Bd. III, 2004, S. 115 f., Eintrag vom 29.1.1898.
65 Kessler, Bd. III, 2004, S. 119, Eintrag vom 8.2.1898.
66 Die Personalakten der Mitglieder des Hofstaates der Kaiserin sind im Zweiten Weltkrieg vernichtet worden. Geringe

Teile des Nachlasses befinden sich im GStA PK, BPH, Rep. 192, Nl Wilhelm von Dommes.
67 Mathilde Gräfin von Pückler, war eine Urenkelin König Friedrich Wilhelms II. von Preußen und seiner morganatischen Ehefrau Sophie Gräfin von Dönhoff (1768–1838).
68 Keller, 1935, S. 29.
69 Keller, 1935, S. 38. Allerdings lässt sich ihre Tätigkeit als Oberhofmeisterin der Prinzessin Marianne von Preußen im Handbuch über den königlich-preußischen Hof und Staat, Jg. 1832–1848, nicht nachweisen.
70 GStA PK, I. HA, Rep. 89, Nr. 3084, S. 182 und 196. Leopold von Ende trat 1888 wieder in den Hofstaat Auguste Victorias mit der Funktion des Vize-Ober-Hofmeisters ein, dieses Amt behielt er bis zu seinem Tod 1910.
71 LASA, E 203, Nr. 2 (Alvensleben, Gabriele von), Eintrag vom 2.12.1915, S. 301.
72 Zit. nach Röhl, Bd. II, 2001, S. 193.
73 Treutler, 1971, S. 107.
74 Keller, 1935, S. 239f.
75 Bülow, Bd. I, 1930, S. 246f.
76 GStA PK, I.HA, Rep. 89, Nr. 3318, S. 28.
77 Sie heiratete 1894 Maximilian Graf von Pückler-Rogau.
78 Sie heiratete 1898 Ludwig Graf York von Wartenberg.
79 Sie heiratete 1904 Oskar Graf von Platen-Hallermund. Von Platen war ab 1898 Flügeladjutant Wilhelms II. und Militärgouverneur der Kaisersöhne August Wilhelm und Oskar, er kommandierte von 1908 bis 1911 die Yacht »Hohenzollern« und bekleidete schließlich das Amt des Hofmarschalls Wilhelms II. von 1911 bis 1935.
80 Zedlitz-Trützschler, 1923, S. 55f.
81 GStA PK, Handbuch für den Preußischen Staat und Hof, Jg. 1904–1918.; GStA PK, I.HA, Rep. 89, Nr. 3318, S. 29 und 33.
82 Zedlitz-Trütschler, 1923, S. 243.
83 GStA PK, I.HA, Rep. 89, Nr. 3318, S. 86b.
84 LASA, E 203, Nr. 2 (Alvensleben, Gabriele von), Eintrag vom 30.3.1915, S. 174.
85 LASA, E 203, Nr. 2 (Alvensleben, Gabriele von), Eintrag vom 19.8.1914, S. 46.
86 LASA, E 203, Nr. 2 (Alvensleben, Gabriele von), Eintrag vom 21.4.1915, S. 188.
87 LASA, E 203, Nr. 2 (Alvensleben, Gabriele von), Eintrag vom 7.1.1914, S. 121.
88 LASA, E 203, Nr. 2 (Alvensleben, Gabriele von), Eintrag vom 31.7.1915, S. 231.
89 LASA, E 203, Nr. 2 (Alvensleben, Gabriele von), Eintrag vom 2.8.1915, S. 232.
90 LASA, E 203, Nr. 2 (Alvensleben, Gabriele von), Eintrag vom 13.–26.11.1918, S. 670f.
91 Gothaisches Genealogisches Taschenbuch der Freiherrlichen Häuser, 77 Jg., 1927, S. 393.
92 Putlitz, 1931, S. 169.
93 LASA, E 203, Nr. 2 (Alvensleben, Gabriele von), Eintrag vom 24.3.1916, S. 361.
94 LASA, E 203, Nr. 2 (Alvensleben, Gabriele von), Eintrag vom 25.7.1917, S. 544.
95 Mathilde Gräfin von Keller: Vierzig Jahre im Dienst der Kaiserin. Ein Kulturbild aus den Jahren 1881–1921, Leipzig 1935.
96 GStA PK, VI. HA, NL Werner von Kieckebusch, Nr. 116. Eintrag vom 11.6.1945.
97 Albrechtstraße 1 (heute: Am Neuen Garten 1). Das Wohnhaus wurde um 1985 abgerissen.
98 Thimme, 2007, S. 395.
99 Sie ruht auf dem Bornstedter Friedhof in einem Gemeinschaftsgrab mit Therese von Brockdorff und Claire von Gersdorff. Das Haus Preußen kündigte 2008 die seit dem Jahr 1924 bestehende Grabpflege.
100 Notizen zur Hamburger Rotkreuzgeschichte, https://www.drkhamburg.de/fileadmin/Eigene_Bilder_und_Videos/150_Jahre_DRK_Hamburg/Notizen_zur_Hamburger_Rotkreuzgeschichte/Notizen_zur_Hamburger_Rotkreuzgeschichte_-_Themenblatt_6__Okt._2018.pdf, abgerufen am 21.11.2019.
101 Winzen, 2010, S. 48.
102 https://vondemknesebeck.net/persoenlichkeiten/herausragend/bodo-hugo-v-d-k/, abgerufen am 21.11.2019; Bülow, Bd. I, 1930, S. 246.
103 Zit. nach Gundermann, 1995, S. 2.
104 Bülow, Bd. I, 1930, S. 244.
105 Bülow, Bd. I, 1930, S. 245f.; Gundermann, 1995, S. 12f.
106 Zedlitz-Trützschler, 1923, S. 77.
107 Bülow, Bd. I, 1930, S. 245.
108 GStA PK, I.HA, Rep. 89, Nr. 3318. Ernst von Mirbach an Wilhelm II. vom 28.8.1904, S. 53a.
109 Zit. nach Gundermann, 1995, S. 16.
110 GStA PK, I.HA, Rep. 89, Nr. 3318, S. 65a.
111 GStA PK, I. HA, Rep. 89, Nr. 3085, S. 102.
112 Keller, 1935, S. 324.
113 GStA PK, BPH, Rep. 53 T, Preußen I, Auguste Victoria an Wilhelm vom 8.10.1881, S. 295–300.
114 Archiv Stiftung Schloss Glücksburg, ohne Signatur.
115 Für diese Informationen danke ich Elisabeth Prinzessin zu Ysenburg, geb. Prinzessin zu Schleswig-Holstein, Schloss Glücksburg.
116 LASH, Nr. 1106. Ernst Günther an seine Eltern vom 5.11. o.J. [1875], o.P.
117 HZAN, La 140, Bu 110, Auguste Victoria an Hermann zu Hohenlohe vom 23.5.1884, o.P.
118 Zit. nach Röhl, 2001, S. 728.
119 Röhl, Bd. II, 2001, S. 729.
120 GStA PK, BPH, Rep. 53 T, Preußen, Bd. IV, Auguste Victoria an Wilhelm II. vom 28.7.1890, S. 90–92.
121 Zit. nach Röhl, 2001, S. 730. Kaiserin Friedrich an Queen Victoria vom 26.11.1891.
122 Gemeint ist das Audienzzimmer der Kaiserin (Oberes Konzertzimmer) im Neuen Palais, Raum 260. Zit. nach Röhl, 2001, Bd. II, S. 731.
123 Zit. nach Röhl, 2001, S. 732, hier: Bernhard von Bülow an August zu Eulenburg vom 16.4.1894.
124 Zit. nach Röhl, 2001, S. 732, hier: Prinzessin Helene heiratete schließlich 1895 den Herzog Emanuel von Aosta.

125 Zit. nach Röhl, 2001, S. 735, hier: Wilhelm II. an Axel von Varnbüler vom 28.5.1896.
126 Bülow, 1930, Bd. 1, S. 230.
127 Zit. nach Röhl, 2001, S. 748.
128 Zit. nach Röhl, 2001, S. 752.
129 Zit. nach Röhl, 2001, S. 753.
130 Zit. nach Röhl, 2001, S. 753.
131 LASH, Abt. 22, Nr. 1720. Ernst Günther an Skopnick vom 15.8.1915, o. P.
132 LASH, Abt. 22, Nr. 1720, Ernst Günther von Hans Jürgen von Arnim vom 15.8.1915, o. P.
133 LASH, Abt. 22, Nr. 1720, Ernst Günther von Graf Kielmannsegg vom 21.3.1916, o. P.
134 LASH, Abt. 22, Nr. 1720, Ernst Günther von Max von Kluge vom 31.12.1916, o. P.
135 LASH, Abt. 22, Nr. 1720. Ernst Günther an Skopnick vom 15.8.1917, o. P.
136 HZAN, La 141, Bu 56, Auguste Victoria an Leopoldine zu Hohenlohe vom 3.6.1887, o. P.
137 Zit. n. Röhl, 2001, S. 737.
138 Zit. n. Röhl, 2001, S. 737, hier: Kaiserin Friedrich an Victoria zu Schaumburg-Lippe vom 7.12.1891 und 12.12.1891.
139 Eigentlich Friedrich Münchgesang (1895–1985), Führung des Namens »Baron Cerrini« durch Adoption von Baronin Marietta Cerrini de Monte Varchi, ihre Schwester Stephanie war Hofdame der Prinzessin Louise Sophie.
140 Erinnerungen der Gabriele von Colmar, unveröffentlichtes Manuskript., S. 121–124.
141 Zit. nach Röhl, 2001, S. 738.
142 GStA PK, I. HA, Rep. 89, Nr. 3096. Wilhelm von Wedel an Wilhelm II. vom 17.5.1904.
143 GStA PK, I. HA, Rep. 89, Nr. 3097. August zu Eulenburg an Wilhelm II. vom 18.4.1914.
144 Hinterkeuser, 2016, S. 69–86. Das Haus lag unmittelbar an der Berliner Mauer und wurde 1975 abgerissen.
145 Hinterkeuser, 2016, S. 77f.
146 GStA PK, VI. HA, Rep. 192, NL Wilhelm von Dommes, Reisebericht von 1.–12.1949.
147 https://www.bad-nauheim.de/de/lebenswert/stadtinfo-geschichte/beruehmte-besucher/prinzessin-louise-sophie, abgerufen am 6.12.2019.
148 GStA PK, VI. HA, Rep. 192, NL Wilhelm von Dommes. Carl-Hans von Hardenberg an Wilhelm von Dommes vom 1.5.1952.
149 Weiberg, 2008, S. 21.
150 Weiberg, 2008, S. 21.
151 Weiberg, 2008, S. 11.
152 Rena Noltenius: Heinrich Vogeler. 1872–1942; die Gemälde – ein Werkkatalog, Weimar 2000.
153 Zit. n. Weiberg, 2008, S. 25.
154 F. Hugin, Berta Hahn, 1907.
155 F. Hugin, Durch den Nebel, 1908.
156 Weiberg, 2008, S. 32.
157 Die weiße Grabplatte ist in Primkenau (heute: Przemków) erhalten.
158 HZAN, La 140 Bü 110, Auguste Victoria an Hermann zu Hohenlohe-Langenburg vom 31.12.1910, o. P.
159 Weiberg, 2008, S. 49–51.
160 GStA PK, BPH, Rep. 113, Nr. 2121. Am 11. September 1914 gab die Kaiserin ihre Wohnung im Berliner Schloss auf.
161 Geyer, 2010, S. 123.
162 GStA PK, Rep. 53 F. III.b, Nr. 2, Bl. 2, 8 und 12. Journal der diensthabenden Flügeladjutanten 1888 Oct. 23–1890 Dec. 24.).
163 Meiner, 2015, S. 223.
164 Keßler, 1898, S. 384.
165 Alexander Kips war seit 1886 künstlerischer Leiter der Königlichen Porzellan Manufaktur Berlin (KPM).
166 Jahnel, 1889, S. 349.
167 Jahnel, 1889, S. 349.
168 Jahnel, 1889, S. 362.
169 Meiner, 2015, S. 227f. Hier auch eine Abbildung der Entwurfsskizze des Gemäldes.
170 SPSG, Hist. Akten, Nr. 124, S. 14; Geyer, 2010, S. 125.
171 Geyer, 2010, S. 125.
172 Meiner, 2014, S. 30.
173 Meiner, 2014, S. 91f. Die Möbel befinden sich heute in Huis Doorn, dem Exilsitz Wilhelms II.
174 Hinterkeuser, 2012, S. 156.
175 Brehmer, 1889, S. 47. Brehmer nennt keine Titel dieser Gemälde.
176 Jahnel, 1889, S. 362.
177 SPSG, Hist. Akten, Nr. 124, S. 14.
178 Meiner, 2015, S. 229.
179 Das Gemälde gehört zu den Kunstwerken, die Auguste Victoria nach 1918 vom Staat zugesprochen bekam. Das Porträt befindet sich in ihrem Exilsitz Huis Doorn.
180 Heute in Schloss Schönhausen, Berlin.
181 Keßler, 1898, S. 382f.
182 Heute auf der Burg Hohenzollern.
183 Heute im Schlossmuseum Oranienburg. Das Bild war erst 1906 aus den Berliner Museen an das Berliner Schloss zurückgegeben worden. Vgl. Hinterkeuser, 2012, S. 156.
184 Keßler, 1898, S. 384.
185 Im Jahr 1911 kam es zur Erneuerung der durch das Tageslicht ausgeblichene Wandbespannung; SPSG, Hist. Akten, Nr. 124, S. 16 VS und 16 RS.
186 Geyer, 2010, S. 45.
187 Geyer, 2010, S. 45 und 89.
188 Brehmer, 1898, S. 47. Eine zweite Bronzeblume befand sich in der gegenüberliegenden östlichen Wandnische.
189 Heute Stichting Huis Doorn; Meiner, 2014, S. 95.
190 Heute auf der Burg Hohenzollern.
191 Das Ensemble befindet sich in einer geänderten Hängung im Schlafzimmer Auguste Victorias in Huis Doorn.
192 Heute auf der Burg Hohenzollern.
193 Es existiert lediglich ein Verzeichnis der Gemälde und Kupferstiche aus der Wohnung des Kaiserpaares aus dem Jahr 1892; SPSG, Historisches Inventar, Nr. 143.
194 Jahnel, 1889, S. 348.
195 Brehmer, 1898, S. 47.
196 Brehmer, 1898, S. 47.
197 Jahnel, 1889, S. 348.
198 SPSG, Hist. Akten, Nr. 124, S. 3 RS.
199 Jahnel, 1889, S. 371.
200 Namensgeber war Fürst Karl Anton von Hohenzollern (1811–1885), Mitglied der katholischen Linie des Hauses Hohenzollern, der von 1858 bis 1862 als preußischer Ministerpräsident das Appartement bewohnte.

201 SPSG, Hist. Akten, Nr. 124, S. 5 RS, 6 VS.
202 Es bestand aus Vorzimmer, Salon, Speisezimmer, Schreibzimmer, Schlafzimmer, Toilettezimmer mit Bad und Küche. SPSG, Hist. Akten, Nr. 124, S. 6 RS.
203 Jahnel, 1889, S. 362.
204 Verzeichnis der Ihren Königlichen Hoheiten dem Prinzen und der Prinzessin Wilhelm von Preußen zum Vermählungstage, am 27.2.1881 von der Corparation der Berliner Buchhändler unterthänigst gewidmeten Bibliothek, Berlin 1881.
205 Krieger, 1921, S. 104. Ich danke Sabine Hahn, der Bibliothekarin der SPSG, für diesen Hinweis.
206 SPSG, Hist. Akten, Nr. 124, S. 4 VS.
207 Geyer, 2010, S. 125.
208 Z.B.: Philipp Demandt: Die Unsterblichkeit der Königin von Preußen, Köln 2003.
209 SPSG, Hist. Akten, Nr. 124, S. 13 RS; Geyer, 2019. S. 126.
210 Geyer, 2010, S. 126.
211 SPSG, Hist. Akten, Nr. 124, S. 5 RS.
212 SPSG, Hist. Akten, Nr. 124, S. 16 RS. Eintrag vom 1.7.1911.
213 Geyer, 2010, S. 127.
214 Geyer, 2010, S. 127.
215 Am 11. September 1914 gab die Kaiserin ihre Wohnung im Berliner Schloss auf. Vgl.: GStA PK, BPH, Rep. 113, Nr. 2121.
216 GStA PK, I. HA, Rep. 151. Nr. 7648, S. 44 RS (Mikrofilm 19547).
217 GStA PK, I. HA, Rep. 151. Nr. 7646, S. 70.
218 Wilderotter, 1991, S. 121.
219 Heute Stichting Huis Doorn.
220 Heute Burg Hohenzollern.
221 Heute Stichting Huis Doorn.
222 Heute Burg Hohenzollern.
223 Heute Sammlung Richard Borek, Braunschweig.
224 RA Utrecht, (Ex-)keizer Wilhelm II, Nr. 437, S. 47 f.
225 GStA PK, Rep. 100, Nr. 2792, o. P.
226 GStA PK, Rep. 100, Nr. 2792, o. P., lfd. Nr. 12. »Ein goldener Schmuck, bestehend aus Collier, Diadem, Armband, Agraffe, 2 Paar Ohrringe«.
227 Die Colliers überreichten Kronprinzessin Victoria, Herzogin Amalie zu Schleswig-Holstein und Kardinal Prinz zu Hohenlohe. GStA PK, Rep. 100, Nr. 2792, o. P., lfd. Nrn. 10, 11, 13.
228 GStA PK, Rep. 113, Nr. 223, S. 89 RS-90 RS.
229 Zit. nach Röhl, Bd. II, 2001, S. 700.
230 Zobeltitz, 1922, Bd. I, S. 11.
231 Zobeltitz, 1922, Bd. I, S. 19.
232 GStA PK, I. HA, Rep. 100A, Nr. 364, S. 164.
233 Generalverwaltung Haus Preußen, Acta betr. Die Juwelenbestände des Krontresors.
234 Wilderotter, 1991, S. 113–115.
235 Seidel, 1907, S. 272.
236 GStA PK, BPH, Rep. 53, Nr. 287. Bericht der Else von Wedel zur Doppelhochzeit im Kaiserhaus.
237 Marquardt, 1985, S. 16–19.
238 In zweiter Ehe heiratete Wilhelm II. am 5. November 1922 die verwitwete Hermine Prinzessin von Schoenaich-Carolath, geborene Prinzessin Reuss ältere Linie (1887–1947), siehe: Friedhild den Toom/Sven Michael Klein: Hermine, die zweite Ehefrau von Wilhelm II., Greiz 2007.
239 Generalverwaltung Haus Preußen, Acta betr. Die Juwelenbestände des Krontresors.

Soziales und Kirchliches Engagement

1 GtA PK, BPH, Rep. 53, Nr. 103–115.
2 Zit. nach Gundermann, 1991, S. 13 f. GtA PK, BPH, Rep. 53, Nr. 101–105.
3 Zit. nach Gundermann, 1991, S. 14 f.
4 Das Hospital befand sich in der Blücherstraße. 1885 erfolgte die Verlegung der Einrichtung in die Hasenheide nach Berlin. Vgl. Strecker, o. J. [1921], S. 43.
5 Das Pfingsthaus war 1851 als »Rettungsanstalt für sittlich gefährdete und verwahrloste Jugendliche« gegründet worden. Die Einrichtung hatte die Aufgabe, verhaltensauffällige und straffällig gewordene Jugendliche zu betreuen. Vgl. Ernst Freiherr von Mirbach, Das Pfingsthaus, die Pfingstkapelle zu Potsdam, 1898.
6 GStA PK, I. HA, Rep. 89, Nr. 2785. Auguste Victoria an Wilhelm I., 11.2.1884, S. 104 VS & RS & 105 VS.
7 Goetz, 2008, S. 38.
8 Goetz, 2008, S. 40.
9 Wendland, S. 47.
10 Wann genau der Begriff zum ersten Mal aufkam ist nicht bekannt. Es ist davon auszugehen, dass schon vor 1918 die volkstümliche Bezeichnung »Kirchenjuste« bei den Berlinern gebräuchlich war.
11 Zit. nach Goetz, 2008, S. 142.
12 Mirbach, 1905, S. 10 f.
13 Förder-Hoff, 2008, S. 24.
14 Mirbach, 1902, S. 28.
15 Mybes, 1988, S. 110.
16 Gundermann, 1991, S. 23 f.
17 Goetz, 2008, S. 156.
18 Goetz, 2008, S. 161.
19 Goetz, 2008. S. 162.
20 Z. B.: Heinrich Niemöller (Hg.): Hinauf gen Jerusalem. Gedenkbuch der offiziellen Festfahrt zur Einweihung der Erlöserkirche in Jerusalem, Berlin 1899; Alex Carmel/Ejal Jakob Eisler: Der Kaiser reist ins Heilige Land. Die Palästinareise Wilhelms II. 1898, Stuttgart 1999.
21 Dies war ein Vorschriftenkatalog zur Gestaltung der protestantischen Kirchenbauten in Deutschland.
22 Goetz, 2008, S. 224.
23 Gundermann, 1991, S. 29.
24 Förder-Hoff, 2008, S. 46; https://www.brandenburgische-frauenhilfe.de/rundgang/1899-evangelische-frauenhilfe/, abgerufen am 5.1.2020.
25 GStA PK, Rep. 89, Nr. 2791, S. 18–22. Hier Liste aller Protektorate.
26 Z. B. Bogdan Krieger: Kaiserin Auguste Victoria als Landesmutter im Kriege, Berlin 1919.
27 Stöckel, 1996, S. 7 und 9.
28 Untere Denkmalbehörde der Stadt Potsdam. Acta specialica betr. Bau der Auguste Victoria-Krippe in der Moltkestraße 6 (heute Hebbelstraße 6). Die Kaiserin stattete der Krippe jährlich in

der Weihnachtszeit bis 1914 einen Besuch ab.
29 Stöckel, 1996, S. 174–176.
30 Dietrich, 1906, S. 34.
31 Dietrich, 1919, S. 173.
32 Brugger, 1905, S. 26.
33 Zit. nach Stöckel, 1996, S. 249.
34 Stöckel, 1996, S. 251f.
35 May, 1909, S. 103–124.
36 Stöckel, 1996, S. 258.
37 Lilienthal, 1986, S. 64–70.

Weltkrieg und Abdankung

1 Afflerbach, 2005, S. 47.
2 Afflerbach, 2005, S. 336, hier: Brief Moriz von Lyncker an seine Frau vom 20.11.1915.
3 Afflerbach, 2005, S. 426, hier: Brief Moriz von Lyncker an seine Frau vom 10.9.1916.
4 Afflerbach, 2005, S. 499f., hier: Moriz von Lyncker an seine Frau vom 27.5.1917.
5 LASA, E 203, Nr. 2 (Alvensleben, Gabriele von), Eintrag vom 8.5.1915, S. 196.
6 Zit. nach Afflerbach, 2005, S. 49.
7 Müller, 1959, S. 83. Tagebucheintrag vom 23.1.1915.
8 LASA, E 203, Nr. 2 (Alvensleben, Gabriele von), Eintrag vom 9.4.1916.
9 BArch RGBI 1915, Nr. 4935, fol 714.
10 LASA, E 203, Nr. 2 (Alvensleben, Gabriele von), Eintrag vom 11.11.1915, S. 289f.
11 Gemeint ist hiermit die Tafel des Kronprinzenpaares im Marmorpalais bzw. dem Kronprinzenpalais.
12 LASA, E 203, Nr. 2 (Alvensleben, Gabriele von), Eintrag vom 22.5.1916, S. 386.
13 LASA, E 203, Nr. 2 (Alvensleben, Gabriele von), Eintrag vom 5.11.1916, S. 448.
14 LASA, E 203, Nr. 2 (Alvensleben, Gabriele von), Eintrag vom 18.12.1916, S. 462.
15 LASA, E 203, Nr. 2 (Alvensleben, Gabriele von), Eintrag vom 26.1.1917, S. 475.
16 LASA, E 203, Nr. 2 (Alvensleben, Gabriele von), Eintrag vom 3.2.1917, S. 479: »Maltzahn lieferte alle Eier seiner Insel Rügen an uns, unter dem Vorwand, sie würden für Lazarette gebraucht.«
17 LASA, E 203, Nr. 2 (Alvensleben, Gabriele von), Eintrag vom 30.11.1915, S. 299.
18 LASA, E 203, Nr. 2 (Alvensleben, Gabriele von), Eintrag vom 20.8.1914, S. 47.
19 Krieger, 1919, S. 7f.
20 GStA PK, BPH, Rep. 113, Nr. 2121 und 2122. Die Besuche sind in den Journalen für den Hoffourier erfasst.
21 Krieger, 1919, S. 67f.
22 LASA, E 203, Nr. 2 (Alvensleben, Gabriele von), Eintrag vom 21.7.1915, S. 228.
23 Krieger, 1919, S. 120f.
24 Krieger, 1919. S. 169f.
25 Krieger, 1919. S. 171.
26 LASA, E 203, Nr. 2 (Alvensleben, Gabriele von), Eintrag vom 22.1.1917, S. 473.
27 LASA, E 203, Nr. 2 (Alvensleben, Gabriele von), Eintrag vom 1.9.1914, S. 53.
28 LASA, E 203, Nr. 2 (Alvensleben, Gabriele von), Eintrag vom 14.11.1914, S. 85.
29 LASA, E 203, Nr. 2 (Alvensleben, Gabriele von), Eintrag vom 22.6.1915, S. 221 und 2.7.1915, S. 224.
30 LASA, E 203, Nr. 2 (Alvensleben, Gabriele von), Eintrag vom 12.7.1915, S. 227.
31 LASA, E 203, Nr. 2 (Alvensleben, Gabriele von), Eintrag vom 13.7.1915, S. 227.
32 LASA, E 203, Nr. 2 (Alvensleben, Gabriele von), Eintrag vom 21.7.1915, S. 228.
33 LASA, E 203, Nr. 2 (Alvensleben, Gabriele von), Eintrag vom 22.1.1917, S. 473.
34 LASA, E 203, Nr. 2 (Alvensleben, Gabriele von), Eintrag vom 26.3.1917, S. 502.
35 LASA, E 203, Nr. 2 (Alvensleben, Gabriele von), Eintrag vom 8.1.1915, S. 122.
36 LASA, E 203, Nr. 2 (Alvensleben, Gabriele von), Eintrag vom 28.1.1915, S. 133.
37 LASA, E 203, Nr. 2 (Alvensleben, Gabriele von), Eintrag vom 1.9.1914, S. 53.
38 LASA, E 203, Nr. 2 (Alvensleben, Gabriele von), Eintrag vom 8.3.1916, S. 155.
39 Ilsemann, Bd. I, 1967, S. 69.
40 Zwischen Gabriele von Alvensleben und Kronprinzessin Cecilie kam es immer wieder zu Disputen. In kontrovers geführten Gesprächen legte die Oberhofmeisterin der Thronfolgerin dar, welche Aufgaben sie zu erfüllen habe und wo ihre Pflichten lägen. Sie selber würde ihre Stellung am Hof aufgeben, wenn das gegenseitige Vertrauen und der Respekt nicht mehr gegeben seien. LASA, E 203, Nr. 2 (Alvensleben, Gabriele von), z.B. Eintragungen vom 8.5.1914, S. 18; 13.7.1915, S. 227 und 14.8.1915, S. 242.
41 Ebenbürtig waren nur fürstliche Familien aus regierenden oder ehemals regierenden souveränen Häusern.
42 LASA, E 203, Nr. 2 (Alvensleben, Gabriele von), Eintrag vom 26.5.1914, S. 21.
43 LASA, E 203, Nr. 2 (Alvensleben, Gabriele von), Eintrag vom 19.10.1915, S. 277.
44 LASA, E 203, Nr. 2 (Alvensleben, Gabriele von), Eintrag vom 26.5.1914, S. 21.
45 LASA, E 203, Nr. 2 (Alvensleben, Gabriele von), Eintrag vom 22.11.1914, S. 89.
46 LASA, E 203, Nr. 2 (Alvensleben, Gabriele von), Eintrag vom 21.12.1914, S. 112.
47 LASA, E 203, Nr. 2 (Alvensleben, Gabriele von), Eintrag vom 24.12.1914, S. 113.
48 LASA, E 203, Nr. 2 (Alvensleben, Gabriele von), Eintrag vom 25.12.1914, S. 114.
49 Friederike heiratete 1938 den späteren König Paul I. von Griechenland (1901–1964).
50 LASA, E 203, Nr. 2 (Alvensleben, Gabriele von), Eintrag vom 18.4.1917, S. 512.
51 LASA, E 203, Nr. 2 (Alvensleben, Gabriele von), Eintrag vom 16.10.1915, S. 275.
52 LASA, E 203, Nr. 2 (Alvensleben, Gabriele von), Eintrag vom 21.10.1915, S. 279.
53 LASA, E 203, Nr. 2 (Alvensleben, Gabriele von), Eintrag vom 17.2.1916, S. 337.
54 LASA, E 203, Nr. 2 (Alvensleben, Gabriele von), Eintrag vom 11.2.1916, S. 333.
55 LASA, E 203, Nr. 2 (Alvensleben, Gabriele von), Eintrag vom 11.2.1916, S. 333.
56 LASA, E 203, Nr. 2 (Alvensleben, Gabriele von), Eintrag vom 26.10.1916, S. 444.
57 In Hofkreisen war der skandalöse Lebenswandel der Großherzogin Anastasia bekannt. Nach dem Tod ihres Mannes begann sie eine Affäre mit ihrem Privatsekretär Wladimir Alexandrowitsch Paltow. Der uneheliche Sohn Alexis Louis von Wenden wurde 1902 geboren.
58 LASA, E 203, Nr. 2 (Alvensleben, Gabriele von), Eintrag vom 10.1.1915, S. 123.
59 LASA, E 203, Nr. 2 (Alvensleben, Gabriele von), Eintrag vom 29.10.1916, S. 445.
60 LASA, E 203, Nr. 2 (Alvensleben, Gabriele von), Eintrag vom 7.2.1917, S. 482.
61 LASA, E 203, Nr. 2 (Alvensleben, Gabriele von), Eintrag vom 4.4.1918, S. 618.

62 Eine Erzherzogin von Österreich und eine Fürstin von Urach. Vgl. Kirschstein, 2011, S. 162.
63 LASA, E 203, Nr. 2 (Alvensleben, Gabriele von), Eintrag vom 8.4.1918, S. 620.
64 LASA, E 203, Nr. 2 (Alvensleben, Gabriele von), Eintrag vom 19.10.1915, S. 277.
65 LASA, E 203, Nr. 2 (Alvensleben, Gabriele von), Eintrag vom 12.4.1918, S. 623.
66 Zit. nach Röhl, Bd. II, 2001, S. 1182.
67 LASA, E 203, Nr. 2 (Alvensleben, Gabriele von), Eintrag vom 31.3.1919, S. 705.
68 LASA, E 203, Nr. 2 (Alvensleben, Gabriele von), Eintrag vom 15.4.1919, S. 711.
69 HAStK, Best. 1193A (Haehner, Alfred), A 8, Eintrag vom Juni 1920, S. 143.
70 Z.B. die sogenannte Kotze-Affäre, ein Sexskandal am deutschen Kaiserhof. Vgl.: Wolfgang Wippermann: Skandal im Jagdschloss Grunewald. Männlichkeit und Ehre im deutschen Kaiserreich, Darmstadt 2010. Oder die Eulenburg-Affäre, wo es um die mögliche Homosexualität des Fürsten Philipp zu Eulenburg, eines Vertrauten Kaiser Wilhelms II. ging. Vgl.: Norman Domeier: Der Eulenburg-Skandal. Eine politische Kulturgeschichte des Kaiserreichs, Frankfurt am Main 2010.
71 PA AA, Nr. 3486, vom 24.8.1918.
72 Keller, 1935, S. 329.
73 LASA, E 203, Nr. 2 (Alvensleben, Gabriele von), Eintrag vom 6.9.1918, S. 657.
74 HAStK, Best. 1193A (Haehner, Alfred), A 8, Eintrag vom 4.11.1918, S. 1.
75 Keller, 1935, S. 333.
76 Becker, 2007, S. 539.
77 Machtan, 2008, 136.
78 Machtan, 2013, S. 431.
79 Machtan, 2013, S. 434.
80 GStA PK, BPH, Rep. 113, Nr. 2123.
81 Ilsemann, 1967, Bd. I, S. 30.
82 Machtan, 2013, S. 440–444.
83 LASA, E 203, Nr. 2 (Alvensleben, Gabriele von), Eintrag vom 7.11.1918, S. 669.
84 Haffner, 2008, S. 79–94.
85 Zit. nach Machtan, 2013. S. 462.
86 Ilsemann, 1967, Bd. I, S. 43.
87 Kousbroek, 2018, S. 49.
88 Ilsemann, 1967, Bd. I, S. 53.
89 Am 8. August 1909 hatte Wilhelm II. ein Reiterstandbild des Großen Kurfürsten in Kleve enthüllt. Anschließend besuchte er gemeinsam mit Auguste Victoria den Grafen Bentinck, der als Sekretär der englischen Gesandtschaft in Berlin tätig war. Jonge, 1988, S. 67.
90 Dryander, 1922, S. 296f.
91 Archiv Schloss Glücksburg, Auguste Victoria an Caroline Mathilde zu Schleswig-Holstein am 10.11.1918.
92 Krieger, 1922, S. 20–24.
93 PA AA, R. 3486, S. 80.
94 GStA PK, BPH, Rep. 113, Nr. 2123, Eintrag vom 21.11.1918.
95 Keller, 1935, S. 336.
96 Keller, 1935, S. 337.
97 Ilsemann, 1967, Bd. I, S. 87. Im Januar 1919 erzählte Auguste Victoria der Gräfin Elisabeth van Bentinck, sie habe gleich zu Beginn der Revolution alle Briefe, die der Kaiser ihr aus dem Felde schrieb, im Neuen Palais verbrannt. Vgl. auch Afflerbach, 2005, S. 117.
98 LASA, E 203, Nr. 2 (Alvensleben, Gabriele von), Einträge vom 27.2.1919, S. 694 und vom 8.4.1919, S. 709.
99 Müller-Franken, 1928, S. 107f.
100 Keller, 1935, S. 338f.

Krankheit und Tod

1 Keller, 1935, S. 340; Ilsemann, 1967, Bd. I, S. 66.
2 GStA PK, BPH, Rep. 192, NL Wilhelm von Dommes, Nr. 20. Auguste Victoria an Therese von Brockdorff am 25.2.1919.
3 RA Utrecht, (Ex-)keizer Wilhelm II., Nr. 67.
4 GStA PK, I. HA, Rep. 151, Nr. 7648, S. 44 RS (Mikrofilm 19547).
5 HAStK, Best. 1193A (Haehner, Alfred), A 8, Eintrag vom 5.11.1918, S. 5f.
6 Zit. n. Pfeiffer, 1926, S. 13–16.
7 Ilsemann, 1967, Bd. I, S. 94.
8 Ilsemann, 1967, Bd. I, S. 92f.
9 Ilsemann, 1967, Bd. I, S. 98.
10 Keller, 1935, S. 348.
11 HAStK, Best. 1193A (Haehner, Alfred), A 8 bis A 12.
12 HAStK, Best. 1193A (Haehner, Alfred), A 8, Eintrag vom 19.11.1918, S. 27.
13 HAStK, Best. 1193A (Haehner, Alfred), A 8, Einträge vom 22.11.und 13.12.1919, S. 32 und 54.
14 HAStK, Best. 1193A (Haehner, Alfred), A 8, Eintrag vom 15.12.1919, S. 56f.
15 Wilderotter, 1991, S. 113–115.
16 HAStK, Best. 1193A (Haehner, Alfred), A 8, Eintrag vom 6.12.1919, S. 43f.
17 HAStK, Best. 1193A (Haehner, Alfred), A 8, Eintrag vom 1.1.1920, S. 79f.
18 Ilsemann, 1967, Bd. I, S. 140.
19 Ilsemann, 1967, Bd. I, S. 142.
20 Ilsemann, 1967, Bd. I, S. 156 und 161.
21 HAStK, Best. 1193A (Haehner, Alfred), A 8, Eintrag vom Juni 1920, S. 142.
22 HAStK, Best. 1193A (Haehner, Alfred), A 8, Eintrag vom Juni 1920, S. 144.
23 HAStK, Best. 1193A (Haehner, Alfred), A 8, Eintrag vom Juni 1920, S. 144–146.
24 HAStK, Best. 1193A (Haehner, Alfred), A 8, Eintrag vom Juni 1920, S. 150f.
25 HAStK, Best. 1193A (Haehner, Alfred), A 8, Eintrag vom 3.11.1920, S. 162.
26 HAStK, Best. 1193A (Haehner, Alfred), A 8, Eintrag vom 17.11.1920, S. 162.
27 HAStK, Best. 1193A (Haehner, Alfred), A 8, Eintrag vom 18.11.1920, S. 177.
28 Ilsemann, 1967, Bd. I, S. 166.
29 HAStK, Best. 1193A (Haehner, Alfred), A 8, Eintrag vom 25.11.1920, S. 185.
30 HAStK, Best. 1193A (Haehner, Alfred), A 8, Eintrag vom 29.11.1920, S. 187f.
31 HAStK, Best. 1193A (Haehner, Alfred), A 8, Eintrag vom 30.11.1920, S. 189.
32 HAStK, Best. 1193A (Haehner, Alfred), A 8, Eintrag vom 22.12.1920, S. 218.
33 HAStK, Best. 1193A (Haehner, Alfred), A 8, Eintrag vom 24.12.1920, S. 223.
34 HAStK, Best. 1193A (Haehner, Alfred), A 8, Eintrag vom 24.12.1920, S. 224f.
35 Ilsemann, 1967, Bd. I, S. 171.
36 HAStK, Best. 1193A (Haehner, Alfred), A 8, Eintrag vom 24.1.1921, S. 236.
37 HAStK, Best. 1193A (Haehner, Alfred), A 8, Eintrag vom 24.1.1921, S. 237.
38 HAStK, Best. 1193A (Haehner, Alfred), A 8, Eintrag vom 11.2.1921, S. 244.
39 HAStK, Best. 1193A (Haehner, Alfred), A 9, Eintrag vom 27.2.1921, S. 1f.
40 HAStK, Best. 1193A (Haehner, Alfred), A 9, Eintrag vom 30.3.1921, S. 15.

41 HAStK, Best. 1193A (Haehner, Alfred), A 9, Eintrag vom 30.3. 1921, S. 18 f.
42 Ilsemann, 1967, Bd. I, S. 176.
43 Ilsemann, 1967, Bd. I, S. 178.
44 HAStK, Best. 1193A (Haehner, Alfred), A 9, Eintrag vom 11.–16.4.1921, S. 22–30.
45 Ilsemann, 1967, Bd. I, S. 175.
46 Keller, 1935, S. 365; Ilsemann, 1967, Bd. I, S. 176.
47 HAStK, Best. 1193A (Haehner, Alfred), A 9, Eintrag vom 17.4.1921, S. 31–34.
48 Ilsemann, 1967, Bd. I, S. 177.
49 HAStK, Best. 1193A (Haehner, Alfred), A 9, Eintrag vom 17.4.1921, S. 36.
50 GStA PK, BPH, Rep. 113, Nr. 1222, Oskar von Platen an Finanzminister vom 3.12.19120, S. 13 f. Im Januar 1921 stellte das Finanzministerium den Antikentempel als Grablege zur Verfügung, vgl. GStA PK, BPH, Rep. 113, Nr. 1222, S. 60 f.
51 GStA PK, BPH, Rep. 113, Nr. 1222, Oskar von Platen an Hofmarschallamt vom 3.1.1921, S. 46 VS u. RS.
52 GStA PK, BPH, Rep. 113, Nr. 1222, Oskar von Platen an Hofmarschallamt vom 5.1.1921, S. 47 f.
53 GStA PK, BPH, Rep. 113, Nr. 1223, Oskar von Platen an Wilhelm Groener vom 12.1.1921, S. 39 f.
54 GStA PK, BPH, Rep. 113, Nr. 1222, Schreiben Wilhelm Groeners, 10.1.1921, S. 59 VS u RS.
55 HAStK, Best. 1193A (Haehner, Alfred), A 9, Eintrag nach dem 12.4.1921, S. 21.
56 Folgende Vereine waren mit je vier Vertretern für den Leichenzug zugelassen: Vaterländischer Frauenverein, Zentralkomitee vom Roten Kreuz, Evangelische Frauenhilfe, Johanniterorden, Malteserorden, Deutscher Offiziersbund, Deutscher Ritterorden, mit zwei Vertretern nahmen die Städte Potsdam und Primkenau teil. GStA PK, BPH, Rep. 113, Nr. 1222, S. 208.
57 GStA PK, BPH, Rep. 113, Nr. 1223, Otto Haendler an Oskar von Platen, 21.12.1920, S. 2 f.
58 GStA PK, BPH, Rep. 113, Nr. 1223, Herr von Maltzahn an Oskar von Platen, 21.12.1920, S. 15 u 1.1.1921, S. 18.
59 GStA PK, BPH, Rep. 113, Nr. 1223, Auflistung der spalierbildenden Vereine, o. D., S. 68 f.
60 GStA PK, BPH, Rep. 113, Nr. 1222, S. 185.
61 GStA PK, BPH, Rep. 113, Nr. 1223, Schreiben von Oskar von Platen, 30.11.1920, S. 55. Die folgenden vier Träger wurden ausgewählt: Admiral Graf Baudissin, General Alfred von Loewenfeld, Generaloberst Maximilian von Lyncker und Staatsminister Paul von Breitenbach.
62 GStA PK, BPH, Rep. 113, Nr. 1222, S. 98. Oskar von Platen an Caroline Mathilde zu Schleswig-Holstein, 13.4.1921.
63 Deutsche Allgemeine Zeitung, 18.4.1921.
64 Deutsche Allgemeine Zeitung, Nr. 181, 19.4.1921 und Potsdamer Tageszeitung, Nr. 90, 19.4.1921.
65 GStA PK, BPH, Rep. 113, Nr. 1223, Kranzspenden, Nachtragsliste vom 28.7.1921, S. 167 und 174.
66 GStA PK, BPH, Rep. 113, Nr. 1223, S. 52. Liste der 41 Sonderzüge und Dampfer, 10.5.1921.
67 GStA PK, BPH, Rep. 113, Nr. 1223, Hans von Gontard an Oskar von Platen, 27.4.1921, S. 266.
68 Potsdamer Tageszeitung, Nr. 189, 15.8.1921.

Literaturverzeichnis

Afflerbach, 2005: Afflerbach, Holger: Wilhelm II. als oberster Kriegsherr im Ersten Weltkrieg. Quellen aus der militärischen Umgebung des Kaisers 1914–1918, München 2005.

Altenstein, 1904: Altenstein, Axel von: Das Leben im Deutschen Kaiserhause, 2. Aufl., Minden 1904.

Althoff, 2016: Althoff, Frank: Zur Geschichte des Brandenburg-Preußischen Hausarchivs, in: Vorstelijk koninklijk keizerlijk Archieven van vorstenhuizen in Europa/red. Yvonne Bos-Rops; Marijke Bruggemann, Gustaaf Janssens (Jaarboek 16 Stichting Archiefpublicaties), Den Haag 2016, S. 171–184.

Bach, 1898: Bach, Wilhelm Karl: Kaiserin Auguste Viktoria. Ein Bild ihres Lebens und ihrer landesmütterlichen Führsorge, Breslau 1898.

Becker, 2007: Becker, Bert: Georg Michaelis. Preußischer Beamter, Reichskanzler, Christlicher Reformer, 1857–1926, Eine Biographie, Paderborn 2007.

Bestenreiner, 2008: Bestenreiner, Erika: Prinzessin Louise von Belgien, in: Bestenreiner, Erika: Die Frauen aus dem Hause Coburg, München 2008, S. 107–167.

Brehmer, 1889: Brehmer, Arthur (Hg.): Am Hofe Kaiser Wilhelms II., Berlin 1889.

Brugger, 1905: Brugger, Philipp: Die Bekämpfung der Säuglingssterblichkeit (Schriften des deutschen Vereins für Armenpflege und Wohltätigkeit, H. 74), Leipzig 1905.

Bülow, 1930: Bülow, Bernhard Fürst von: Denkwürdigkeiten, Bd. I., Berlin 1930.

Carmel/Eisler, 1999: Carmel, Alex/Eisler, Ejal Jakob: Der Kaiser reist ins Heilige Land. Die Palästinareise Wilhelms II. 1898, Stuttgart 1999.

Demandt, 2003: Demandt, Philipp: Die Unsterblichkeit der Königin von Preußen, Köln 2003.

Dietrich, 1906: Dietrich, Eduard: Die Bekämpfung der Säuglingssterblichkeit und die Ausstellung der Säuglingspflege, in: Ausstellung für Säuglingspflege in Berlin, Berlin 1906, S. 33–37.

Dietrich, 1919: Dietrich, Eduard: Das Kaiserin AV-Haus zur Bekämpfung der Säuglingssterblichkeit im Deutschen Reiche (1909–1919), in: ZfSKS 11 (1919), S. 169–185.

Dryander, 1922: Dryander, Ernst v.: Erinnerungen aus meinem Leben, Bielefeld 1922.

Erbstösser, 2008: Erbstößer, Elizza: Kaiserin Auguste Victoria. Versuch einer Biographie, Erfurt 2008.

Evers, 1889: Evers, Ernst: Augusta Viktoria. Das Lebensbild der deutschen Kaiserin, Berlin 1889.

Feldhahn, 2019: Feldhahn, Ulrich: Des Kaisers bester Freund. Fürst Max Egon II. zu Fürstenberg und Kaiser Wilhelm II., in: Max Egon II. zu Fürstenberg. Fürst, Soldat, Mäzen, Ostfildern 2019, S. 56–149.

Feldhahn/Schimmel, 2015: Feldhahn, Ulrich/Schimmel, Stefan: Prinzeninsel Plön – Ein Streifzug durch die Geschichte, Paderborn 2015.

Feuerstein-Prasser, 1997: Feuerstein-Prasse, Karin: Die deutschen Kaiserinnen 1871–1918, Regensburg 1997.

Förder-Hoff, 2008: Förder-Hoff, Gabriele: Im Dienst der Liebe – 120 Jahre Evangelisch Kirchlicher Hilfsverein, Potsdam 2008.

Fürstenberg/Wilts, 2019: Fürstenberg, Heinrich Fürst zu/ Wilts, Andreas (Hg.): Max Egon II. zu Fürstenberg. Fürst, Soldat, Mäzen, Ostfildern 2019.

Geyer, 2010: Geyer, Albert: Geschichte des Schlosses zu Berlin (1443–1918), Sonderausgabe von Bd. 1 und Bd. 2 in einem Buch, Berlin 2010.

Goetz, 2008: Goetz, Stephan: Kirchen für Berlin. Der Wilhelminische Bauboom, Berlin 2008.

Gollwitzer, 1964: Gollwitzer, Heinz: Die Standesherren. 2. Aufl., Göttingen 1964.

Gundermann, 1991: Gundermann, Iselin: »Die Prinzessin besitzt einen sanften, versöhnlichen Charakter…«, überarbeitete Fassung des Vortrags »Kaiserin Auguste Victoria und der Berliner Kirchenbau-Verein am 6.6.1991 im Berliner Dom, unveröffentlichtes Manuskript, Berlin 1991.

Gundermann, 1995: Gundermann, Iselin: Ernst Freiherr von Mirbach und die Kirchen der Kaiserin, Berlin 1995.

Haffner, 2008: Haffner, Sebastian: Die deutsche Revolution 1918/19, Köln 2008.

Heese, 2019: Heese, Henning: Der Königlich Preußische Marstall nach 1900, Ein Kompendium aufgrund von archivalischen Quellen und anderen Zeugnissen mit Abbildungen, Tabellen und einem Anhang, Privatdruck, Werder 2019.

Hinterkeuser, 2012: Hinterkeuser, Guido: Das Berliner Schloss. Die erhaltene Innenausstattung. Gemälde, Skulpturen, dekorative Kunst, hrsg. von der Gesellschaft Berliner Schloss, Regensburg 2012.

Hinterkeuser, 2016: Hinterkeuser, Guido: Hinterkeuser, Guido: Prinzessin Louise Sophie von Preußen und Haus Glienicke. Unbekannte Inventarlisten aus dem Jahr 1949, in: Der Bär von Berlin. Jahrbuch des Vereins für die Geschichte Berlins, 65, Berlin 2016.

Höroldt, 2018: Höroldt, Dietrich: Das Tagebuch der Gabriele von Alvensleben. Oberhofmeisterin der Kronprinzessin Cecilie des Deutschen Reiches und Preußens 1913–1919, Eine Auswertung, in: Forschungen zur Brandenburgischen und Preußischen Geschichte, Bd. 28 (2018), S. 49–98.

Hugin, 1907: Hugin, F.: [Prinzessin Feodora zu Schleswig-Holstein], Berta Hahn, Berlin 1907.

Hugin, 1908: Hugin, F.: [Prinzessin Feodora zu Schleswig-Holstein], Durch den Nebel, Berlin 1908.

Ilsemann, 1967: Ilsemann, Sigurd von: Der Kaiser in Holland. Aufzeichnungen des letzten Flügeladjutanten Kaiser Wilhelms II., hrsg. v. Harald von Koenigswald, Bd I, Amerongen und Doorn 1918–1923, München 1967.

Jahnel, 1889: Jahnel, C.: Das Heim des deutschen Kaiserpaares in dem Königlichen Schloss zu Berlin, in: der Bär 15 (1889), S. 340, 348 f., 361 f.

Jonge, 1988: Jonge, J.A. de: Wilhelm II., Köln/Wien, 1988.

Keller, 1935: Keller, Mathilde Gräfin von: Vierzig Jahre im Dienst der Kaiserin. Ein Kulturbild aus den Jahren 1881–1921, Leipzig 1935.

Kemper, 2005: Kemper, Thomas: Schloss Monbijou. Von der königlichen Residenz zum Hohenzollern-Museum, Berlin 2005.

Keßler, 1898: Keßler, J.: Der Kaiser in seinem Heim, in: Unser Kaiser. Zehn Jahre der Regierung Wilhelms II. 1888–1898, hrsg. v. Georg Büxenstein, Berlin/Leipzig 1898, S. 384.

Kessler, 2004: Kessler, Harry Graf von: Das Tagebuch, Dritter Band, 1897–1905, herausgegeben von Carina Schäfer und Gabriele Biedermann, Stuttgart 2004.

Kirschstein, 2011: Kirschstein, Jörg: Kaiserkinder. Die Familie Wilhelms II. in Fotografien, Göttingen 2011.

Kirschstein, 2014: Kirschstein, Jörg: Das Potsdamer Stadtschloss. Vom Fürstensitz zum Landtagsschloss, Berlin 2014.

Kirschstein, 2017: Kirschstein, Jörg: Das Neue Palais. Familienidyll und kaiserlicher Glanz, Berlin 2017.

Kousbroek, 2018: Kousbroek, Ronald: Help, de Keizer komt! Kasteel Amerongen als vluchtplaats voor de gevluchte Keizer Wilhelm II, Amerongen 2018.

Krieger, 1919: Krieger, Bogdan: Kaiserin Auguste Victoria als Landesmutter im Kriege, Berlin 1919.

Krieger, 1921: Krieger, Bogdan: Der Bücherbesitz der Hohenzollern, in: Die Grenzboten, 1921, Nr. 43, Seiten 100–107 und Nr. 44, Seiten 137–145.

Krieger, 1922: Krieger, Bogdan: Das Berliner Schloss in den Revolutionstagen 1918, Berlin 1922.

Lilienthal, 1986: Lilienthal, Georg: Paediatrics and Nationalism in Imperial Germany, in: The Society for the Social History of Medicine, Bulletin 39 (1986), S. 64–70.

Machtan, 2008: Machtan, Lothar: Die Abdankung. Wie Deutschlands gekrönte Häupter aus der Geschichte fielen, Berlin 2008.

Machtan, 2013: Machtan, Lothar: Prinz Max von Baden. Der letzte Kanzler des Kaisers, Regensburg 2013.

Marquardt, 1985: Marquardt, Brigitte: Schmuck aus dem Hause Hohenzollern, Beilage zum Katalog »Eisen, Gold und bunte Steine«, Berlin 1985.

May, 1909: May, Edmund: Bauliche Ausgestaltung der Anstalt, in: Festschrift zur Eröffnung des Kaiserin Auguste Victoria-Hauses zur Bekämpfung der Säuglingssterblichkeit im Deutschen Reich, Berlin 1909, S. 103–124.

Meiner, 2014: Meiner, Jörg: Berliner Belle Époque. Der Ebenist Julius Zwiener und die Kunstmöbel für den Hof Kaiser Wilhelms II. (1888–1918), Petersberg 2014.

Meiner, 2015: Meiner, Jörg: »Wohnen mit Helden der vaterländischen Geschichte«. Die Appartements Kaiser Wilhelms II. im Berliner Schloss, im Neuen Palais und im Residenzschloss Posen, 2015, in: Forschungen zur Brandenburgischen und Preußischen Geschichte, Bd. 25 (2015), S. 211–246.

Mirbach, 1898: Mirbach, Ernst Freiherr von: Das Pfingsthaus, die Pfingst-Kapelle zu Potsdam, Berlin 1898.

Mirbach, 1902: Mirbach, Ernst Freiherr von: Die drei ersten Kirchen der Kaiserin für Berlin, Berlin 1902.

Mirbach, 1905: Mirbach, Ernst Freiherr von: Denkschrift des Evangelischen Kirchenbauvereins für Berlin zu seinem fünfzigjährigen Bestehen 1890, Berlin 1905.

Mühlnikel, 2014: Mühlnikel, Marcus: »Fürst, sind Sie unverletzt?«, Attentate im Kaiserreich 1871–1914, Paderborn 2014.

Müller, 1959: Müller, Georg Alexander von: Regierte der Kaiser? Kriegstagebücher, Aufzeichnungen und Briefe 1914–1918, hrsg. von Walter Görlitz und Sven von Müller, Göttingen 1959.

Müller-Franken, 1928: Müller-Franken: Hermann: Die Novemberrevolution. Erinnerungen, Berlin 1928.

Mybes, 1988: Mybes, Fritz: Der Evangelisch Kirchliche Hilfsverein und seine Frauenhilfe, Köln 1988.

Nagel, 1992: Nagel, Annemarie: Ein Gastspiel des europäischen Hochadels in der Märkisch-Niederlausitzer Heide, in: Brandenburger Blätter vom 16.10.1992, S. 8.

Noltenius, 2000: Noltenius, Rena: Heinrich Vogeler, 1872–1942, die Gemälde – ein Werkkatalog, Weimar 2000.

Obert, 2011: Obert, Angelika: Kaiserin Auguste Victoria. Wie die Provinzprinzessin zur Kaiserin der Herzen wurde, Wichern 2011.

Pfeiffer, 1926: Pfeiffer, Ernst: Auguste Victoria. Aus nachgelassenen Niederschriften, Berlin 1926, S. 13–16.

Putlitz, 1931: Putlitz, Lita zu: Aus dem Bildersaal meines Lebens, 1862–1931, Leipzig 1931.

Röhl, 1993: Röhl, John C.G.: Wilhelm II. Die Jugend des Kaisers, 1859–1888, Bd. I, München 1993.

Röhl, 2001: Röhl, John C.G.: Wilhelm II. Der Aufbau der persönlichen Monarchie, 1888–1900, Bd. II, München 2001.

Rosner, 1922: Rosner, Karl: Erinnerungen des Kronprinzen Wilhelm, Stuttgart/Berlin 1922.

Seidel, 1907: Seidel, Paul: Der Kaiser und die Kunst, Berlin 1907.

Stenglin, 1913: Stenglin, Felix Freiherr von: Prinz Wilhelm, in: Fünfundzwanzig Jahre der Regierung Kaiser Wilhelms II. 1888–1913, Berlin/Leipzig 1913.

Stöckel, 1996: Stöckel, Sigrid: Säuglingsfürsorge zwischen sozialer Hygiene und Eugenik. Das Beispiel Berlin im Kaiserreich und der Weimarer Republik, Berlin/New York 1996.

Strecker, o. J. [1921]: Strecker, Karl: Unsere Kaiserin. Lebensbild einer deutschen Frau, Berlin o. J. [1921].

Treutler, 1971: Treutler, Karl Georg von: Die graue Exzellenz. Zwischen Staatsräson und Vasallentreue. Aus den Papieren des kaiserlichen Gesandten Karl Georg von Treutler, hrsg. von Karl-Heinz Janßen, Frankfurt u. a. 1971.

Thimme, 2007: Thimme, Roland: Rote Fahnen über Potsdam, 1933–1989, Lebenswege und Tagebücher, Berlin 2007.

Viktoria Luise, 1971: Viktoria Luise, Herzogin: Deutschlands letzte Kaiserin, Göttingen 1971.

Viktoria Luise, 1975: Viktoria Luise, Herzogin: Im Strom der Zeit, München/Wien 1975.

Weiberg, 2007: Weiberg, Thomas: ... wie immer Deine Dona. Verlobung und Hochzeit des letzten deutschen Kaiserpaares, hrsg. von der Gesellschaft für Wilhelminische Studien e.V., Oldenburg 2007.

Weiberg, 2008: Weiberg, Thomas: Prinzessin Feodora: Nach Sternen jagen... Ein Leben als Schwester der Deutschen Kaiserin, Berlin 2008.

Wendland, 1930: Wendland, Walter: Siebenhundert Jahre Kirchengeschichte Berlins, Berlin 1930.

Wilderotter, 1991: Wilderotter, Hans: Haus Doorn. Die verkleinerte Kopie eines Hofstaates, in: Der letzte Kaiser Wilhelm II. im Exil, Gütersloh/München 1991.

Winzen 2010: Winzen, Peter: Freundesliebe am Hof Kaiser Wilhelms II., o. O. 2010.

Zedlitz-Trützschler, 1923: Zedlitz-Trützschler, Robert: Zwölf Jahre am deutschen Kaiserhof, Aufzeichnungen des ehemaligen Hofmarschalls Wilhelms II., Berlin/Leipzig 1923.

Zobeltitz, 1922: Zobeltitz, Fedor von: Chronik der Gesellschaft unter dem letzten Kaiserreich, Bd. I, 1894–1901, Hamburg 1922.

Abkürzungsverzeichnis

BArch	Bundesarchiv
BPH	Brandenburg-Preußisches Hausarchiv
GStA PK	Geheimes Staatsarchiv Preußischer Kulturbesitz
HAStK	Historisches Archiv der Stadt Köln
HZAN	Hohenlohe-Zentralarchiv Neuenstein
LASA	Landesarchiv Sachsen-Anhalt
LASH	Landesarchiv Schleswig-Holstein
PA AA	Politisches Archiv des Auswärtigen Amtes
RA	Reichsarchiv
Rep.	Repositur
SPSG	Stiftung Preußische Schlösser und Gärten Berlin-Brandenburg

Abbildungsverzeichnis

bpk / Kunstbibliothek, SMB: 89 u.
Brandenburgisches Landesamt für Denkmalpflege und Archäologisches Landesmuseum, Messbildarchiv: 91 (Neg. Nr. 20g29/1476.146), 92 (Neg. Nr. 20g22/1476.138), 93 (Neg. Nr.: 20g20/1476.136), 97 (Neg. Nr.: 20g15/1476.130), 101 (Neg. Nr.: 3683.22).
GStA PK, BPH, Rep. 192, NL Wilhelm von Dommes, Nr. 20/66: 119 u.
Historisches Archiv Krupp, Essen (Foto: ©Anne Stoll, www.annestoll.de): Buchumschlag vorn
Museum Huis Doorn, Niederlande: 22, 32/33, 64, 94, 95, 122, 123, 124, 138 re., 139, 163, 164, 171.
Potsdam Museum – Forum für Kunst und Geschichte: 118 (FS 7665).
Privatbesitz (Fotografin: Renate J. Deckers-Matzko): 105.
Sammlung Kasteel Amerongen, Niederlande: 155, 156, 157, 158.
Sammlung Michael Adam, Berlin: 130.
Sammlung Jörg Kirschstein, Potsdam: 9, 14 li., 35, 37, 42, 44, 48, 49, 51, 52, 54, 56, 57, 58, 62, 63, 65, 69, 72, 75, 76 li., 77 beide, 78, 79, 80, 81, 89 o., 106, 107 re., 110 beide, 112 o., 117 o., 132, 133, 134, 135 beide, 137 beide, 141, 142, 143, 145 beide, 148, 149, 159, 160, 161, 162, 165, 167, 168, 170, 173.
Sammlung Sibylle Schmeichel, Potsdam: 119 o.
Schleswig-Holsteinische Landesbibliothek: 10, 12 re., 15, 16, 17 re., 19 li., 28, 29, 76 re., 83, 86
Stadtarchiv Bad Homburg v. d. Höhe: 108.
Staatliche Schlösser und Gärten Hessen: 67, 112 u., 116.
Stiftung Preußische Schlösser und Gärten Berlin-Brandenburg: Wolfgang Pfauder: 14 re. / 20 / Roland Handrick: 24, 25 / Daniel Lindner: KPM-Archiv (Land Berlin): 38 / 59 / Wolfgang Pfauder: GK II (5) 3663a: S. 3 RS: 70 li. / 85, 90 / Daniel Lindner: 99 / 102, 103, 113, 114, 138 li., 147, 152.
Süddeutsche Zeitung Photo: 19 re., 117 u., 136.
Thüringer Universitäts- und Landesbibliothek, Abt. Historische Sammlungen, NL Dehlbrück: S. 169.
ullstein bild: 50, 60, 115, 144, 154.
Zentral- und Landesbibliothek Berlin: 18.

Abbildungen aus Fach- und Sachliteratur
Bogdan Krieger: Kaiserin Auguste Victoria, Gedenkblatt der Leipziger Illustrierten Zeitung, Leipzig 1921, S. 34, 104 beide.
Theodor Krummacher: Kaiserin Auguste Victoria, Bielefeld 1913: S. 12 li., 13, 17 li., 47 u., 66, 70 re., 73, 120, 126.
Ernst Freiherr von Mirbach: Das Wappen Ihrer Majestät der deutschen Kaiserin und Königin von Preußen Auguste Victoria Prinzessin zu Schleswig-Holstein, Berlin 1890: S. 46 beide, 47 li.
Paul Lindenberg: Das Buch der Kaiserin Auguste Viktoria, Berlin 1927: S. 39, 40, 55, 172.
Mathilde Gräfin von Keller: Vierzig Jahre im Dienst der Kaiserin, Berlin 1935: S. 68.
Paul Seidel: Die Insignien und Juwelen der Preußischen Krone, Festschrift des Hohenzollern-Jahrbuchs, Leipzig 1913: S. 107 li., 109, 111 beide.
Zentralblatt der Bauverwaltung, Nr. 75, 18.9.1909: S. 128.

Dank

Herrn Prof. Dr. Dietrich Höroldt (Bonn) danke ich für den Hinweis auf die Existenz der Tagebücher der Gabriele von Alvensleben, Oberhofmeisterin der Kronprinzessin Cecilie von Preußen. Die Aufzeichnungen aus der Zeit des Ersten Weltkrieges geben einen unverstellten Blick in das Innenleben der kaiserlichen Familie wieder und sind daher für eine objektive Sichtweise auf die späten Jahre des kaiserlichen Familienlebens unverzichtbar. Ebenso gilt mein herzlicher Dank Elisabeth Prinzessin zu Ysenburg (Stiftung Schloss Glücksburg), die mir Informationen über die Biographie der Herzogin Karoline Mathilde zu Schleswig-Holstein-Sonderburg-Glücksburg gab. Ohne diese Schilderungen wäre der Lebensweg der Lieblingsschwester der Kaiserin völlig im Dunkeln geblieben.

Für die Genehmigung der Veröffentlichung eines farbigen Fotoporträts der Kaiserin aus Heidelberger Privatbesitz bin ich Lucian Schütt zu großem Dank verpflichtet. Durch die 1913 vom Homburger Fotoatelier Thomas Heinrich Voigt vorgenommene Kolorierung des Porträts kommt die Brillant-Topas-Parure, die letzte große Schmuckgarnitur Auguste Victorias, auf bisher nicht gekannte Weise zur Geltung.

Für die Prüfung der Texte und der Bildbeschreibungen sowie den regen Gedankenaustausch über das Leben der Kaiserin bin ich Ulrich Feldhahn, Marc Jumpers, Bärbel Stranka und Markus Wicke zu großem Dank verpflichtet. Ohne ihre Hinweise und Anmerkungen wäre es nicht möglich gewesen, das Buch in dieser Form erscheinen zu lassen.

Schließlich danke ich für die großzügige Unterstützung beim Zustandekommen des Buchprojektes in alphabetischer Reihenfolge: Michael Adam, Cornelis van der Bas (Museum Huis Doorn), Michaela Blankart, Lodewijk Gerretsen (Kasteel Amerongen), Sabine Hahn (SPSG), Henning Heese, Anke Klare (GStA PK), Jana Kuste, Matthias W. Moritz (†), Rudolf G. Scharmann (SPSG), Frederik Schwarz (CHRISTIE'S), Yannick Philipp Schwarz (Staatliche Schlösser und Gärten Hessen), Kees van der Sluijs, Friedhild den Toom und Thomas Wernicke.

Der Autor

Jörg Kirschstein, geboren 1969, studierte in Potsdam Archivwesen und arbeitet seit 1999 bei der Stiftung Preußische Schlösser und Gärten Berlin-Brandenburg, seit 2016 als Kastellan des Schlosses Babelsberg. Als ausgewiesener Kenner des deutschen Kaiserhauses war Kirschstein verantwortlich für zahlreiche Ausstellungen. Zuletzt erschienen von ihm im be.bra verlag »Das Potsdamer Stadtschloss – Vom Fürstensitz zum Landtagsschloss« (2014), »Das Neue Palais in Potsdam – Familienidyll und kaiserlicher Glanz« (2017) und »Kronprinzessin Cecilie – Die Bildbiographie der letzten deutschen Kronprinzessin« (3., überarb. Aufl., 2020).